쾌적한 사회의 불쾌함

KENKOTEKIDE SEIKETSUDE, DOTOKUTEKINA CHITSUJOARU SHAKAI NO FUJIYUSA NI TSUITE
by Toru Kumashiro

First published in Japan by EAST PRESS CO., LTD., Tokyo
Korean translation rights arranged with EAST PRESS CO., LTD., Tokyo.
through Imprima Korea Agency

쾌적한 사회의 불쾌함

구마시로 도루
지음

건강하고 청결하며
질서 정연한 사회에서
우리는 왜 병들어가는가

이정미 옮김

생각지도

추천의 글

평범한 말 한마디로도 '분위기 파악 못 하는 사람'이 되는 시대다. 사회의 생존 기준은 그만큼 날카로워졌다. 건강 걱정은 강박적이다. 아픈 사람들은 다 이유가 있다고 말하는 사람이 얼마나 많은가. 늙어서 노인인데 늙었다고 혐오하고, 아이니까 울음을 참지 못하는데 운다고 타박하는 세상이다.
이 책은 쾌적함과 불쾌감이 동전의 양면처럼 떠돌며 정상과 비정상을 쉽사리 구분하는 풍토를 과감하게 짚어낸다. 저자는 과연 이상한 사람이 많아진 것인지, 아니면 타인을 이상하게 보려는 편견이 더 강해진 것인지를 집요하게 파고든다. 약간 산만한 아이가 정신질환자로 진단받고, 그저 활동적인 청소년이 폭력성이 있다며 경계 대상이 되는 현실을 묵직하게 고발한다. '사회적 청결'이라는 시대의 흐름이 오히려 차별과 혐오의 연료가 되고 있음을 지적하는 저자의 목소리가, 속도와 기준이 과도하게 팽창된 한국 사회 곳곳에 스며들기를 희망한다.

—오찬호(사회학자,《납작한 말들》저자)

지난 수십 년 사이 한국은 무척 살기 좋은 나라가 되었다. 한국을 찾은 외국인들은 청결과 쾌적함, 효율적인 대중교통, 빠른 공공서비스, 매너 있는 사람들에 감탄한다. 반면 어느 순간부터 냉방이 되지 않는 공간은 고통스럽고, 층간소음에 꽂히면 이웃간 폭행 사건이 일어나기도 하고, 아이를 들어오지 못하

1989) — 헤이세이

출간 도서의 경우

리 통용되는 고유

구들끼리의 다툼은 학교폭력
서 변호사 시장을 키우는 새

마시로 도루는 이 두 현상이
뒷면과 같다고 진단한다. 그
적 관점과 사회 전반을 바
한다. 사회에서 개인의 자
미덕이 되고, 건강한 몸을
에게 폐를 끼치지 않는 것

건강, 청결을 지키려고 너
전체가 필요 이상으로 예민
옭아매다 보니 삶의 자유
다. 개인의 자유를 존중하
다. 안전한 사회가 될수록
의 현재다. 한국도 예외는
느끼는 문턱은 낮아지고
는 그런 현대 사회에 대한
.
현(정신건강의학과 전문의)

일러두기

- 이 책에서 사용하는 주요한 시대 구분은 다음과 같습니다.
  메이지 시대(1868~1912) — 다이쇼 시대(1912~1926) — 쇼와 시대(1926
  시대(1989~2019) — 레이와 시대(2019~현재).
- 각주는 옮긴이 주이며, 번호로 표기된 주는 모두 저자 주입니다.
- 원문에서 강조된 문장은 굵은 글씨로 표시했습니다.
- 참고 문헌 가운데 단행본은 국내에 출간된 경우 국내 제목을 사용했으며,
  해외 제목을 번역해 싣고 일본어 원제를 병기했습니다.
- 인명, 지명 등 외래어 표기는 국립국어원 외래어 표기법을 따르되, 국내어
  명사의 경우 관용 표기를 우선했습니다.

속도와 기준의 상향이 일상이 된 사회

저의 첫 책 《로스트 제너레이션 심리학》이 2014년에 한국에서도 출판되면서, 이를 계기로 저는 한국의 여러 사회학자와 정신건강의학과 전문의들과 이야기를 나눌 기회를 얻었습니다. 2015년에는 서울 하자센터에서 열린 청소년 창의 서밋에, 2018년에는 후쿠오카에서 열린 한·일 청년정신의학회 학술대회에 참여하게 되었지요. 그 무렵부터 저는 문화와 사회의 연관성, 그리고 사회규범과 정신의료의 관계에 관심이 생겼습니다. 말하자면 자본주의와 사회계약, 개인주의와 같은 근대 사상이 동아시아에 침투하면서 어떤 현상이 나타났는지를 추적하기 시작한 것입니다. 이 책은 바로 이러한 문제의식을 토대로 쓴 저의 첫 번째 책입니다.

코로나 시대를 거치면서 세계는 더욱 혼란스러워졌지만, 사실 그 이전에 일어난 사회 변화도 매우 급격하고 험난하기 그지없었습니다. 이를 살펴보기 위해 이 책에서는 20세기 말부터 오늘날까지 일본에서 일어난 여러 사회 변화의 양상을 중점적으로 되돌아봅니다.

21세기에 접어들면서 도쿄를 비롯한 일본의 여러 도시는 점점 더 안전해지고 청결해졌습니다. 정신과 의사들은 주의력결핍 과잉행동장애(ADHD)나 자폐스펙트럼장애(ASD)와 같은 발달장애를 포함한 훨씬 더 넓은 범위의 사람들을 치료하고 지원해야 하는 대상으로 간주하게 되었고, 정신질환의 조기 발견과 조기 치료 역시 가속화되었습니다. 2000년경에는 '블랙 기업'이라는 말이 유행했지만, 오늘날에는 오히려 '화이트 기업'이라는 표현이 더 어울리는 장면들이 곳곳에서 나타나고 있습니다. 많은 기업이 사내 복지를 늘리고 사회 법규를 준수하고 각종 차별과 불평등을 개선해나가고 있지요. 이전 시대에 비해 각종 사회계약이 비교적 충실히 지켜지는 이러한 변화는 새로운 세대들이 분명 반길 만한 일이라고 생각합니다.

그러나 그 대신 우리는 그러한 사회에 어울리는 인간이 되어야만 하게 되었습니다. 거리가 안전하고 청결해질수록 우리 자신 역시 이에 어울리는 흠결 없는 존재가 되어야만 하는 것입니다. 화이트 기업에 입사하려면 학력과 능력뿐 아니라 개인의 태도와 생활방식까지 포함해 말 그대로 '화이트한 개인'이 될 것이 요구됩니다.

만일 우리 사회에서 정신의료가 이런 쾌적한 사회와 화이트 기업에 적합한 인간을 선별하는 장치로서 기능하고 있다면 어떨까요? 마치 보이지 않는 손처럼 말입니다. 그렇다면 이는 결코 반길 만한 상황이 아닐 것입니다. 정신의료는 언제나 환자의 편에 서야 하며, 사회를 위한 선별 장치로 작동해서는 안 되기 때문입니다. 이 책 2장에는 이러한 문제의식 속에서 한 사람의 정신과 의사로서 제가 품고 있는 생각들을 담았습니다.

또한 우리는 자본주의의 논리에도 속절없이 휘둘리고 있습니다. 현재 일본에서는 누구나 비용 대비 효과, 시간 대비 효과를 늘 의식하며 살고 있지요. 물론 '시간은 금'이라는 논리나 돈과 지위, 풍요로운 삶을 갈망하는 상승 지향적 가치관은 사회를 발전시키고 개인의 가능성을 끌어올리는 측면도 있습니다. 그러나 이러한 가치관이 사회와 개인의 삶 속에 지나치게 깊이 스며들면 어떤 현상이 벌어질까요?

한국의 독자 여러분도 잘 알고 계시리라 생각합니다만, 일본에서는 특히 도시로 진출하려는 능력 있는 젊은이들 사이에서 아이를 낳지 않으려는 경향이 뚜렷해지고 있습니다. 2024년 도쿄의 합계특수출생률(TFR)•은 0.96입니다. 상승 지향적 가치관은 자본주의 사회에서 바람직한 사고방식으로 여겨지지만, 그 결과 개개인은 집세는 비싸고 경쟁은 치열한, 휘황찬란한 도쿄라는 블랙홀 속으로 빨려 들어가고 있습니다. 아마 서울이라는 블랙홀에서도 이와 비슷한 상황이 펼쳐지리라 생각합니다.

한국에는 'N포 세대'라는 말이 있다고 들었습니다. 물론 어

• 여성 한 명이 평생 낳을 것으로 예상되는 자녀 수

딘가에는 상승 지향적 가치관을 실현해낸 이들도 분명 있겠지요. 하지만 자본주의적 경쟁 구조 속에서 그런 이들은 소수일 수밖에 없습니다. 피라미드의 꼭대기에 오르지 못하고 좌절한 많은 젊은 이들은 비용과 위험에 대한 의식에 사로잡혀 출산 적령기를 그대로 지나쳐버리고 맙니다. 개인주의를 지나치게 내면화한 사람에게는 쉽게 인식되지 않을 수도 있지만, 이는 본래 생물로서 살아온 우리 인간에게 분명한 상실이라 하지 않을 수 없습니다.

이러한 사회적 상황을 직접 확인하기 위해 저는 2025년에 방콕과 타이베이를 찾았습니다. 합계특수출생률이 현저히 낮은 대도시들은 공통적으로 안전하고 청결하며, 급속한 근대화와 경제 발전을 이룬 동시에 세계화 경향이 두드러진다는 특징을 지니고 있었습니다. 기성 세대와 젊은 세대 사이의 격차가 크고, 새롭게 형성된 사회규범과 여전히 구태의연한 요소들이 공존하고 있다는 점 역시 비슷했지요. 그곳에서 저는 동아시아의 급속한 근대화가 낳은 결함과 저출생 문제, 그리고 사회규범의 변화와 맞물린 사고방식의 변화에 대한 생각을 머릿속에서 떨칠 수 없었습니다. 2024년에는 본서의 연장선에 있는 책《인간은 어디까지 가축인가人間はどこまで家畜か》를 출판했지만, 여전히 궁금하고 공부해야 할 주제는 넘쳐납니다.

본서를 집필하는 과정에서《친밀권과 공공권의 재구성親密圏と公共圏の再編成》이라는 책으로부터 큰 도움을 받았습니다. 그 책의 필자 중 한 명인 한국의 사회학자 장경섭이 지적한 동아시아의 상황

은, 미국이나 유럽에서는 결코 같은 방식으로는 발생하지 않을 것이라 생각합니다. 그렇기에 동아시아가 직면한 위기는 우리 동아시아인 스스로 해결해야만 합니다. 부디 이 책이 동아시아 여러 나라가 안고 있는 문제를 고민하는 이들에게 영감의 계기가 되기를 바랍니다.

2025년 12월 29일
도쿄 우에노 공원 근처에서
구마시로 도루

머리말

건강, 청결, 질서 정연함이 도리어 우리를 옥죄고 있다

연배가 지긋한 분들의 회고에 따르면 1960~70년대는 그야말로 희망이 넘치는 시대였다고 한다. 세계 최초의 고속철도 도카이도 신칸센이 개통하고, 도쿄 올림픽에 이어 오사카 만국박람회까지 개최된 이 시대는 일본의 고도 경제성장기였다. 당시 사람들이 희망을 품고 열심히 일해준 덕분에 일본이 그 시기 선진국으로서의 기반을 다질 수 있었음은 틀림없는 사실이다. 하지만 그렇다고 해서 이 시기의 일본이 낙원이었던 것은 아니다. 지금의 기준으로 보면 거리는 더럽고 소란스러웠으며 일상적인 폭력과 위법 행위가 난무했다. 다툼, 체벌, 학대, 성차별, 몰상식과 같은 행동과 태도가 당연하다는 듯 버젓이 통용되던 시대이기도 했다. 레이와 시대(2019.5.1~현재)의 건강하고 청결하며 질서 정연한 사회에 완벽하게 적응한 우리의 시선으로 보면 당시 사회는 차마 견디기 힘든 모습이었다.

그때에 비하면 지금의 일본 사회는 매우 진보했다. 일본을

'아름다운 나라'라고 불렀던 아베 신조 총리의 말이 영 틀리지는 않았다. 쇼와 시대(1926.12.25~1989.1.7)에 비해 거리는 깨끗해졌고 악취나 오물, 건강을 위협하는 요소와 맞닥뜨릴 일도 거의 없어졌다. 무례한 사람이나 법을 어기는 사람도 현저히 줄었다.

아베 신조 총리가 내세운 또 다른 슬로건 '1억 총활약 사회'• 도 마찬가지다. 의료 및 복지 서비스가 구석구석까지 제공되고 장애가 있는 사람들도 자립해서 활약할 수 있는 사회. 고령자도 건강하게 오랫동안 일할 수 있는 사회. 이러한 측면에서도 지금 사회는 이전 세기에 비해 커다란 진보를 이룩했다.

그렇다면 이토록 발전한 사회에서 살고 있는 우리는 이전 시대의 사람들보다 훨씬 행복해졌을까? 혹은 도쿄 올림픽 개최와 리니어 신칸센•• 개통에 자부심과 희망을 품고, 더 나아가 미래를 내다보고 있을까?

물론 건강하게 오래 사는 사회는 실현되었다. 하지만 그 대신 국가의 사회보장비는 계속 불어나 우리의 노후 자산을 위협하고, 나이가 들어서도 일을 그만두지 못하게 만들었다. 출생률은 계속 떨어지고 아이들이 뛰놀 공간은 좁아졌으며, 공원에서는 마음 놓고 공놀이조차 할 수 없게 되었다. 사람들은 이제 아이들이 까불며 떠드는 소리에 눈살을 찌푸린다. 부모의 책임과 부담은 이전 시대에 비해 더할 나위 없이 무거워졌고 "부모가 없어도 아이들은

• 50년 뒤에도 인구 1억 명이 유지되고, 모든 국민이 활약하는 사회

•• 2027년 개통을 목표로 하는 초전도 자기부상 방식의 고속열차

자란다"는 말은 사어死語가 된 지 오래다.

전에 없을 만큼 건강하고 청결하며 질서 정연한 사회가 확립되었건만 그 건강, 청결, 질서 정연함이 우리들의 발목을 붙잡고 있다. 1990년대 이전 사람들은 신경조차 쓰지 않던 일들에 우리는 예민하게 반응하고, 그로 인한 수치심과 죄책감, 열등감마저 품고 있다. 어쩌면 우리는 예전보다 훨씬 예민해지고, 불안해지고, 각박해진 것은 아닐까? 건강하고 청결하며 안심하고 다닐 수 있는 거리를 실현시킨 동시에, 그러한 질서에 어울리지 않는 인물과 행동에는 미간을 찡그리고 냉담한 시선을 보내는 모습이 우리의 또 다른 얼굴이지 않을까?

이 책에는 쇼와 시대의 한 시골 마을에서 자란 정신과 의사가 과거의 시골과 현대의 도쿄를 오가며 발견한 변화, 그리고 지금 사회의 자유와 부자유에 대한 논의가 담겨 있다. 아울러 급속한 근대화로 해소된 삶의 불편함과, 반대로 새롭게 생겨난 불편함을 살펴봄으로써 레이와 시대, 즉 2010년대 이후 사회가 안고 있는 문제를 개략적으로 그려낸다.

1900년대 중후반의 '당연함'과 오늘날의 '당연함'에는 커다란 차이가 있다. 21세기와 19세기, 그리고 17세기를 비교해보면 그 차이는 더욱 두드러진다. 이 책에서는 현대를 이해하기 위한 참조항으로 과거의 '당연함'을 여러 차례 소개하는데, 현대인에게는 생소한 내용일 수 있기에 독자들은 읽으면서 다소 어리둥절할지도 모르겠다. 그러나 그 당혹감 덕분에 과거와 현대의 차이가 더 명확해지고, 현대 사회가 안고 있는 자유와 부자유를 한층 쉽게 이해할 수 있으리라 기대한다.

책의 구성을 간단히 설명하자면, 우선 1장에서는 현대 사회에 대한 나의 문제의식을 압축적으로 다룬다. 2장부터는 각 장마다 정신의료, 건강, 육아, 청결, 의사소통과 공간 설계를 주제로 한 발 더 들어간 논의를 펼친다. 2장부터 6장까지는 각기 독립적인 주제를 다루므로 관심 있는 부분부터 먼저 읽어도 무방하다. 다만 결말에 해당하는 7장은 꼭 마지막에 읽기를 당부하고 싶다.

한 사람의 정신과 의사가 시도하는 사회의 개략적 스케치에는 한계가 있을 수밖에 없다. 이 책 역시 어디까지나 대략적인 논의에 그칠지도 모른다. 하지만 오늘날 일본에는 사회의 전체적인 변화를 통찰하고 그 의미를 종합적으로 이야기하고자 하는 전문가가 드물다. 레이와 시대의 전문가들은 자신의 전공 분야에서 눈에 보이는 업적을 쌓는 데 집중해야 하므로, 광범위한 분야에 대해 섣부른 견해를 밝히는 일이 조심스러울 것이다. 이러한 상황 속에서 정신과 의사이자 저술가로서 인간과 사회에 대해 꾸준히 써온 나는, 한계가 있음을 알면서도 사회의 전체상을 개략적으로나마 살펴볼 필요가 있다고 느꼈다. 그것이 살기 좋은 최적화된 사회에서 현대인들이 좀처럼 행복해지지 못하는 이유를 설명해줄 수 있으리라 믿기 때문이다. 그렇기에 이제부터는 이 사회에 대해 이야기를 시작해보려 한다.

차례

1장

쾌적한 사회에서 우리는 왜 병들어가는가

•

아름다운 나라의 쾌적한 도시

아베 신조 총리는 일본을 '아름다운 나라'라고 불렀다. 실제로 일본은 아름다운 나라다. 거리에는 아름답다고 표현해도 좋을 만큼 질서가 넘쳐흐른다. 쓰레기를 아무 데나 버리고, 걸으면서 담배를 피우고, 남에게 구걸하는 등 도덕적이지 못하거나 미관을 해치는 행동과 마주칠 일이 거의 없다.

그중에서도 도쿄는 거대하고도 아름다운 도시다. 어마어마하게 많은 사람이 맹렬하게 움직이고 있는데도 거리의 아름다움은 흐트러짐 없이 유지된다. 수십 년 전의 도쿄는 광화학 스모그에 뒤덮이고 수도에서는 하수구 냄새가 나던 도시였지만, 지금은 초록빛이 넘실거린다. 쓰레기나 토사물, 쥐와 마주칠 일도 드물다. 불쾌함을 주는 것들이 싹 다 사라졌을 리 없는데, 거의 모든 공간에서 기적처럼 청결함이 유지되고 있다.

선진국의 다른 도시와 비교해도 도쿄의 질서는 유독 두드러진다. 2019년 영국 경제지 〈이코노미스트〉에서 발표한 '세계에서 제일 안전한 도시'에서도 도쿄가 1위, 싱가포르가 2위, 오사카가 3위에 오르며 미국과 유럽의 대도시들을 크게 앞질렀다.[1] 여기서 도쿄의 인구 규모와 밀도를 고려해 순위를 재조정하면 결과는 더욱 놀랍다. 근교 지역까지 포함해 이른바 도쿄 생활권에 속하는 인구는 세계 1위이며, 인구 밀도도 선진국 중 최고 수준이다. 도쿄와 비슷하게 안전한 도시는 미국과 유럽에도 있지만 이 정도 인구 밀도를 유지하면서 같은 수준의 질서와 안전을 지키는 도시는 세계 어디에도 없다.

세계 여러 도시를 걷다 보면 그 차이를 실감할 수 있다. 파리나 로마의 시민들과 비교하면 도쿄 시민, 특히 주택가 사람들은 교통신호를 철저히 지킨다. 전철은 시간표대로 정차 위치에 정확히 맞춰 들어오고, 난폭 운전을 하는 사람도 좀처럼 보기 어렵다. 시부야역 앞 스크램블 교차로•의 풍경은 도쿄 시민에게는 익숙할지 모르지만, 외국인에게는 3,000명에 가까운 사람들이 질서 정연하게 엇갈려 지나가는 모습은 실로 놀라운 광경으로 관광 명소가 되었을 정도다.[2]

폭주족이나 소매치기와 만날 확률도 줄어들었다.[3] 1999년

• 차량 진입을 막아서 보행자가 자유롭게 횡단할 수 있는 교차로

에는 5,798명으로 집계됐던 노숙자 수가 2017년에는 695명까지 감소했다.[4] 술에 취해 싸움을 벌이거나 새치기하는 행위도 요즘에는 보기 드물다. 인구 규모와 밀도까지 고려하면 현재의 도쿄가 이만큼이나 쾌적하고 안전하며 청결하고 도덕적이라는 게, 즉 도쿄의 남다른 질서 정연함에 우리는 좀 더 크게 놀라워해야 한다. 이러한 놀라움은 일본이라는 나라 전체를 놓고 봐도 별반 다르지 않다. 안전, 청결, 질서 정연함은 도쿄뿐 아니라 다른 대도시와 지방도시, 대부분의 교외 지역에서도 유지되고 있기 때문이다.

하지만 이러한 쾌적함과 질서를 거꾸로 생각하면, 도쿄라는 도시에서는 반드시 지켜야만 하는 도덕적 규칙과 질서 유지를 위한 약속이 그만큼 많다는 뜻이 아닐까?

도쿄의 시민들은 보행자 통로에 '우측통행'이라고 표시돼 있으면 반드시 이를 따르고, 신호등에 빨간불이 켜져 있을 때나 횡단보도를 건널 때도 표시된 지침을 준수한다. 아침저녁 출퇴근 시간대, 정신없는 만원 전철에 시달리는 와중에도 "다음 전철을 기다려주세요"라는 안내 방송을 충실히 따른다.

도쿄에는 인구만 많은 게 아니라 세계적으로 이용객 수가 많은 터미널과 역도 밀집해 있어서 출퇴근 시간대의 혼잡도는 이루 말할 수 없을 정도다. 그럼에도 사람들의 이동이 혼란스럽지 않고 교통질서가 잘 유지되는 이유는, 거리가 사람들의 동선을 효율적으로 처리하도록 설계되었을 뿐 아니라, 표지판이나 신호의 지침을 따르고 예절을 지키는 시민의 비율이 많기 때문이다.

반대로 말하면 이러한 도쿄의 교통질서에서 벗어나 살기란 쉽지 않다. 출퇴근 시간대에 사람들의 흐름과 역행해서 걷는 것은 물리적으로도 어렵지만, 사회적 · 심리적인 곤란함도 분명히 존재한다. 즉 예절을 지키고 질서를 따르는 것이 당연한 도쿄에서는, 이 당연함에서 벗어나는 행동이 금세 눈에 띄는 일이다. 도쿄라는 공간 속 사람은 심적으로도 질서를 거스르기 어렵거니와 애초에 이 질서 밖의 세상을 의식하기조차 쉽지 않다.

청결함과 아름다움에서도 같은 논리가 적용된다. 도쿄의 사람들은 대부분 겉모습이 단정하고 예의 바르며 도덕적인 태도가 몸에 배어 있다. 한적한 주택가나 고층 아파트 주변에서는 이러한 경향이 더욱 두드러진다. 바꿔 말하면, 그런 곳에 산다면 반드시 단정한 겉모습과 예의 바른 태도를 갖추어야 한다는 뜻이기도 하다. 쓰레기 하나 없는 쾌적한 거리는 그렇지 않은 것들을 눈에 띄게 만든다. 조용하고 깨끗한 거리는 시끄럽게 떠들거나 악취를 풍기는 이들을 도드라지게 한다. 결국 그 거리에 어울리지 않는 사람은 어색함과 불편함을 느끼게 된다.

이러한 도쿄의 질서와 아름다움은 이 환경에 완벽히 적응한 이들에게는 아무런 불편도 주지 않으며 오히려 쾌적한 삶을 제공한다. 그에 익숙한 사람들일수록 이 질서가 때로 사람들을 불편하게 만들거나 자유를 빼앗아갈 수 있다고는 상상도 하지 못한다.

하지만 세상에는 마지못해, 있는 힘껏 무리해가며 예절을 지키는 사람도 있을 것이다. 단정한 옷차림을 하고, 조용하게 행동하며, 늘 예의를 차리는 일에 서투른 자신을 애써 감추며 사는 이들도 있을 것이다. 혹은 평소에는 도쿄의 질서와 아름다움 속에 융화되어 있다가 어느 순간, 경제적 또는 심리적 어려움에 봉착하여 더 이상 깔끔한 옷차림과 품위 있는 태도를 유지하지 못하고 거리의 풍경에서 동떨어져 나간 사람도 있을지 모른다.

도쿄만큼 심하지는 않아도 일본 사회 대부분은 이처럼 질서와 아름다움 위에 성립되어 있다. 각각의 거리와 마을에는 그곳에 걸맞은 행동과 도덕적 태도가 있으며, 사람들은 거기에 익숙해져 있다.

과연 일본은 참으로 아름다운 나라다. 이 아름다움은 풍경과 질서를 지켜준다. 하지만 이 아름다움이 사회적 압력으로 작용해 그곳에 사는 우리를 '질서 정연'과 '예의범절'이라는 틀에 밀어 넣고 있는 것은 아닐까? 그리고 그 틀에서 벗어날수록 거리의 풍경에서 이탈해 죄책감과 열등감을 품게 되는 것은 아닐까?

지극히 얌전한 아이들과 저출생

도쿄 거리에서 마주치는 요즘 아이들은 아니나 다를까 대체로 예의 바르다. 지방 교외의 쇼핑몰에서 만나는 아이들도, 심지어 내 아이들까지도 1990년대 중후반의 아이들과 비교하면 놀라울 만큼 말귀를 잘 알아듣고 공손하다. 요즘 아이들은 교통 규칙을 잘 지키고 버스나 전철에서는 고령자에게 자리를 양보한다. 초등학교 저학년 때부터 모범생처럼 '감사합니다'를 자연스럽게 내뱉는다. 아이끼리 부딪히거나 다투는 일도 줄었고, 금지된 장소에서 본드 흡입 같은 위험한 장난을 하는 아이들도 거의 없다. NHK 교육 TV에서 방영됐던 도덕 프로그램 〈모두 사이좋게〉의 등장인물처럼, 아니 그 이상으로 규칙을 잘 따르고 행실이 바르다.

생각해보면 쇼와 시대에는 백화점에서 아이를 찾는 방송이 자주 흘러나왔지만, 요즘 쇼핑몰에서는 그런 소리를 거의 들을 수 없다. 주말이면 마트에서 과자를 사달라며 울던 아이들도 언제부턴가 눈에 띄지 않는다. 아이들이기에 가능했던 무질서함과 무분별함을 더 이상 보기 어려워진 것도 어쩌면 이 '아름다운 나라'를 성립시키는, 무시할 수 없는 요소일지 모른다.

이런 내 체감이 단순한 인상이 아니라는 듯, 통계상 미성년자의 체포·계도 건수[5]와 범죄 피해를 본 아이의 수[6] 모두 큰 폭으로 감소하고 있다. 저출생으로 전체 건수가 줄었을 뿐 아니라, 아이 1,000명당 검거 수와 피해 수도 감소했다. 대중매체가 미성년자 범죄와 피해를 크게 보도하는 것과 달리, 실제로 2020년대의 아이들은 그 어느 때보다 안정된 질서 속에서 살고 있다.

헤이세이 시대(1989.1.8~2019.4.30) 후반에 만들어진 신도시와 그 주변 공원에서도 그 모습은 다르지 않다. 단정한 옷차림을 한 아이들이 얌전하게 뛰놀고, 이전 시대의 우리 혹은 옛날 TV 드

소년 범죄 및 검거 수·검거율 추이

경시청 통계, 경찰청 교통국 자료 및 총무성 통계국의 인구 자료를 토대로.
소년 검거율은 10세 이상 소년 10만 명당 검거 인수.

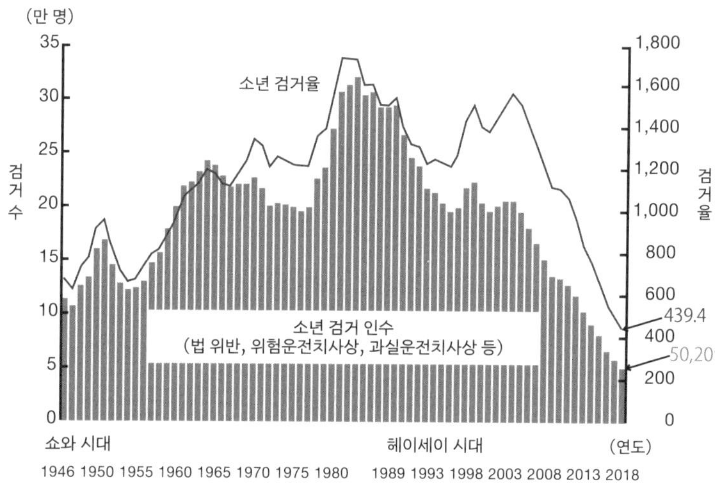

라마 〈못 말리는 말썽꾸러기〉 속 주인공처럼 위험한 장소에서 위험한 짓을 마구 일삼는 아이는 더 이상 찾아보기 어렵다.

아이들의 범죄와 피해 건수가 줄고 대부분의 아이들의 행실이 올발라졌음은 긍정적이고 기뻐할 일처럼 보인다. 하지만 말썽꾸러기이자 개구쟁이로 자란 내 눈에는, 아이들이 어른이 정한 질서 안에서 흐트러짐 없이 행동하는 모습이 어딘가 기묘하게 느껴진다. 또 아이들의 무질서함에 대한 현대 어른들의 잣대가 지나치게 엄격하다는 생각도 든다.

아이란 애초에 어른의 생각대로 움직이지 않는 존재였다.

중심 피해자가 소년인 범죄 인지 건수의 추이

경찰청 생활안전국 소년과 〈2017년에 일어난 소년 계도 및 보호 현황〉을 토대로.

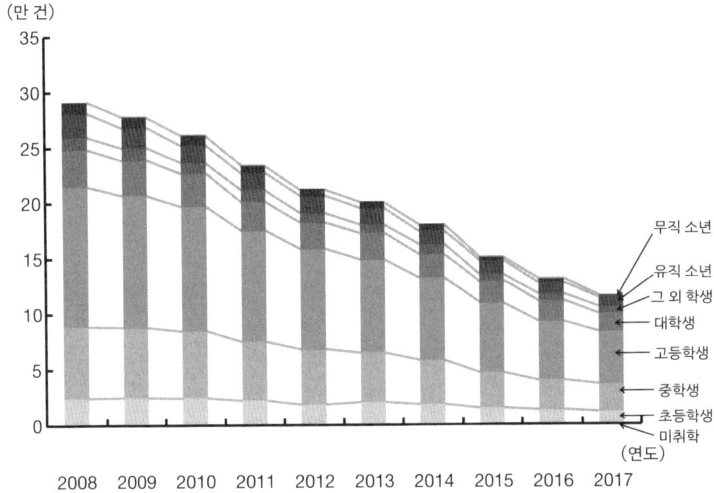

어른들의 통념과 습관에서 벗어나 행동하고, 때로는 크게 다치기도 했다. 또 사춘기가 오면 더욱 어른의 질서에 반항하고 엉뚱한 길로 빠지거나 방황하면서 성장해가곤 했다.

지금 아이들의 세계에서 부각되는 문제는 아이들의 반항이나 비뚤어짐이 아니다. 부모의 학대, 아이들 간의 학교폭력, 아이 본인의 심리발달(발달장애 등)과 같은 문제다. 이러한 문제들은 쇼와 시대에는 사회에서 좀처럼 관찰하기 어려웠지만, 오늘날의 질서 속에서는 눈에 띄기 쉬워졌고, 여기에 의료나 복지의 손이 뻗치면서 주목받게 되었다.

현대의 기준으로 보면, 1990년대 중후반 사람들은 학대나 학교폭력의 개념을 충분히 인식하지 못했고, 발달장애에 대해서도 아는 바가 거의 없었다. 교육 및 복지, 의료 관계자가 이 점을 인지한 경우에도 오늘날만큼 민감하게 반응하지는 않았다. 학대라 하면 방송에서 다룰 만큼 과격한 것이어야 했고, 학교폭력은 돈을 뺏거나 폭행 사건으로 번지는 사례에만 관심을 가졌다. 또한 발달장애는 중증 자폐나 지적장애처럼 심각한 상태만이 지원 대상이라 여겼다. 학교폭력의 정의 변화[7]나 아동학대방지법 개정사항[8] 등을 보아도 이러한 개념들을 둘러싼 사회의 시선이 크게 달라졌음을 알 수 있다.

그렇다면 개념의 정의가 완전히 달라진 2020년대의 일본은 어떨까?

학대 신고 건수는 두려울 만큼 가파르게 늘고 있으며 학교폭력도 마찬가지다. 아동 심리발달에 대해서도, 자폐스펙트럼장애Autism Spectrum Disorder, ASD, 주의력결핍 과잉행동장애Attention Deficit Hyperactivity Disorder, ADHD, 특정학습장애Specific Learning Disorder, SLD 등이 스펙트럼이라는 새로운 틀로 인식되면서, 의료 전문가뿐 아니라 교사와 부모들도 대부분 이를 알고 있다. 정신건강의학과에서 발달장애로 진단받는 환자 수는 큰 폭으로 증가했고, 발달장애를 이유로 특별 지도를 받는 아이들도 매우 많아졌다.[9]

거리가 안전하고 청결하며 쾌적해진 것과 나란히, 거리에서 마주치는 아이들은 점점 '질서에 적합한 인간'으로 자라나고 있다. 아이를 키우는 과정에도 의료와 복지의 손이 미치면서 아이의 심리발달 문제가 더 자주 주목받게 되었고, 이러한 특성을 지닌 아이는 의료나 복지의 지원을 받아야 하는 대상으로 간주되었다.

이 질서 정연한 거리에서 살아가는 아이는 그 질서에서 한 치의 벗어남도 없는 아이여야만 한다. 당연히 '질서에 어울리는 아이'란 곧 '질서에 어울리는 어른'의 씨앗이 된다. 하지만 모든 아이가 2020년대의 질서에 무조건 따라갈 수 있는 것은 아니다. 가령 발달장애로 진단받은 아이는 의료 및 복지 서비스의 지원을 받지 않으면 학교에 적응하기 어렵고, 나아가 훗날 직장 생활에도 어려움을 겪을 수 있다.

또한 학대 신고 건수가 말해주듯, 부모는 이제 '아름다운 거리'에 어울리는 육아를 실천해야만 한다. 과거보다 사람들이 학대와 방임을 민감하게 감지하고 그 징후가 보이면 즉시 국가의 지원을 받게 된 것은 분명 진보다. 하지만 그만큼 부모에게는 그 어느 때보다 엄격한 자질이 요구되고 있다. 2020년대의 부모는 쇼와 시대의 부모보다 훨씬 엄격한 세간의 검열을 받고 있으며, 이와 동시에 내면화된 양심과 도덕심에 따라 자기검열에도 충실해야 한다.

교육비가 껑충 뛰고, 도쿄를 중심으로 어린이집 대기 아동 문제가 심각한 점[10]만 봐도 오늘날의 육아는 매우 버겁다. 눈에 보이는 어려움뿐만 아니다. 아름다운 거리에 사는 우리는 무의식적으로 부모와 아이 앞에 넘기 어려운 장애물을 놓아두고는, 이 장애물의 높이가 공공의 도덕에 맞는 수준이라고 믿는다. 버스나 지하철 안에서 우는 아이를 달래는 엄마의 난처한 표정, 어린이집과 아동보호시설 건설에 반대하는 주민들의 목소리[11] 속에서 우리는 안전하고 쾌적한 거리와 그곳의 도덕이 가진 또 다른 측면을 엿볼 수 있다. 지금 사회에서는 아이도 부모도 이러한 도덕에 어울리는 행동을 요구받는다. 여기에서 벗어난 부모나 아이가 있다면 그들은 의료나 복지, 때로는 법에 의해 반드시 궤도 수정을 받아야만 한다.

어딘가 부족한 사람은 원치 않는 나라

아이들에게조차 이토록 엄격하다면 사회인에 대한 잣대는 말할 것도 없다. 해외여행을 다닐 때마다 실감하는데, 일본 서비스업의 질은 다른 선진국보다 월등히 높다. 물론 해외에서도 고급 레스토랑이나 호텔에 가면 잘 훈련된 종업원들의 질 높은 서비스를 받을 수 있다. 하지만 편의점이나 슈퍼마켓 계산대, 술집, 저렴한 호텔 등에서 제공되는 일상적인 서비스의 수준을 비교해보면 일본은 단연 최고 수준이다. 특별히 월급을 많이 받는 것도 아닌데, 일본의 대중 서비스업 종사자들은 일을 척척, 효율적으로 해내고 늘 밝은 미소로 손님을 대한다.

제조업, 운수업, 건설업 종사자도 마찬가지다. 성실하고 예의 바르며 남의 물건을 훔치거나 일을 게을리하는 법이 없다. 공무원과 은행원도 직위를 무기로 거만하게 굴지 않는다. 의료 분야 역시 예외가 아니다. 예전에는 몰상식하거나 교만한 의사도 있었지만, 요즘 젊은 의사들은 하나같이 친절하고 의사소통 능력도 뛰어나다.

일본은 OECD 회원국 중 생산성이 낮은 나라로 꼽힌다.[12] 실제로 1인당 GDP가 일본보다 높은 나라는 얼마든지 있다. 하지만 이처럼 모두가 성실하고 친절하며, 의사소통이 원활하고 대중적인 서비스의 질이 높은 나라는 거의 없다.

물론 익명 게시판이나 엑스(구 트위터)에 올라오는 불평, 혹은 정신건강의학과에서 듣는 고민을 보면 일을 잘하지 못하거나 친절하지 못한 사람, 의사소통 능력이 떨어지는 사람들도 여전히 존재한다. 나 역시 그런 사람들을 직접 접해왔기에 그들이 우리 주변에 실재하고 있음을 잘 알고 있다. 그럼에도 불구하고 그런 사람들이 마음 편히 일할 수 있는 직장은 좀처럼 찾을 수 없다. 일을 능숙하게 처리하지 못할수록, 성격이 싹싹하지 못할수록, 의사소통 능력이 서툴수록, 다시 말해 어딘가 부족하면 부족할수록 자신의 능력을 발휘할 수 있는 일자리는 제한적이다. 결국 그들은 우리의 일상에서 눈에 띄지 않는 곳으로 밀려난다.

모두가 우수하고 사교적이며 일 잘하는 사람들로 구성된 직장, 아마도 화이트칼라 중심의 기업에서 직원들의 스트레스 관리까지 이루어지는 환경에서 근무하는 사람이라면 지금의 사회 분위기에 별다른 의문을 품지 않을 것이다. 그들에게는 일하기 어렵지 않고 질 높은 서비스를 받는 현재 상황이 그저 긍정적으로 보일 뿐이다.

하지만 어딘가 부족하고 의사소통 능력이 떨어지는 사람들에게 이 사회는 결코 일하기 쉬운 세상이 아니다. 물론 그런 사람들도 일정한 수입을 얻는다면 질 높은 서비스를 누릴 수 있다. 그러나 문제는 그 돈을 벌기 위한 일자리를 찾는 일이다. 이 사회 안에서, 그들이 마음 편히 일할 수 있는 곳은 과연 어디에, 얼마나 남아 있을까?

내가 기억하기로는 쇼와 시대의 일본에서는 오늘날 일 잘하는 사람들이 차지하는 일자리 중 적지 않은 비율이 어딘가 부족하고 의사소통이 서툰 사람들로 채워져 있었다. 레스토랑 종업원, 역무원, 공무원과 같은 직업군과 그들이 제공하는 서비스의 질 역시 들쑥날쑥했고, 회사 운영도 지금보다 훨씬 비효율적이었다. '일을 잘하지 못해도, 의사소통 능력이 떨어져도 일할 수 있는 자리의 다양성'이라는 측면에서 보면 1900년대 초중반의 일본과 지금의 다른 나라가 오히려 더 살기 좋은 사회라고 할 수 있지 않을까?

대학생들의 취업 준비, 즉 학생이 사회인 무리에 들어가려 할 때도 마찬가지다. 그들에게는 일률적인 능력이 요구된다. 모두가 비슷한 정장을 입고, 같은 방식의 입사지원서를 쓰며, 누구나 익히 알고 있는 모범 답안대로 행동해야 하기 때문이다. 실제로 경제단체연합회(이하 경단련)에서 당해 대학 졸업자를 대상으로 실시한 설문조사를 보면, 기업들이 원하는 인재상은 명확하다.[13] '의사소통 능력이 뛰어나고, 주체적이며, 도전 정신이 넘치고, 협조적이고, 성실한 사람.' 대학생들은 기업이 바라는 인간상을 일찌감치 파악하고 있다. 그리고 이런 능력은 대입시험을 치르는 고등학생들에게조차 똑같이 요구된다.

결국 취업 준비와 대입시험이라는 선발 과정은 사실상 사회인이 될 학생들에게 '의사소통 능력이 뛰어나고, 여러 면에서 고른 능력을 갖춘 수준 높은 인간이 되어야 한다'는 압박을 가하고 있는 셈이다. 지금의 사회는 겉으로는 다양성을 두둔해 마지않지만, 막상 실질적인 경쟁의 장에 들어서면 일률적인 규격으로 젊은이들을 선별한다.

이처럼 사회의 잣대에 맞추려는 교정과 압박은 현대 사회에서는 너무나 당연하게 여겨진다. 하지만 내가 기억하는 1980~90년대의 취업 준비 과정은 지금처럼 획일적이지 않았고, 서비스 제공자와 이용자 모두가 이토록 높은 수준을 기대하지는 않았다. 해외 여러 도시의 풍경과 비교해보면 일본 직장인은 하나같이 우수하고 지나칠 정도로 업무 수준이 높다. 이 역시 내 눈에는 '아름다운 나라'가 가진 과함으로 보인다.

예전에 중의원 의원 야마구치 쓰요시는 '아름다운 나라うつくしいくに'를 거꾸로 읽으면 '불쾌한 고통にくいしくつう'이 된다고 비꼰

적이 있다.[14] 실제로 사회가 요구하는 높은 기준에 미치지 못하는 사람들에게 이 '아름다운 나라'는 그저 '불쾌한 고통'만을 안겨줄 뿐이다. 현실에서도 그러한 원망 섞인 목소리가 익명 게시판과 엑스 곳곳에서 끊임없이 쏟아지고, 병원 정신과에서는 사회에 적응하지 못해 고통받는 이들의 목소리가 자주 들린다.

노동자에게 고도의 능력을 요구하는 사회

사회 최전선에서 일하는 사람들의 수준이 높아질수록, 그 수준에 맞추지 못하는 사람이 생기기 마련이다. 경단련의 설문조사만 봐도 요즘 사회가 근로자에게 기대하는 수준이 얼마나 높은지 알 수 있다. 나는 이것이 마치 '아름다운 나라에 어울리는 자는 뛰어난 인간뿐이다'라고 선언하는 것만 같다.

아베 신조 총리가 제창한 '1억 총활약 사회'라는 말도 누구든 활약할 수 있는 사회가 아니라, 누구든 활약해야만 하는 사회를 의미한다고 생각한다. 그렇다면 사회가 기대하는 기준에 못 미치는 사람들은 어디에서, 어떻게 활약해야 할까?

예를 들어 공장에서 근무한다면 소위 '사회의 전면에 나서지 않는' 위치이므로 괜찮지 않겠느냐고 생각할 수도 있다. 실제로 핸드폰 판매점이나 시청 창구 업무에 비하면 상대적으로 낮은 수준의 의사소통 능력이 요구되는 것은 사실이다. 하지만 공장에서 일한다고 해서 의사소통이 전혀 필요 없는 것은 아니다. 한 직장에서 오래 일하려면 상사와 동료, 부하 직원과 소통해야 하는 순간이 반드시 찾아온다. 게다가 요즘은 고용 유동성이 높아져서 근무지가 바뀔 가능성도 크다. 새 직장이나 새로운 환경에 적응하려면 의사소통 능력은 필수다. 원활히 소통하지 않으면 공장 근로자라 해도 문제에 부딪히거나 불리한 상황에 처할 수 있다.

설령 의사소통 능력이 크게 필요하지 않다고 해도 막힘없이 일할 능력, 한 부서에서 꾸준히 업무에 집중할 능력, 복잡한 조작과 정밀한 작업을 수행할 능력 등은 대부분의 업종에서 필수로 요구된다. 일을 느릿느릿 처리하거나 집중하지 못하고, 복잡한 조작이나 정밀한 작업을 제대로 해내지 못한다면 할 수 있는 일의 범위는 점점 좁아지고, 갈수록 사회에서 활약하기 어려워진다.

사실 의사소통 능력과 막힘없이 일하는 능력은 직장뿐 아니라 사생활에서도 중요하다. 이에 대해서는 뒤에서 다루기로 하고, 여기서는 우선 서비스업뿐 아니라 거의 모든 직종에서 근로자에게 요구하는 능력의 수준이 매우 높다는 점을 짚고자 한다. 물론 사람은 각자의 재능과 적성에 따라 직종을 선택할 수 있다. 그러나 이전 세대와 비교하면 오늘날 근로자에게 요구되는 수준은 어느 분야를 막론하고 지나치게 높다. 직원에게 높은 생산성을 기대하지만 예전처럼 마음껏 야근을 시킬 수는 없는 현 상황에서, 기업은 정해진 시간 안에 최대치의 결과물을 내놓을 수 있는 사람만을 딱 필요한 만큼만 고용한다. 특히 화이트칼라 업종일수록 직원들에게 일정 수준의 안정적인 결과를 기대할 수밖에 없다.

이처럼 수준이 점점 높아지는 사회에서 뒤처진 사람들은 때로 직장에서 정신건강을 잃고, 치료를 위해 병원을 찾는다. 치료가 잘 되어서 직장으로 복귀하는 사람도 있지만 직업소개소를 거쳐 새로운 일자리를 찾는 사람도 많다. 의료와 복지 서비스는 이렇게 건강상의 문제를 겪은 개인이 회복한 뒤 다시 일터로 돌아갈 수 있도록 돕는 역할을 맡는다. 하지만 의료와 복지의 역할은 거기서 끝나지 않는다. 아무리 애써도 일터로 돌아갈 수 없는 사람, 중증 질환으로 인해 할 수 있는 일이 거의 없는 사람도 있다. 그런 이들을 공공 일자리로 연계해, 여전히 활약할 수 있는 곳으로 재배치하는 일 역시 의료와 복지의 몫이다.

장애인 고용 및 공공근로제도는 점점 더 높아지는 사회적 기준 속에서 지금으로서는 맞서 싸울 힘이 없는 이들에게 일할 자리를 제공하기 위한 장치다. 과거에는 주로 중증의 정신질환자가 이 같은 제도의 대상이었지만 최근에는 발달장애 진단을 받은 사람들이 종사하는 사례도 쉽게 찾아볼 수 있다. 또한 의료와 복지 서비스는 공공근로조차 곤란한 사람들에게도 제공된다. 규정에 해당하는 질환으로 진단받고 더 이상 일할 수 없음이 증명된 사람은 장애인 연금제도의 대상이다.

결국 의료와 복지 서비스는 '아름다운 나라'에서 일하는 사람들을 지원하고, '1억 총활약 사회'를 실현하는 데 크게 공헌하고 있다. 여기에 더해 장애인에 대한 사회적 이해가 깊어지고 차별과 편견이 점차 해소된다면 상황은 더욱더 나아질 것이다.

이러한 의료 및 복지 서비스가 가장 효과를 발휘하는 사례를 하나 꼽자면 발달장애 아동 지원이다. 어린 시절 발달장애로 진단받고 적절한 치료와 교육을 받은 뒤, 성인이 되어 자신의 특성에 딱 맞는 일을 찾아 배려받는 환경에서 일하게 되는 경우다. 이는 분명히 한 개인을 구제한 일이며, 완벽하지는 않더라도 의료와 복지 서비스는 대체로 이와 같은 방향으로 흘러가고 있다.

하지만 이런 구제 방식에는 적어도 두 가지 문제가 있다.

첫째, 이러한 구제의 방향성 자체가 근로자에게 매우 높은 수준의 능력을 요구하는 사회, 즉 '누구나 활약해야만 하는 사회'를 전제로 하고 있다는 점이다.

둘째, 정신장애를 앓는 사람이나 거리에 나앉은 노숙자 등 어떤 경우든, 현재의 구제는 사회가 추구하는 기본 노선과 같은 방향으로만 이루어진다는 점이다. 다시 말해 가능한 한 경제적으로 자립하고, 현대 사회인이 지향해야 할 바람직한 모습으로 자신의 장애와 생활을 조정하도록 구제자에게 기대하는 것이다. 실제로 의료나 복지제도에는 '자립 지원'이라는 말이 자주 따라붙는데, 이를 뒤집어보면 의료와 복지제도가 개인에게 기대하는 바가 명확히 드러난다. 즉, 경제적으로 자립하며, 현대의 질서에 융화되는 인간이 되는 것. 그 외의 방향은 제도 안에서 찾아보기 힘들다.

의료와 복지제도는 분명 많은 사람을 구제하고 있다. 진단과 치료, 지원이라는 차원에서 보면 개인의 다양성을 존중하며 최선을 다하고 있다고도 할 수 있다. 그러나 동시에 이 제도는 '자립지원'이라는 이름 아래 구제의 방향을 획일화하고, 사람들을 '정규직 고용 – 장애인 고용 – 공공근로 – 장애인 연금'이라는 '1억 총활약 사회'의 구조 안 어딘가에 이들을 재배치하고 있다. 의식적이든 무의식적이든 말이다.

사회가 퍼붓는 화살을 가장 먼저 맞는 사람들

또 다른 문제는 이러한 구제의 대상이 의료나 복지제도가 분류한 대상, 혹은 세간의 사람들이 분류한 대상에 한정된다는 점이다. 세상에는 장애인 혹은 소수자처럼 의료와 복지의 지원을 받고 사회 전체가 마땅히 배려해야 하는 특성을 지닌 이들이 많다. 중증의 정신장애나 지적장애, 신체장애를 가진 사람들은 1900년대부터 구제의 대상이었고, 성인 발달장애인과 같이 최근에서야 구제의 대상이 된 이들도 있다. 소수자 쪽을 살펴보면 LGBT•처럼 근래 들어 배려의 대상으로 새롭게 인식된 이들도 있다.

하지만 이 점을 곰곰이 생각해보면 약자나 소수자로 인정

• 레즈비언 · 게이 · 양성애자 · 트랜스젠더

받지 못하거나 의료나 복지의 대상으로 분류되지 않으면 사회에서 제공하는 지원을 받을 수 없고, 주변 사람들도 그들을 배려해야 할 대상으로 여기지 않는다는 뜻이기도 하다.

예를 들면 '경계선 지적장애'라 불리는 부류가 있다. 의료나 복지 현장에서 활용되는 지능 검사에서 대략 IQ 70~84로 측정되는 사람들이다.[15] 그런데 종종 IQ 70 미만인 지적장애인도 장애 정도가 비교적 가벼운 경우(경도 지적장애)에는 사회에서 간과되어 지원 대상이 되지 못한다. 따라서 그보다 IQ가 높은 경계선 지능에 해당하는 사람들은 당연히 의료나 복지의 지원을 받기 어렵다.

그렇다면 경계선 지적장애인들은 이 '아름다운 나라'의 청결한 질서에 잘 적응할 수 있을까? 막힘없이 일을 해내고 의사소통 능력도 뛰어나야만 하는 오늘날의 정규직 자리를 두고 다른 사람들과 똑같이 경쟁해 이길 수 있을까? 쉽지 않은 일이라고 생각한다. 내가 정신의료 현장에서 만나는 경계선 지적장애인들은 대개 다른 정신질환을 함께 앓거나 사회에 적응하지 못하는 양상을 보인다. 이들은 사회로부터 능력 밖의 일을 요구받다가 정신건강을 잃거나 적응에 어려움을 겪는다. 선천적인 요인뿐 아니라 좋지 않은 환경에 오랫동안 노출되어 이런 상황에 처한 이들도 많다.

아이에게도 어른에게도 수준 높은 능력을 요구하는 현대 사회에서 경계선 지적장애를 지닌 이들의 입장은 취약할 수밖에 없다. 그들은 고학력을 갖추거나, 고소득을 올리기 어려울 뿐 아니라 소비라는 측면에서도 희생양이 되기 쉽고, 착취당하기 쉬운 위치에 있기 때문이다. 신용카드의 리볼빙 서비스나 온라인 게임처럼 거액의 돈을 쓰게 만드는 소비의 함정을 알아차리지 못해 경제적 어려움에 처해도, 사회는 이를 일반인과 마찬가지로 개인의 책임으로 돌릴 뿐이다.

IQ 70~84의 경계선 지적장애인은 통계적 정의에 따르면 전체 인구의 약 10% 이상이라고 한다.[16] 따라서 현실적으로 이들 모두를 의료 및 복지제도가 짊어지기란 지금의 상황에서는 어렵다. 부모와 아이, 근로자뿐 아니라 서비스의 제공자와 소비자에게까지 높은 능력을 요구하는 풍조 속에서 경계선 지적장애인은 가장 불이익을 받기 쉽고, 가장 착취당하기도 쉽다. 이들에게는 현대사회가 기대하는 대로 아이를 키워내는 일 또한 매우 버겁다. 개인이나 집단에 대한 혐오 발언, 인터넷 악성 댓글과 같은 잘못된 정보에 빠지기 쉬운 사람들도 어쩌면 이들일지 모른다.

사회 전체가 어수선했던 쇼와 이전 시대에는 이들 또한 일할 곳이 있었다. 또한 4장에서 다루겠지만, 그 시절에는 육아에서 부모와 아이에게 요구되는 수준도 지금과는 크게 달랐다. 물론 이러한 사람들을 속이고 착취하는 사람은 과거에도 있었지만, 오늘날처럼 소비자의 행동을 세밀하게 조작하고 구매 동기마저 통제하려 드는 거대 정보기업을 상대할 일은 없었다.

경계선 지적장애인들은 이처럼 사회가 퍼붓는 화살이 가장 먼저 날아오는 자리에 서 있다. 하지만 이들보다 훨씬 심각한 지적장애인과 정신장애인, 신체장애인에 비하면 눈에 잘 띄지 않는다. 그래서 자신이 부딪히는 어려움과 소외감을 언어화하지도, 스스로를 조직화하지도 못한다. '아름다운 나라'의 질서에서 쉽게 밀려나는 그들은 자신의 고립과 고통을 논의하거나 사회운동을 통해 호소하기조차 어렵다. 이제껏 이들은 구제받아야 할 약자로 주목받은 적이 없다.

사회가 진보함에 따라 아이와 여성의 권리가 존중받고 장애인을 위한 지원도 늘어났다. 신체장애를 지닌 국회의원이 선출되면서 장애인의 어려움이 가시화되고, 관련 문제가 진지하게 논의되기도 했다. 2019년, 장애인으로 참의원 의원에 당선된 기무라 에이코 씨와 후나고 야스히코 씨가 그 좋은 예다.

하지만 세상에는 장애인으로 인정받기 어려운 사람들, 소수자로 간주되기 힘든 사람들도 많다. 누가 봐도 장애인이고 소수자임을 알 수 있는 사람들, 혹은 자신들의 고통과 소외감을 호소할 수 있는 사람들은 사회의 지원 대상이 될 수 있지만 그렇지 못한 사람들은 복지의 사각지대에 놓여 있다. 게다가 세상 사람들은 그들이 고통받고 고립되어 있음을 인식조차 하지 못한다.

경계선 지적장애인에 비하면 신체장애가 있는 국회의원은 어디서나 눈에 띄기 쉽고, 자신의 고통과 소외감을 세상에 알리기도 쉽다. 반면 저임금 노동에 만족해야 하고, 소비의 함정이나 인터넷에 떠도는 잘못된 정보에 빠지기 쉬우며, 지적인 논의에 능숙하지 못한 경계선 지적장애인들이 과연 그들처럼 행동할 수 있을까? 또 세상 사람들이 경계선 지능을 가진 이들이 국회의원에 당선되기를 응원해줄 수 있을까?

건강하지 않으면 안 된다는 강박

의료와 복지 서비스가 곤란에 처한 개인을 구제하고, '1억 총활약 사회'를 향해 나아가는 이 아름다운 나라에서는 당연히 건강에도 세심한 주의를 기울이고 있다.

60세는 환갑이라 하여 예전에는 인생을 일단락 짓는 시기로 여겨졌다. 환갑을 넘겨도 잘 살아가는 사람이 없지는 않았지만 그 이전에 죽음을 맞는 이들이 많았고, 대개는 60년 정도가 인간의 일생이라는 통념이 지배적이었다. 하지만 지금은 이런 생각을 하는 사람이 거의 없다. 60대는 은퇴 후 여생을 보내는 시기가 아니라, 제2의 인생이 시작되는 때로 여겨진다. 1990년대 중후반에는 60대의 죽음을 연령에 맞는 죽음, 노환에 의한 죽음이라고 보았지만, 오늘날에는 60대에 세상을 떠나면 아직 젊은 나이에 가셨다며 다들 안타까워한다. 실제로 평균수명은 최근 30년간 계속 늘어나 2018년 기준 일본인 평균수명은 여성 87.32세, 남성 81.25세에 이른다.[17]

우리는 어떻게 이토록 장수하게 되었을까? 이는 사람들이 건강위험인자에 주의를 기울이고 의사의 지도와 치료에 성실히 따르게 되었기 때문이다. 쇼와 이전 시대에는 건강위험인자에 관심을 갖는 이가 많지 않았지만, 요즘 고령자는 콜레스테롤과 혈압 수치에 신경을 쓰고, 적당한 운동과 균형 잡힌 식사를 하려고 노력한다. 과거에는 흡연자가 절대다수였지만 최근 10년 사이에는 이들이 소수파가 되어 비좁은 흡연실로 격리되었다.

이토록 모두가 건강에 관심을 갖고 돈을 쓰는 사회는 이제껏 없었다. 지금의 모습을 수십 년 전 사람들에게 보여준다면 과도하게 건강을 추구하고, 이로써 실현한 '건강 장수 사회'에 다들 눈을 동그랗게 뜨고 놀랄 것이다.

3장에서 자세히 다루겠지만 건강과 장수는 많은 사람들이 바랐던 일이므로 기본적으로는 긍정적인 변화임이 틀림없다. 또 건강에 문제가 생기면 개인의 자유로운 생활이 제한받으므로 개인의 자유를 달성한다는 측면에서도 의미 있는 변화라고 할 수 있다. 하지만 과연 좋은 점만 있을까? 우리는 그 어느 때보다 건강하고 오래 살게 된 동시에 '**건강해야만 하고 오래 살아야만 하는 사회**'에 살고 있는 것은 아닐까?

대사증후군, 운동기능 저하증후군과 같은 개념이 알려지지 않았던 시절의 일본인은 건강에 대해 좀 더 느슨한 태도를 취할 수 있었다. 평균수명이 짧았던 시대에는 다들 자신의 몸을 제멋대로 다뤘고, 그러한 행동이 특별히 잘못됐다고 느끼지 않았다. 하지만 현대인은 건강에 반드시 주의를 기울여야 한다. 건강을 둘러싼 온갖 것에 신경을 쓰다 보니 극단적으로는 건강이 인생의 수단이 아니라 목적이 된 사람도 많다. 그들의 인생은 건강에 잠식되어 있는 셈이다. 이 정도로 극단적이지 않더라도 건강을 챙기는 일을 인간의 의무로 여기는 사람은 적지 않다. 검진을 받을 때마다 의사에게 지시를 받고, 각종 미디어에서도 '건강하라'는 메시지가 쏟아지는 사회에서 건강에 등을 돌리고 살기란 쉽지 않다. 현대인은 죽을 때까지 건강하게 살기를 바랄 뿐 아니라, 그렇게 살아야 한다고 요구받는다. 어디서나 평균수명까지 사는 것이 당연하다는 생각이 만연해 있다.

원래 인간은 좀 더 쉽게 태어나 의외로 쉽게 죽는 존재였다. 아이들의 숫자가 점점 줄어드는 현대에는 인간이 '쉽게 태어나지 않는 존재'가 되었지만, '쉽게 죽는 존재'라는 점은 여전히 유효하다. 다만 사람들의 눈에 띄지 않게 되었고, 일상 속에서 이를 의식하기 어려워졌을 뿐이다. 여전히 현대인도 질병이나 사고로 허무하게 죽는다. 그러나 병원과 시설이 인간의 생사와 질병을 철저히 격리하고, 건강이라는 가치가 사회 구석구석까지 침투하면서 우리는 마치 건강하기만 하면 절대 죽지 않는다고 믿으며 살아가게 되었다. 그리고 그렇게 믿고 살아야만 하는 시대가 되었다.

유사 이래 가장 건강하고 장수한 시대인 현대 사회의 통념 속에는 삶과 죽음에 관한 철학적 사유가 사라졌다. 어떻게든 살아남아 꼭 이뤄야 할 무언가가 있어서 건강을 돌보는 사람은 극히 드물다. 대다수는 건강하지 않으면 안 된다는 강박이나, 건강해야 마땅하다는 막연한 믿음을 안고서 건강에 시간과 돈을 투자하고 있다.

이러한 통념이 사회에 퍼져 있기 때문에 선거철 거리 연설에서 누구도 예외 없이 모든 후보자가 '건강'을 언급한다. 자민당이든 공산당이든, 건강은 당연히 지켜야 할 것, 당연히 모두가 신경 써야 할 부분이라고 주장한다. 하지만 건강은 오랜 옛날부터 이어진 전통적인 통념이 아니다. 쇼와 시대부터 레이와 시대에 걸쳐 조금씩 퍼져나가다가 어느샌가 '상식'이라고 해도 좋을 만큼 비대해졌고, 권리라기보다는 '의무'에 가까운 색채를 띠게 되었다. 너무도 당연한 가치로 자리 잡으면서 누구도 이 통념에 반기를 들지 않게 됐고, 과거에는 삶과 죽음, 건강에 대해 어떤 가치관을 가졌는지조차 떠올리기 어려워졌다.

이 통념에 따라 우리는 점점 더 건강해지고 오래 살게 되었으며, 그만큼 더 많은 의료비가 필요해지고, 더 많은 노후 자금을 모아야 하게 되었다. 반드시 살아남아야 할 이유가 있어서 장수를 바라는 게 아니라, 건강이 당연한 가치가 되었기 때문이다. 노후 자금을 모으기 위해서 몸이 부서져라 일하는 현대인의 모습은 옛날 사람들의 눈에는 낯설게 비칠 것이다. 아니, 어쩌면 후대의 사람들도 이 목적과 수단이 뒤바뀐 듯한 2020년대의 건강을 둘러싼 풍경을, '건강을 위한 기술과 지식에 통념이 끌려다닌 불균형의 시대'로 회고하지 않을까?

개인의 자유를 추구하다가 한없이 고독해진 우리들

그럼에도 사회는 계속해서 진보하여 거리는 깨끗해지고 삶은 쾌적해졌으며, 사람들은 전보다 오래 살면서 더 많은 자유를 누리게 되었다. 이 책은 현대 사회의 부자유에 대해 논하는 책이지만, 일단은 현대인이 누리고 있는 이러한 자유를 칭송해두고 싶다. 다만 여기서 말하는 자유란 '과거에 있었던 여러 부자유에서 벗어난 자유'를 의미한다. 가령 이전 세기부터 비판받아온 가부장제도는 가족제도나 지역공동체의 쇠퇴와 맞물려, 제한적인 영역에서 사람들을 억압하는 데 그치고 있다. 하지만 가부장제도의 힘이 약해졌다고 해서 현대인이 모든 것에서 자유로워진 것은 아니다.

1920년대 이전, 전형적인 농촌 사회에서는 태어난 집과 신분, 지역에 의해 직업도 인간관계도 대부분 결정되었다. 그러한 제도와 통념에 따르지 않는 사람, 예를 들어 개인으로서 자유롭게 일과 인간관계를 선택하고자 했던 사람은 철저히 억압받았으며 갈등을 피할 수 없었다.

그렇다면 지금 시대는 어떨까? 태어난 집과 신분, 지역에 따라 일과 인간관계가 결정되는 경우는 드물어졌다. 농가나 이발소 집안에서 태어난 아이가 부모와 다른 직업을 갖는 경우는 흔하다. 교통수단의 발달과 인터넷의 등장으로 거리에 따른 제약도 크게 감소했다. 하지만 과거의 부자유로부터 자유로워진 대신, 우리는 집과 신분, 혹은 지역공동체를 연고로 일을 찾거나 인간관계를 맺기 어려워졌다. 인적 유동성이 높아진 현대 사회에서는 스스로 일을 찾고 인간관계를 헤쳐 나가야만 한다. 또한 사회인에게 기대하는 수준이 높아지고, 구조조정과 파견근무가 일반화되면서 과거에는 정규직으로 고용되었을 사람들이 현재는 비정규직 일자리에 만족해야 하는 상황이 자주 벌어지고 있다.

능력만 있다면 일을 골라서 할 수 있는 사회가, 능력이 있어도 일을 선택할 수 없는 사회보다 자유로운 것은 맞다. 하지만 이 자유는 사회가 개인에게 기대하는 수준이 높아지고, 직업을 고르려면 까다로운 조건을 갖춰야 한다는 전제를 깔고 있다. 레이와 시대의 사회가 요구하는 수준에 못 미치는 사람은 이 직업 선택의 자유를 누리기는 어렵다.

친구나 연인, 지인과 같은 인간관계를 맺는 사생활 영역에서도 비슷한 문제가 생긴다. 현대 사회에서는 친구, 연인, 지인을 자유롭게 선택할 수 있다. 특히 수도권에는 인재가 모이고 교통수단이 그물망처럼 정비되어 있어, 인간관계를 맺기 위한 선택지가 거의 무한에 가깝다. 인터넷이 보급됨에 따라 만남의 선택지는 더욱더 확장되었고, 남녀관계를 포함해 온라인에서 누군가를 알게 되는 일도 이제 전혀 이상하지 않다.

하지만 이처럼 높은 수준의 자유가 주어진 까닭에, 우리는 자기 판단을 토대로 친구, 연인, 지인을 **선택해야만 한다.** 다시 말해 인간관계가 개인의 자유로운 선택이 되면서 그것이 곧 개인의 책임이 된 것이다. 이제 인간관계에 문제가 생기면 타인의 책임으로 돌릴 수 없다. 인간관계가 집과 신분, 공동체에 묶여 있던 쇼와 이전 사회에서는 인간관계에 실패하면 이를 숙명으로 여기거나 출신을 탓할 수 있었다. 스스로를 원망하기보다는 어쩔 수 없는 운명이나 출신을 나무란 것이다.

그러나 현대 사회에서는 인간관계를 어쩔 수 없는 운명으로 묶는 끈이 약하다. 유일하게 부모 자식 관계만이 여기에 해당한다고 볼 수 있는데, NHK의 〈중학생 및 고등학생의 생활과 의식 조사〉에 따르면 요즘 부모는 대부분 아이의 선택을 존중한다고 한다.[18] 어릴 때부터 자유의지를 존중받으며 자란 아이가 성인이 되어 맺은 인간관계를 부모 탓으로 돌리기는 어렵다. 비록 인간관계를 맺는 데 사용할 수 있는 자원이 유전적 요인이나 가정환경에 의해 좌우된다고 해도 말이다.

그리고 동시에 우리는 누군가에게 친구, 연인, 지인으로 선택받아야만 하게 되었다. 내가 만나는 상대를 자유롭게 선택할 수 있다면, 상대 역시 자신이 만나는 상대를 자유롭게 선택할 수 있다. 그렇기에 내가 만나고 싶은 사람이 나를 만나고 싶어 할지는 알 수 없다. 자유로운 인간관계란, 만나고 싶지 않은 상대와는 만나지 않을 자유 또한 포함하기 때문이다.

대다수의 도쿄 시민처럼 인간관계가 자유로운 선택임을 알고 있는 사람들은 상대의 의지에 반해 억지로 인간관계를 맺는 행위가 잘못됐음을 알고 있다. 또한 내가 누구와 어느 정도 선까지 어울릴 수 있는지를 대략적인 '시장가치'로 자각하고 있다. 이러한 통념은 대부분의 사람에게 내면화되어 있으며, 스토킹 관련 법률이 말해주듯이 법적 제도에 의해서도 보호받고 있다. 요즘은 SNS의 팔로워 수가 이런 시장가치를 수치화된 형태로 보여준다.

인간관계가 자유로운 선택이자 시장의 논리를 띠게 되면서, 그 안에서 밀려나고 소외되는 사람도 생긴다. '인간 시장' 안에서 많은 사람과 관계를 맺는 이가 있는 반면, 전혀 그렇지 못해 고립되는 이도 있다. 혹은 고립까지는 아니어도 자신이 원하는 이상적인 인간관계와 현실의 간극을 느끼는 사람은 꽤 많다.

'인간관계는 자유에 기반하며, 우리는 자유롭게 인간관계를 맺을 수 있다'는 통념은 어릴 때부터 부모에게 배우고 TV와 인터넷에서도 바람직한 개념으로 반복해서 접하므로, 이를 내면화하지 않고 사는 사람은 극히 드물다. 따라서 자유로운 인간관계에 대한 통념은 현대인의 권리이자 의무이며, 나아가 도덕으로까지 인식된다.

이 통념을 바탕으로 행동하고 인간관계에 아무 문제가 없다면 당장은 행복할 수 있다. 하지만 살면서 인간관계에 문제가 생기고 고립되면, 사회관계자본Social Capital[19]을 잃을 뿐 아니라 개인의 의무와 도덕을 지키지 못했다는 상처와 열등감, 죄책감을 느낀다.

분명 우리는 과거의 부자유로부터 자유로워졌다. 그러나 현대 사회의 통념과 그 통념에 반했을 때 느끼는 열등감과 죄책감으로부터는 결코 자유롭지 못하다. 그러한 불안을 달래기 위해 인간 시장에서 승리하려는 이들은, 페이스북이나 인스타그램 업로드에 여념이 없다. 겉치장에 불과한 SNS 게시물 속에서 그 불안이 비쳐 보이더라도 말이다.

공간의 구조가 인식과 행동을 관리한다

우리를 부자유롭게 만드는 것은 통념이나 그로부터 비롯된 열등감, 죄책감만이 아니다. 우리의 쾌적한 삶의 토대이자 사람과 사람을 연결해주는 거리의 인프라 전반도 강압적이지는 않지만 은밀하게 우리의 인식과 행동에 영향을 미치고 있다.

가령 도쿄의 전철과 지하철은 매우 복잡하고 짧은 간격으로 운행되지만 시간표를 어기는 법이 없으며 정해진 위치에 정확히 맞춰 정차한다. 도쿄에 사는 사람들에게 이는 당연한 일이지만, 그렇기 때문에 '전철은 시간표대로, 정해진 위치에 정확히 정차해야 한다'는 인식이 우리도 모르는 사이에 내면화되어 있다.

그 전철과 지하철로 향하는 거리 또한 수많은 표지판과 규칙에 의해 관리된다. 통근 통학으로 익숙한 노선이든 평소에 잘 이용하지 않는 노선이든, 머리 위에 걸린 표지판만 잘 확인하면 헤매지 않고 목적지까지 갈 수 있다. 지하도에서 왼쪽으로 걸어야 할지, 오른쪽으로 걸어야 할지도 전부 적혀 있기 때문에 처음 가보는 지하도에서도 길을 잃지 않고 출퇴근 시간에도 막힘없이 이동할 수 있다.

전철과 지하철뿐 아니라 도쿄의 거의 모든 것이 이와 같은 방식이다. 거리는 사람들이 사는 장소, 물건을 판매하는 장소, 공원, 도서관처럼 표지판과 간판에 적힌 대로 각각 구역의 역할이 정해져 있다. 물론 이는 도쿄만의 특징은 아니다. 예로부터 도시라는 공간은 크고 작은 차이는 있어도 대부분 이런 식이었다. 하지만 그 중에서도 현재의 도쿄는 과거 어느 도시와 비교해도 규칙이 철저하게 지켜지고, 오류나 빈틈이 적다.

도쿄에서는 아무런 표지가 없는 애매한 장소를 찾기 어렵다. 만약 공터가 있다 해도 대부분 '사유지 출입 금지'라는 팻말이 세워져 있으며, 시민들은 이런 내용을 잘 인지하고 있다. 가끔 팻말이 없는 공터가 있더라도 시민들은 으레 사유지나 공유지일 것으로 짐작하고 함부로 들어가지 않는다. 그곳에서 뛰어다니거나 노상방뇨를 하는 사람은 거의 없다.

도쿄에서의 생활은 표지판과 간판, 안내표에 적힌 문자와 기호로 완전히 포위되어 있다. 그리고 이는 곧 기재된 대로 생활해야 함을 뜻한다. 어떤 곳이든 문장이나 기호로 그곳의 역할과 지켜야 할 지침이 적혀 있고, 시민들은 그에 따라 행동해야만 하며, 실제로 대부분 잘 따른다. 외국인들이 깜짝 놀라는 시부야 스크램블 교차로의 질서 정연한 이동도, 빈틈없이 붐비는데도 제 기능을 잘

하는 신주쿠역과 이케부쿠로역도 결국 표지판과 안내표 덕분에 사람들의 흐름이 잘 유지되는 것이다. 물론 이는 그런 표지와 안내에 익숙한 사람들이 대다수이기 때문에 가능한 일이기도 하다.

이러한 삶은 도쿄에서는 지극히 당연한 일이며 이 당연함에 익숙해져 있을수록 생활하는 데 불편함이 없다. 하지만 정해진 약속에 의존하는 인식과 행동에 익숙해질수록 우리는 표지나 표기 없이는 대상을 볼 수도 느낄 수도 없게 되고, 거리의 인프라가 시키는 대로만 움직이게 된다.

사회 분열을 부추기는 인터넷의 구조

인터넷상에서는 이러한 경향이 더욱 두드러진다. 아무런 표기가 없는 애매한 장소는 아예 존재하지 않는다. 우리는 인터넷, 즉 홈페이지와 애플리케이션을 입력된 코드에 따라 볼 수 있다. 아니, 코드로 기입되지 않은 것은 애초에 볼 수 없으므로 인터넷에서 눈에 보이는 것은 모두 누군가가 프로그래밍한 코드의 결과물이다. 인터넷이 막 시작되던 시절에는 개인이 직접 프로그램과 코드를 활용해 자신만의 웹사이트(홈페이지)를 만들기도 했다. 그러나 지금은 SNS와 애플리케이션, 검색엔진 플랫폼이 인터넷상에서 우리가 보는 거의 모든 것, 나아가 인터넷 안에서의 우리의 인식과

JR 신주쿠역 벽면에 빼곡하게 붙은 환승 안내 표시. 2020년

행동을 사실상 구성하고 있다.

인터넷에서 우리들이 마주치는 것 중에는 개인에게 어떤 행동을 부추기는 경우도 많다. 예를 들면 인터넷으로 아웃도어 용품을 자주 구입하는 사람의 스마트폰과 컴퓨터에는 아웃도어 상품 광고가 반복해서 표시되어 소비 욕구를 자극한다. 인터넷 검색 결과도 사용자의 이력에 맞춰 알고리즘이 다르게 설정되어 있다. 하지만 대부분의 사용자는 이 점을 크게 신경 쓰지 않고, 화면에 표시된 검색 결과에 의지한다.

SNS도 마찬가지다. 현재의 SNS는 자신의 생각이나 신념,

취향에 맞는 이야기와 정보를 모으는 데는 적합하지만, 그와 반대되는 내용을 접할 기회는 거의 없다. 가령 자민당 정책에 반대하는 사람이 엑스를 볼 때는, 마찬가지로 자민당 정책에 반대하는 사람들의 글과 동영상만 타임라인에 올라온다. 자민당 정책에 찬성하는 사람들의 글은 거의 보이지 않는다. 만약 자민당 지지자의 글이나 동영상이 나타난다면 이는 반대하는 이들이 부정적인 반응과 함께 리트윗(공유)한 결과로 타임라인에 표시됐을 뿐이다.

SNS의 인프라, 나아가서는 인터넷의 모든 인프라는 자유로운 사고와 토론에 최적화되어 있지 않다. 오히려 우리가 가진 특정 생각과 신념을 더욱 강화하거나, 특정 행동을 더욱 부추기도록 만들어져 있다. 그 결과, 이러한 인프라에 의존한 채 인터넷을 사용한 사람들 가운데에는 자신의 극단적인 생각과 신념이 세상의 상식이자 정의라고 굳게 믿는 이들이 생겨나고, 대중매체에서 자주 언급되는 것처럼 정치적 타협이나 논의가 불가능해진 분열된 사회가 펼쳐지고 있다.

한편 이러한 인터넷 구조에 의존하고 끌려다니는 사람들을 아랑곳하지 않은 채, 구글과 페이스북, 리쿠르트와 같은 대기업들은 개인의 구매 정보와 위치 정보를 끌어모아 앞으로의 비즈니스를 위한, 즉 우리의 인식과 행동을 더욱 통제하고 효율적으로 관리하기 위한 노력을 게을리하지 않는다. 이러한 상황 속에서 우리는 묻게 된다. 대체 어디까지가 우리의 자유의지에 따른 인식과 행동이며, 어디까지가 인터넷 인프라에 의해 유도된 인식과 행동일까?

우리가 짊어진

새로운 과제들

이 장에서 언급한 내용들은 모두 우리의 생활을 쾌적하고 편리하게 만들며, 고도로 발전한 거대 도시를 성립시키고, 과거의 부자유로부터 우리를 해방시키는 데 기여했다. 물론 여기에는 인터넷도 포함된다. 이러한 진보를 통해 우리는 분명 더욱 자유로워지고 행복해져야 했다. 하지만 오늘날의 현실을 살펴보면, 과거의 부자유와 불편함을 극복시켜준 진보가 우리에게 새로운 부자유를 안겨주고 그로부터 쉽사리 도망칠 수 없도록 만들고 있다. 과거에는 진보로 간주되었고, 현재에는 당연한 통념이 된 많은 것들이 우리의 인식과 행동을 일정한 틀 안에 가두고 있는 것은 아닐까? 그 결과 새로운 고통을 느끼는 사람, 통념에 맞춰 사회에 적응하기 위해 애쓰다 지쳐버린 사람도 있지 않을까?

인터넷도 마찬가지다. 인터넷이 아직 소수의 연구자와 선구자만의 영역이었고 모두가 직접 프로그래밍을 하던 시절에는 이를 자유로운 표현의 장, 신념과 사상을 논하는 장, 일상에서 동떨어진 일종의 방공호로 여기는 이들이 많았다. 그러나 이제는 누구나 당연하다는 듯이 인터넷에 접속하게 되었고, 이곳은 비즈니스와 정치의 싸움터가 되었다. 거대 정보기업과 플랫폼은 개인의 인식과 행동을 수집하고 유도하며,[20] 정보의 약자는 손쉽게 인플루언서의 먹잇감이 되는 것이 요즘 인터넷의 현실이다.

이토록 부자유한 인터넷 환경 속에서 흔들림 없이 자신의 의지로 생각하고 사물을 인식하며, 자유롭게 자신의 행동을 선택할 수 있는 사람이 과연 얼마나 될까?

도쿄와 같이 온갖 표지와 표기로 뒤덮인 거리에서의 삶도 크게 다르지 않다. 표지와 표기가 가리키는 대로 걷고, 쇼윈도의 디스플레이와 광고에 정신을 뺏기며, 인스타그램에서 본 장소에 멈춰 서고, 타피오카 밀크티가 유행하면 그곳으로 몰려드는 우리는, 겉보기엔 정신없고 변덕스러운 현대 사회를 잘 즐기는 듯 보인다. 그러나 이러한 일상 속에서 우리의 인식과 행동은 과연 얼마나 자유롭고, 또 얼마나 부자유롭다고 말할 수 있을까?

우리는 틀림없이 건강하고 청결하며 질서 정연한 사회에서 태어나, 20세기 이전 세대보다 훨씬 자유롭고 수준 높은 생활을 누리고 있다. 하지만 그 '수준 높은 삶'이 진보의 상징에서 일상의 표준으로 바뀌고, 더 나아가 마땅히 지켜야 할 도덕으로 내면화되면서, 오히려 우리의 인식과 행동을 속박하기 시작한 것은 아닐까? 동시에 그 수준 높은 삶을 유지하기 위한 거리와 인터넷 인프라가 우리의 인식과 행동을 통제하고, 은밀히 우리를 관리하고 있는 것은 아닐까?

이러한 진보의 또 다른 얼굴은 20세기 이전에도 존재했다. 하지만 지금의 진보는 과거와는 확연히 다르다. 통념과 습관이 이토록 철저히 지켜진 적도, 법제도가 이토록 완벽히 작동한 적도, 거리와 인터넷 인프라가 우리의 인식과 행동에 이토록 강력하게 영향을 미친 적도 없었기 때문이다.

그 어떤 진보도, 아무리 긍정적일지라도 지나치게 당연한 것으로 인식되고 철저하게 지켜지면 결국에는 사람들 사이의 갈등을 낳고, 누군가에게는 답답함을 안겨줄 수밖에 없다. 이 '아름다운 나라'와 '1억 총활약 사회'를 이러한 시선으로 바라볼 때, 나는 이 질서가 품고 있는 고통과 우리가 모르는 사이 짊어진 과제에 대해 생각하지 않을 수 없었다. 그리고 이 새로운 고통과 과제를 만들어내고 있는 현대 사회의 메커니즘이 무엇인지 확인해보고 싶었다.

2장

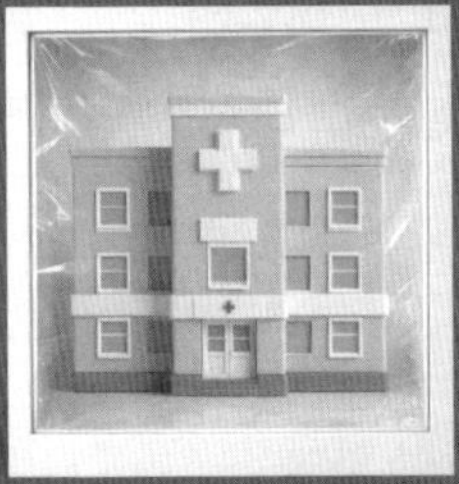

자본주의 사회를 뒷받침하는 정신의료

마음을 보지 못하는 정신건강 진료

사회 전체의 질서 의식이 높아지고 현대인의 능력이 고도화되는 현상은 여러 분야에서 동시에 일어나서, 이를 한 분야에 국한해 설명하기보다는 다양한 영역을 함께 살펴보는 편이 전체상을 파악하는 데 유리하리라 생각한다. 따라서 2장에서는 가장 먼저 나의 본업인 정신의료 분야부터 살펴보려 한다.

최근 수십 년간 정신건강의학은 커다란 변화를 맞이했고, 사회가 정신건강의학에 기대하는 역할도 달라졌다. 이러한 변화는 진단 기준과 치료법의 발전에서 유래한 부분도 있고, 질서 의식이 높아지고 현대인의 수준이 높아진 사회 자체의 진보에서 비롯된 측면도 있다.

먼저 진단 기준과 치료법의 진보에 대해서 살펴보자. 한때

'마음'이 자주 언급되던 시대가 있었다. 20세기는 마음을 다루는 기법인 정신분석이 주목받던 시기로, 프로이트의 아이디어를 전 세계 제자들이 이어받으면서, 일본에서도 큰 인기를 끌었다. 당시에는 중증 정신질환자는 반드시 정신병원에 장기 입원해야 하는 분위기였는데, 정신분석은 이에 반기를 들며 이전보다 가볍고 편안한 분위기에서 인간의 마음의 고민을 다루었다. 각종 미디어에서도 정신분석의 긍정적인 측면을 열띠게 보도했다.

이러한 경향에 따라 정신과 의사는 마음에 관한 조언자로서 정보를 제공하는 역할을 맡았다. 쓰쿠바대학교 사회정신보건학 교수 사이토 다마키에 따르면, 정신과 의사가 마음의 해설자로서 일본 사회에 수용되기 시작한 때는 1980년 전후라고 한다.[1] 실제로 내가 학생이었던 1990년대에는 마음을 이야기하는 정신과 의사나 카운슬러가 TV에 자주 등장했고, 서점에는 정신분석 전문가들의 서적이 즐비했다. 정신분석 개념을 활용한 인물 묘사가 유행하면서 애니메이션 〈신세기 에반게리온〉과 소설 《영원의 아이》 등이 크게 흥행하기도 했다.

하지만 지금은 그렇지 않다. 요즘 서점의 정신건강 코너에는 인지행동치료나 마인드풀니스 명상법에 관한 서적이 주를 이룬다. '마음'이라는 애매한 대상을 다루기보다는 행동과 태도를 분석하거나 인지나 정서를 제어하기 위한, 근거 기반의 정보가 중심이 된다.

21세기에 크게 주목받는 발달장애도 마찬가지다. 주의력결핍 과잉행동장애나 자폐스펙트럼장애는 눈에 보이지 않는 마음의 정신질환이 아니다. 제3자도 관찰할 수 있는 행동과 태도, 인지 편향 등을 토대로 진단되는 정신질환이다. 한때 '마음의 감기'라는 캐치프레이즈를 달고 다녔던 우울증도 현대의 진단 기준[2]에 따르면 행동, 태도 혹은 기분과 인지의 문제로 볼 수 있다.

현재 우울증으로 진단받은 환자 중에는 과거의 기준으로는 우울성신경증[3]으로 진단되어 마음과 관련된 치료를 받았을 환자들도 포함된다. 또한 예전에는 특정 성격 경향과 우울증을 연관시키는 학설도 존재했다. 하지만 현대의 진단 기준에서 '우울성신경증'이라는 진단명은 사라졌고, 우울증이 성격 경향과 관련되어 논의되는 경우도 드물다. 현대의 정신과 의사는 그저 환자의 증상이 진단 기준 목록에 해당하는지 여부를 확인한 뒤 중증도를 판정할 뿐이다. 환자의 마음에 대해 이것저것 생각하지 않아도 우울증 진단과 치료를 시작할 수 있다.

치료 방식도 크게 달라졌다. 21세기 카운슬링에서는 마음이라는 애매한 대상에 접근하는 정신분석적 기법보다는, 인지행동치료를 비롯한 통계 자료에 근거한 치료법이 선호된다. 약물치료 역시 신약의 등장과 통계 데이터의 축적으로 크게 발전했다. ADHD에 대한 약물치료가 대표적인 예로, 약물을 통해 행동과 태도를 관리하는 기술은 나날이 정교해지고 있다.

20세기 후반 정신과 의사는 마음을 관장하는 존재였고, 세상 사람들도 정신과 의사에게 그러한 역할을 기대했다. 하지만 현대의 정신과 의사는 더 이상 마음을 진찰하지도, 다루지도 않는다.[4] 환자들 또한 이러한 변화에 대부분 의문을 품지 않는다. 전공의 시절 자주 들었던 정신과 의사에 대한 불만은 주로 마음과 관련된 것이었다. 의사가 좀 더 마음을 알아줬으면 좋겠다거나, 마음을 이해해주지 않는다는 불평이 많았다. 그러나 오늘날 환자들은 의사에게 인지행동치료와 같은 축적된 데이터를 기반으로 한 치료를 기대한다.

대중매체에서 마음을 이야기하는 전문가도 언제부턴가 정신과 의사가 아니다. 그 자리를 차지한 것은 예능 프로그램에 나오는 연예인이나 소설가처럼 진정한 의미의 이야기꾼들이다.

늘어나는 정신과 진단명과 폭증하는 ADHD

그렇다면 마음을 진찰하지 않게 되면서 정신과 의사와 정신건강의학의 역할은 축소됐을까? 전혀 그렇지 않다. 마음이라는 애매한 대상에 의존하지 않고 통계적 자료에 근거하여 행동과 태도를 관리하는 방향으로 바뀌면서 정신건강의학은 더 강력한 기술로 자리 잡았다. 점점 더 쾌적해지고, 점점 더 사람들에게 높은 수준을 요구하는 사회로부터 도태된 이들을 건져 올리고 치료해, 다시 사회 속 '적당한 어딘가'로 되돌려 보내는 중책을 정신건강의학이 맡고 있는 것이다.

정신의료를 필요로 하는 사람들은 계속해서 늘어나고 있다. 후생노동성 〈환자 조사〉에 따르면 1999년에 204만 명이었던 총 환자 수가, 2014년에는 392만 명을 넘길 정도로 늘었다.[5]

다음 그래프를 보면 사회가 고령화되면서 인지장애가 급증했을 뿐 아니라, 기분장애(우울증이나 조울증)와 그 외 행동장애(발달장애 등)도 크게 증가했음을 알 수 있다. 그렇다면 왜 우울증과 발달장애로 진단받는 사람이 이토록 늘어났을까?

첫째로는 정신질환의 조기 발견 및 조기 치료가 실현되었기 때문이다. 수십 년 전만 해도 '정신과 병원은 한번 입원하면 다시는 나오지 못하는 곳'이라는 이미지가 강해서 비교적 증상이 가벼울 때 진료를 받으러 오는 사람이 극히 드물었다. 하지만 요즘은 곳곳에 심리상담센터가 생기고 부작용이 적은 신약이 꾸준히 개발되면서 이러한 이미지가 사라졌다. 그러나 정신질환을 앓는 사람이 늘어나는 이유가 여기에만 있지는 않다. 건강하고 쾌적하며 질서 정연한 사회가 실현되고, 우리에게 요구하는 수준이 높아진 탓에 환자 수가 증가하고 있다는 측면도 부인하기는 어렵다. 특히 발달장애는 이러한 현상을 파악하는 데 매우 적합한 사례다.

지금 발달장애로 진단받는 질환 대부분은 과거에는 의료나 복지의 대상이 아니었으며, 관련 증상을 보이는 사람들이 의료기관의 진료를 받는 경우도 드물었다. 예외적으로 중증도가 높은 자폐증과 지적장애 환자만이 의료나 복지의 대상이었다. 그런데 의외로

정신질환을 앓는 환자 수의 추이(질병 내역)

후생노동성 〈환자 조사〉를 토대로 후생노동성 장애보건복지부 작성.

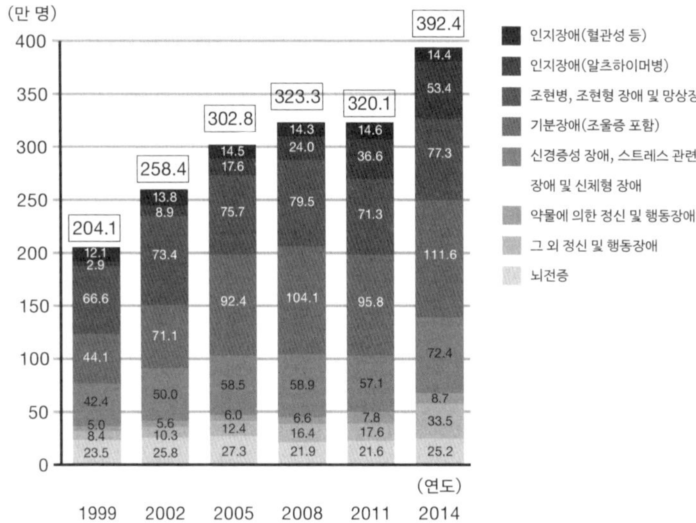

발달장애라는 개념의 역사는 꽤 오래되어서 1960~70년대부터 해외에서는 관련 사례를 찾아볼 수 있다.[6] 물론 당시의 발달장애 개념은 현재의 ADHD나 ASD와 완전히 일치하지는 않지만, 미국에서는 가만히 있지 못하거나 품행이 바르지 못한 아이, 학습에 어려움을 겪는 아이들을 소아정신과 의사가 진찰하기 시작했고, 일본 연구자들도 이러한 움직임에 주목하고 있었다.

그럼에도 발달장애 개념이 곧바로 일본에 들어오지는 않았다. 미국에서는 1970년대부터 ADHD의 전신으로 볼 수 있는 다동증多動症, hyperkinesis이 진단되고, 치료약인 메틸페니데이트가 처방되기 시작했지만[7] 일본에서 ADHD가 본격적으로 진단 및 치료되기 시작한 때는 1990년대 후반이었다.[8]

내가 전공의 시절이었던 2000년경을 떠올려보면 대학병원의 소아정신과 의사들조차 ADHD 환자를 자주 접하지 못했고, 관련 증상을 보이더라도 매우 신중하게 논의를 거듭한 뒤에야 진단을 내리곤 했다. ADHD로 진단받은 아이가 병원에 입원하는 날에는 모두의 관심이 집중되었던 기억이 난다. 그만큼 보기 드문 질환이었다. 지금 생각해보면 당시 ADHD로 진단받은 아이의 증상은 중증도가 매우 높았고 전형적인 ADHD 특징을 보였다. 이런 경우에만 ADHD라는 진단을 특별히 받을 수 있었던 것이다.

이처럼 ADHD는 대학병원의 소아정신과 의사에게 진단받는 질환으로, 일반 정신건강의학과나 심리상담센터에서 이를 진단하는 경우는 거의 없었다. 지금이라면 ADHD로 쉽게 진단받았을 아이나 성인이, 그때는 다른 진단명, 예를 들면 마음의 병으로 치부되어 치료를 받는 경우가 많았고 이 점에 대해 대부분의 정신과 의사와 일반인들이 의문을 품지 않았다. 발달장애를 제일 일선에서 연구하던 소아정신과 의사와 일반 병원의 정신과 의사 그리고 사회의 인식 사이에 커다란 간극이 있었다고 할 수 있다.

20세기에는, 지금이라면 ADHD로 진단받아도 전혀 이상하지 않을 아이가 우리 주변에 무수히 존재했다. 수업에 집중하지 못하는 아이, 가만히 있지 못하는 아이는 어디에나 있었고, 그러한 아이에게는 체벌이 내려지기도 했다. ASD도 마찬가지다. 교실에서는 바보라 놀림받거나 분위기 파악을 못 하는 아이를 흔히 볼 수 있었고, 때때로 문제가 일어나기도 했지만 이를 치료해야 할 병으로 보는 사람은 없었다.

어른들의 세계에서도 사정은 별반 다르지 않았다. 눈치가 없는 점원, 성미가 까다로운 장인이나 직공, 꾸지람을 자주 듣는 가족과 친척 중에 발달장애는 널려 있었다. 이런 사람들은 때때로 불평을 듣거나 무시당하긴 했어도, 그들이 사회에 존재하는 것을 이상하게 여기지는 않았다. 이들에게 적합한 일자리도 아직 그런대로 남아 있었다.[9]

지금의 발달장애와 비슷한 특징을 지닌 사람들이 사회에 두루두루 존재하고, 이들에게 적합한 직업군도 꽤 다양하게 있던 사회에서는 굳이 '발달장애'라고 진단 내리고 치료할 필요성이 적었다. 또 그런 사회에서는 발달장애를 의료의 문제라고 인식하는 통념과 습관이 퍼지기 어려웠다. 1960~70년대에 연구자들이 아무리 애써도 발달장애가 사회적 붐을 일으키지 못했던 데에는 그만한 이유가 있었던 것이다.

하지만 20세기 말부터 상황은 급변하기 시작했다. 인적 유동성이 높아지면서 대부분의 직업군에서 의사소통 능력이 중요해졌고, 1·2차 산업이 3차 산업에 밀리고 IT화가 진행되자 사회에서는 ADHD와 ASD의 특징이 장점으로 활용될 만한 영역이 좁아졌다. 이로써 ADHD와 ASD가 핸디캡으로 인식되기 쉬운 상황이

온 것이다.

제일 먼저 반응한 이들은 정신과 의사들이었다. 새로운 사회의 새로운 부적응에 '발달장애'라는 개념은 정확히 들어맞았다. 정신과 의사들은 강연을 듣고 전문 서적을 읽으며 발달장애를 열심히 공부하기 시작했다. 그동안 마음의 병으로는 잘 설명되지 않던 환자들이 발달장애라는 이름 아래 설명되기 시작했고 관련 자료도 점차 쌓여갔다.

머지않아 학교와 복지 관계자도 여기에 발맞춰, 발달장애로 의심되는 아이들을 의료기관에 맡기는 것을 당연하게 여기기 시작했다. 일본 전역의 학교에서 교내 폭력이 난무하던 1970년대에는 발달장애가 널리 알려지지 않았던 반면, 교실 붕괴가 문제로 떠오른 2000년대에는 발달장애에 대한 인식이 급속도로 확산되었다. 여기에 선별 검사와 계몽 활동의 효과까지 더해지면서 발달장애는 일반 가정에도 점차 알려졌다. 이전의 정신분석을 토대로 한 발달심리학에서는 병의 원인을 유소년기의 체험에서 찾고 잘못된 양육방식을 탓하는 경우가 많았으나, 발달장애는 양육보다는 선천적인 요소에 주목했다는 점에서 일반 가정의 지지를 받을 수 있었다.

마지막으로 세상 사람들의 인식도 변해갔다. 정리를 못하는 사람, 산만한 사람, 분위기 파악에 서툰 사람, 예민하면서도 둔한 사람, 어딘가 남다르고 어딘가 불편한, 전형적인 화이트칼라의 직종이나 의사소통 중심 사회에 잘 어울리지 않는 사람들. 다시 말해 전반적으로 능력치가 고도화된 사회의 속도를 따라가지 못하는 이들을 설명할 만한 개념으로 발달장애는 마치 퍼즐의 남은 한 조각처럼 빈틈에 꼭 들어맞았다. 그 결과 발달장애를 가진 당사자들도 ADHD나 ASD를 직접 언급하게 되었고, 관련 책들이 서점 진열대를 가득 메웠다.

그리하여 2010년대 후반에는 '발달장애'라는 개념이 널리 인식되었다. 차분하지 못한 사람, 분위기 파악에 서툰 사람, 예민하면서도 둔한 사람 등은 정신과 병원이나 심리상담센터에서 발달장애라는 진단과 치료를 받게 되었다. 유소년기에 이루어진 선별 검사 덕분에 일찌감치 진단과 치료 및 적절한 지원을 받는 아이들도 늘어났다.

발달장애는 적절히 대응하지 못하면 기분장애나 불안장애, 성격장애와 같은 2차 장애를 유발할 수도 있기에[10] 조기 발견, 조기 치료가 가져다주는 이점이 매우 크다. 20세기에는 보고도 그냥 지나쳤던 수많은 발달장애 아동들이, 이제는 이러한 변화 덕분에 구제의 대상이 되고 있다.

느슨했던 사회, 적게 개입하던 의료

이처럼 오늘날 사회에서는 발달장애를 반드시 조기 발견해 조기 치료해야 하는 질환으로 여기지만, 사실 1900년대 초중반에는 그렇지 않았다. 지금이라면 발달장애라고 진단받아도 전혀 이상하지 않을 사람이 학교와 직장에 무수히 존재했지만, 어느 누구도 이에 위화감을 갖지 않았다. 그러나 지난 30년 사이 사회는 점점 더 질서 정연하고 효율적으로 바뀌었다. 어딜 가든 수준 높은 의사소통 능력이 요구되었고, 1장에서 다루었듯 학생과 사회인이 넘어야 하는 벽 또한 매우 높아졌다. 발달장애가 주목받기 시작한 이유는 이러한 사회 변화 속에서 높아진 질서에 적응하지 못하는 사람들을 제도적으로 다뤄야 할 필요성이 커졌기 때문이라고 볼 수 있다.

그렇다면 쇼와 시대의 사회 질서는 어떠했을까? 당시에는 아이든 어른이든 법대로만 사는 사람이 그리 많지 않았다. 자잘한 규칙들을 지키지 않는 사람들이 넘쳐났고 다툼이나 소음, 악취에도 대체로 관대했다. 거리가 전반적으로 어수선해서인지 남에게 폐를 끼치거나 위험한 상황에도 다들 둔감했다.

이처럼 느슨하고 둔감한 사회에서는 오늘날 일탈로 여겨질 행동이 문제로 인식되지 않았다. 아이들이 교실에서 떠들거나 딴짓을 하는 건 당연했고, 사유지에서 야구를 하다가 이웃집 창을 깨거나 서로 맞붙어 싸우고 짓궂은 장난을 벌이는 일도 흔했다. 이런 행동은 아이답다고 여겨졌고 교사가 체벌이라는 수단을 써도 대체로 눈감아주는 사회적 통념과 문화가 남아 있었다. 많은 아이가 교실에서 떠들고, 사회인들의 능력치도 제각각이었으며, 자잘한 규칙 위반이 흔하던 사회에서는 지금처럼 발달장애를 진단하거나 치료할 필요성이 거의 없었다.

하지만 지난 30년 사이 사회는 점점 더 도덕적이 되었다. 사람들은 사소한 법규를 어기는 일에 주저하게 되었고, 타인의 작은 무례함과 불쾌한 행동에도 매우 민감해졌다. 동시에 자신의 실수나 남에게 폐를 끼치는 일을 수치스럽게 여기게 되었다. 습관과 통념이 이렇게 바뀌면서 부모와 교사는 아이를 더없이 예의 바르고 차분한 존재로 길러야 하는 책임을 지게 되었다. 그것도 체벌에 의존하지 않고 말이다.

요즘 아이들은 반드시 예의 바르게 행동해야 한다. 초등학생만 되어도 학교나 공원, 아동센터에서 어른들이 기대하는 대로 도덕적이고 비폭력적이며, 어디서나 튀지 않는 태도를 취한다. 그러나 모든 아이가 이런 고도화된 질서에 완벽히 적응할 수 있는 것은 아니다. 어른들이 기대하는 기준에 미치지 못하는 아이들도 분명 있다. 이런 아이들이 질서 정연한 세계의 울타리 밖으로 밀려날 때, 현대의 부모나 교사가 대응하기 어려운 아이들을 다시 질서 안으로 돌려보내야 할 때, 다시 그들을 사회의 틀 안으로 되돌려놓는 역할을 담당하는 곳이 오늘날의 의료와 복지 서비스인 것이다.

예전에는 아이가 잘못을 저지르면 경찰이 출동하는 일이 많았지만, 지금은 앞서 살펴본 것처럼 미성년자의 범죄가 현저히 감소했다. 그 대신 발달장애 선별 검사가 충실히 시행되고 이에 따른 진단 및 치료를 받는 아이가 늘어났다. 의료와 복지 서비스가 감당해야 할 범위는 확대되고 있다.

발달장애뿐 아니라 질서에 반항하거나 폭력적인 아이에게

도 의료와 복지는 손을 내민다. 품행장애Conduct disorder, CD•라는 진단명이 그 대표적 예로, 현대의 질서에서 벗어난 행동을 보이면 그것만으로도 의료와 복지의 개입 대상이 되고 있다. 물론 이 같은 '질서에서 벗어난 아이들을 의료나 복지기관에서 관리한다'는 아이디어가 21세기에 생겨난 것은 아니다. 1902년 초창기 ADHD 연구 논문에서도 '도덕적 통제가 결여된 아이'가 주된 논의 대상이었다.[11] 오늘날에는 ADHD와 품행장애를 별개의 질환으로 나눈 다음 양쪽이 통합되기 쉽다는 부분을 염두에 두지만,[12] 사실 ADHD와 품행장애 둘 다 도덕적 통제가 약하다는 공통점에서 의료적 관심의 대상이 된다.

이후 사회의 질서는 점점 더 고도화되고 아이에게 요구하는 행동의 수준도 높아졌다. 현재는 ADHD뿐 아니라 ASD, SLD, CD를 포함한 폭넓은 행동 특성이 의료 및 복지의 개입 대상이 되었다. 과거에는 최중증 ASD 환자만이 의료와 복지의 대상이었지만 지금은 비교적 경증의 환자도 지원 대상에 오르고 있다.[13]

이렇게 새롭게 의료와 복지 서비스의 대상이 된 아이들도 쇼와 시대의 느슨한 질서 속에서라면 나름의 자리를 찾아 적응했을지도 모른다. 혹은 체벌에 의해 그저 입을 꾹 다문 채 조용히 지냈을지도 모른다. 아무튼 질서로부터 벗어났다고 여겨질 일은 많지 않았을 것이다. 그러나 오늘날 이들은 어디에도 속하지 못하는

• 폭력, 방화, 도둑질, 거짓말 등 사회적 규칙을 반복적으로 어기는 정신장애

존재가 되었다. 주변 어른들도 어떻게 대해야 할지 몰라 당황한다. 그렇다고 이 시대의 질서에 맞지 않는 행동을 교정하려 체벌을 가했다가는 아동학대로 몰리기 십상이다.

이러한 흐름의 연장선상에서 2000년대 후반부터는 '성인 발달장애'가 부각되기 시작했고, 사회적 인식도 빠르게 확산되었다. 고도화된 질서에 적응해야 하는 것은 아이들만이 아니기 때문이다. 성인 역시 일상과 직장에서 그 질서에 맞지 않으면 의료와 복지의 개입 대상으로 자연스럽게 편입된다.

아름다운 거리, 쾌적한 직장, 안전하고 편안한 삶은 모두가 질서를 지켜야만 유지된다. 이 질서의 벽이 높아질수록 행동과 태도를 그 틀에 맞추기 어려운 사람들은 필연적으로 생겨난다. 그렇게 질서 밖으로 밀려난 사람들을 다시 재배치하는 일, 바로 그것이 현대의 의료와 복지 서비스가 짊어진 새로운 역할이다.

왜 지금 발달장애인가

이러한 점을 염두에 두고 잠시 생각해보자. 점점 더 발전하고 고도화되는 질서 속에서 발달장애 진단을 받은 사람들은 의료와 복지의 지원을 받는 것이 당연한 일이 되었다. 그렇다면 이렇게 세상이 변해가는 동안 발달장애인들을 바라보는 사회의 태도와 우리의 인식도 함께 달라지고 있는 것은 아닐까?

'발달장애'라는 말이 일부 연구자와 소아정신과 전문의만의 전유물이었던 시절에는 일반 정신과 의사가 환자를 발달장애라는 관점에서 보는 일이 거의 없었다. 물론 일반인들도 마찬가지였다. 이런 사람들은 본인과 주변에 크든 작든 어려움을 주었지만, 그럼에도 아무도 그것을 병으로 인식하지 않았다.

하지만 21세기 이후 정신과 의사는 발달장애라는 개념에 근거해 환자를 진료하게 되었다. 2000년경 내가 대학병원에서 진료하던 시절에는 중증의 발달장애 아동처럼 뚜렷한 사례만 다루었지만, 이후에는 증상이 가볍거나 연령대가 높고, 진단 기준에 아슬아슬하게 미치지 못하는 사람까지도 '경도 발달장애' 혹은 '발달장애 경향'이라는 이름으로 분류하기 시작했다.

이제는 발달장애의 정의대로 어려움을 겪거나 사회에서 밀려난 사람에게 의료적, 복지적 지원이 필요함을 당연하게 받아들이고 있다. 하지만 이는 동시에, 이러한 사람들은 반드시 의료적, 복지적 지원을 **받아야만 한다**는 의미로도 해석될 수 있지 않을까?

사람들의 관점도 달라졌다. "남편이 ASD라 카산드라증후군Cassandra Affective Disorder[14]에 걸렸다", "아들이 산만한데 ADHD가 아닐까?", "직장 상사가 발달장애 아니냐고 지적해서 진료를 받았다" 등, 이제 사람들은 서로를 발달장애라는 개념을 통해 바라본다. 20세기였다면 "사회에는 그런 사람도 있는 거지"로 끝났을 이야기가, 지금은 정신과 진단과 치료를 받아야 하는 질환으로 인식되고 있는 것이다.

이처럼 발달장애가 널리 알려지면서 나타난 변화는, 의료 분야로 시야를 좁히자면 그동안 간과되었던 병을 조기에 발견 및 치료하여 환자의 삶의 질을 높인 바람직한 진보라고 할 수 있다. 또한 이를 이루어낸 의료진의 공로도 인정해야 마땅하다. 하지만 사회라는 좀 더 넓은 시야에서 보면 이러한 변화는 사람들의 관점 자체를 크게 바꿔놓았고, 현대의 통념과 습관마저 달라지게 만든, 의료진조차 예상치 못한 결과를 낳았다.

이러한 변화 속에서 배우자나 자녀, 상사나 부하의 행동과 태도 중 일부는 이제 의료 및 복지의 지원이 필요한, 관리 대상으로 여겨지게 되었다. 사회가 그냥 내버려둘 수 없는 영역이 된 것이다. 동시에 정상적인 배우자, 아이, 상사, 부하란 어떤 사람인가에 대한 개념도 발달장애의 확산과 함께 완전히 달라졌고, 지금도 계속 바뀌고 있다.

이 같은 통념과 습관의 변화는 발달장애라는 진단을 받아들일 수 있는 토대를 만들어준 현대 사회의 입장에서는 환영할 만한 일이다. 발달장애 특징을 지닌 이들이 의료 및 복지의 지원을 받고 장애 정도에 따라(장애인 고용이나 장애인 연금 등) 사회 속 어딘가에 적합하게 재배치된다면, 개개인의 생산성이 높아질 뿐 아니라 사회가 요구하는 질서와 능력의 벽을 낮출 도의적 책임에서도 벗어날 수 있기 때문이다.

의료와 복지 서비스가 발달장애인을 바람직한 방향으로 지원한다는 전제하에서, 이 고도로 진보한 사회는 아이들에게는 예의 바른 행동과 사리 분별을, 근로자에게는 효율적이고 지속적인 업무 처리 능력을, 우리에게는 수준 높은 의사소통 능력을 요구할 수 있게 되었다.

내가 만약 '발달장애가 이 사회를 바꿔 놓았다'고 주장한다면 이는 분명 지나친 생각일 것이다. 왜냐하면 발달장애가 주목받기 전부터 이미 사회는 산업구조가 변화하기 시작했고, 수준 높은 의사소통 능력과 효율성, 생산성을 기대했으며, 어디서나 질적으로 균일한 서비스를 제공하는 것을 당연하게 여기기 시작했기 때문이다. 아이들은 이미 '얌전히 앉아 수업을 듣는 존재'로 규정되었고 움직이거나 문제를 일으키는 것은 금기시되었다. 이런 사회 변화가 선행되지 않았다면 아무리 정신과 의사라 하더라도 발달장애라는 개념에 이토록 주목하진 않았을 것이며, 사람들 또한 너나없이 발달장애를 입에 올리진 않았을 것이다.

물론 발달장애의 진단과 치료가 수많은 개인을 구제해온 것도 사실이다. 바로 그러한 이유로 이 고도로 진보한 사회는 정당성을 얻고 비판받지 않은 채 유지될 수 있었다. 그리고 발달장애뿐 아니라 의료와 복지 서비스 전반이, 사회에 적응하지 못하는 이들을 지원하고 재배치함으로써 이 사회의 정당성을 뒷받침해왔다.

또한 개별 발달장애인에게 관심이 집중되면서, 발달장애를 해결해야 할 문제로 여기는 사회구조 자체에 의문을 품는 사람이 드물어졌다. 그리고 이는 모든 사람에게 높은 수준의 능력을 요구하는 현대 사회의 통념과 습관에 대해서도 마찬가지다.

발달장애 개념이 사회에 침투한 후에는 사람들 모두가 나와 남을 바라볼 때 발달장애를 의식하게 되었다. 그런 문화가 확산되자 사회는 발달장애 진단을 받은 사람을 더욱 환자 취급하고 그들의 증상을 일종의 본보기로 삼았다. 모든 사람이 발달장애를 의식하면 할수록 이 사회는 더더욱 발달장애를 부각시키는 방향으로 변모해갔다. 이제 우리는 그 어떤 노력으로도 발달장애를 몰랐던 시절로 되돌아갈 수 없다.

시대별로 달라져온 '마음'의 문제

이 책 서두에서도 언급했듯, 오늘날에는 '마음'보다는 행동과 태도를 관찰하여, 그 증상이 정신질환에 해당하면 치료하고 관리하는 것이 보편화되었다. 눈에 보이지 않는 마음을 운운하기보다는 제3자도 확인할 수 있는 행동과 태도를 진단 기준으로 삼고, 이를 바탕으로 한 통계 자료를 축적함으로써 정신건강의학은 스스로의 신뢰성을 높이는 데 성공했다. 오류가 적은 진단과 치료를 바라는 사람들에게 이는 분명 환영할 만한 진보였다.

그럼에도 인간이 마음을 내다 버리지 않은 이상, 현대인 또한 여전히 고민하고 갈등한다. 하지만 현대 정신건강의학의 진단 기준은 우리가 마음에 대해 생각하고자 할 때 아무런 도움이 되지 못한다. 지금의 진단 체계는 마음이라는, 제3자의 눈에 보이지 않는 블랙박스를 배제하고, 누구나 관찰 가능한 행동과 태도에만 의지하고 있기 때문이다. 따라서 현대의 마음의 문제를 논하려면 과거 정신분석이 사용하던 표현을 빌려올 수밖에 없다. 지금부터는 정신분석학 용어가 자주 등장할 테니 양해해주길 바란다.

1장에서 살펴본 것처럼 현대 사회는 20세기 이전에 존재했던 갖가지 부자유에서 벗어났다. 집과 신분, 지역공동체에서 비롯된 제약이 사라졌고 그에 따른 고민과 갈등도 줄었다. 그렇다면 과거의 폐단에서 벗어난 현대인은 모든 고민과 갈등에서 자유로워졌을까? 물론 그렇지 않다. 현대인에게는 현대인만의 마음의 고민이 있고, 그 갈등을 낳는 사회적 배경 또한 존재한다.

이제 각 시대와 사회에서 사람들의 고민과 갈등의 주요 주제가 어떻게 변해왔는지 프로이트 시대까지 거슬러 살펴보자.

프로이트가 실제로 치료를 하고 정신분석 이론을 발전시켜 나갈 때 참고한 대상은 빅토리아 시대• 유럽 부르주아 가정의 환자들이었다.[15] 이 시대의 유럽 중·상류 계급은 가부장제도와 깊이 연관된 젠더적 통념, 즉 '남자는 남자답고 용감하게', '여자는 여자답고 정숙하게'를 내면화하고 살았다. 이러한 통념과 습관은 가정에서 부모로부터 교육받았을 뿐 아니라, 지역공동체와 계급 전체

• 1837.6.20~1901.1.22 대영제국 시기, 빅토리아 여왕의 치세

에 두루 통용되었기에 어디서도 벗어나기 어려웠다. 이처럼 피하기 힘든 통념과 습관은 개개인에게 완벽하게 내면화되어 그것에 맞서 자유롭게 살기란 거의 불가능했다.

프로이트 시대의 마음의 문제의 근원이자, 신경증 치료에서 문제가 된 초자아의 불균형은 바로 이러한 통념과 습관에서 비롯되었다. '초자아'란 가정과 공동체와 사회로부터 교육받으며 내면화한 '이렇게 하고 싶다' 혹은 '이렇게 해야만 한다'는 생각으로 구성된 마음의 기능을 말한다. 초자아가 순조롭게 기능하면 자신이 원하는 이상을 향해 나아가게 하는 동기의 원천이 되고, 사회의 통념과 습관에 잘 적응하도록 돕는다. 반면 '이렇게 해야만 한다'는 압박감과 죄책감의 원천이 되기도 하고, 자신이 바라는 이상과 현실의 차이가 클 때는 열등감과 수치심, 콤플렉스의 근원이 되면서 인간에게 고통을 주기도 한다.

예를 들면 원래는 활발하고 자유분방했던 여성이 '여자는 여자답고 정숙하게'라는 초자아를 내면화하면 본래의 자신과 내면화된 통념과 습관 사이에서 딜레마에 빠진다. 이 딜레마에서 비롯된 갈등이 무의식적으로 억압되면 히스테리와 같은 신경증 증상을 드러내기도 한다. 프로이트 연구에는 성性과 관련된 논의가 적지 않은데, 실제로 그가 활약했던 무렵 유럽 중·상류 계급에서는 성에 관한 통념과 습관이 매우 엄격했으며, 이러한 억압적 분위기 속에서 딜레마에 빠진 여성 환자가 많았다.

이를 달리 말하면 프로이트가 진료하던 환자의 초자아는 당

각 시대 및 사회별 갈등의 변천사

프로이트 시대, 코헛 시대, 현대로 나누어 각 시대별 이상 및 억압과 그 배경이 되는 가족 구성.
마지막 항목에서 현대는 정신분석 대신 조작적 진단 기준에 근거한 치료가 보편화되었기에 이를 적었음.

	프로이트 시대	코헛 시대	현대
시대	빅토리아 시대 유럽	세계대전 후 미국	2010년 이후의 일본
가족 구성	가부장적 부르주아 가족	세계대전 후 미국의 핵가족	시스템이 개입하는 핵가족
초자아와 억압의 원천	아버지, 남성 중심의 공동체	어머니, 친밀해진 모자 관계	사회 시스템 그 자체
이상	가부장제도에 어울리는 주체	나르시시즘적 주체	효율적·경제적 주체
억압되기 쉬운 특성	가부장제도에서 벗어난 주체	나르시시즘을 충족하지 못한 주체	비효율적·비경제적·불결(不潔)한 주체
리스먼의 성격 분류	내부 지향형 인간	타인 지향형 인간	타인 지향형 인간
자주 나타나는 정신질환	고전적인 신경증	자기애성 성격 장애	조작적(操作的) 진단 기준에 근거한 여러 질환 (발달장애 등)

시 사회의 통념과 습관을 전제하지 않고서는 존재할 수 없었다는 뜻이기도 하다. 실제로 가부장제가 아직 건재했던 옛날이라면 모를까, 과거의 관습으로부터 한결 자유로워진 21세기 일본에서는 프로이트 시대에 존재했던 신경증 환자를 만나기는 힘들어졌다.

프로이트 이후 사회학자 데이비드 리스먼은 공업화와 산업화, 인구동태 등에 따라 초자아를 포함한 인간의 마음의 양상이 달라졌다고 분석했다.[16] 리스먼은 프로이트가 말한 성격적 성향과 초자아를 지닌 사람을 '내부 지향형 인간'이라 부르며, 이러한 인간형은 르네상스 시기부터 고도 경제성장기에 이르기까지는 비교적 흔했지만, 그 전후의 사회에서는 보기 어려웠다고 지적했다. 이후의 사회, 가령 20세기 후반 미국의 중류 사회에서는 부모나 지역공동체의 영향이 줄고, 또래 집단이나 미디어를 통한 정보의 영향이 커지면서 인간의 성격적 성향이 '타인 지향형 인간'으로 대체되었다.

리스먼이 말한 '타인 지향형 인간'의 성향은 오늘날 페이스북이나 엑스의 '좋아요' 수에 일희일비하고, 유행 및 SNS 속 모습을 의식하는 현대인의 모습에서도 찾아볼 수 있다. 다만 리스먼은 이러한 현대인이 어떤 초자아를 내면화하고, 어떤 갈등과 억압에 시달리는지에 대해서는 구체적으로 언급하지 않았다.

리스먼의 연구 이후 초자아의 '과소過小'에 주목한 학자도 등장했다. 바로 1970~80년대 미국에서 활약한 정신과 의사 하인즈 코헛이다. 그는 프로이트가 말한 신경증을 대체하는 '자기애성 성격장애'라는 새로운 문제를 제기했다.

당시 미국에서는 아버지가 밖에서 일하고 어머니가 집에서 혼자 육아를 도맡는 생활 방식이 일반적이었는데, 이 구조 속에서 새로운 형태의 마음의 문제가 사회문제로 떠올랐다. 프로이트 시대에 문제시되었던 가부장제로부터는 좀 더 자유로워졌지만, 어머니가 홀로 육아를 전담하는 환경은 여성의 소외 문제로 불거졌고, 이는 새로운 페미니즘 운동을 불러일으켰다.[17] 또한 교외의 단독주택에서 태어나고 자란 '타인 지향형 인간'들의 마음의 문제는 프로이트식 정신분석만으로는 더 이상 설명되지 않았다. 통념과 습관, 생활 방식이 완전히 달라졌으므로 당연한 결과였다.

핵가족화가 진행되고 자기 집을 갖는 문화가 퍼지면서 아버지가 부재한 가정이 늘었고, 아이가 아버지로부터 통념과 습관을 배우고 내면화할 기회도 줄어들었다. 관계의 중심은 자연스럽게 어머니와 자녀로 옮겨갈 수밖에 없었는데, 어머니와 자식이 중심이 된 관계 또한 문제가 없을 수는 없었다. 코헛은 이러한 모자 밀착 상황에서 부모와 자식 관계가 꼬이면 마음의 구조가 신경증보다 훨씬 취약한 '자기애성 성격'으로 자리 잡는다고 보았다. 이 때문에 자기애성 성격은 흔히 어머니에게 직접적인 원인이 있다고 해석되었고, 실제로 코헛의 이론을 소개한 전문가들의 저서에는 '나쁜 어머니 이론'이라는 표현까지 등장했다.[18] 하지만 코헛의 저서를 잘 읽어보면 그는 오히려 모자 밀착이 생길 수밖에 없는 사회구조와, 아버지의 부재 및 통념과 습관을 알려줄 어른이 어머니 외에는 없는 환경 그 자체에 문제의식을 갖고 있음을 알 수 있다.[19]

일본에서도 미국보다 약 십수 년 뒤, 교외화와 아버지가 부재하는 육아가 확산되면서 코헛의 이론이 알려지기 시작했다.[20] 오늘날에도 어머니 혼자 육아를 도맡고 아버지 혹은 다른 어른과의 접점이 적은 가정에서 자란 환자들을 만나면 코헛이 말한 마음의 문제와 맞닥뜨리는 경우가 적지 않다.

돈 때문에 아프고,
돈 때문에 낫고

가부장제도가 이전보다 힘을 잃은 뒤에도 새로운 마음의 문제는 계속 생겨났다. 코헛이 세상을 떠난 이후 사회는 빠르게 변했고, 그에 따라 우리를 둘러싼 통념과 습관의 양상도 끊임없이 바뀌었다. 그러는 동안 밀실 속 핵가족 안에서 나타났던 모자 관계의 문제는 현대 일본 사회에서 점차 완화되고 있다.

그 이유로는 첫째, 이 같은 모자 관계를 만드는 가족 구조에 대한 사회적 이해가 높아졌기 때문이다. 요즘 일본의 아버지들 대부분은 이전과 달리 '육아에 협력해야 한다'는 사고방식을 지니고 있다. 육아에 적극적인 남성을 가리키는 '이쿠맨イクメン'•이라는 말이 널리 쓰인다는 점, 남성들의 육아휴직이 제도적으로 보장된다는 점이 그러한 변화를 잘 보여준다.

둘째 이유는 복지와 행정 서비스가 어머니와 아이가 고립되지 않도록 일찍부터 지원을 하고 있기 때문이다. 육아살롱••과

• 육아를 뜻하는 일본어 '이쿠지'와 영어 '맨'의 합성 신조어

•• 아이들을 위한 놀이방과 교육 및 상담 프로그램 등을 갖춘 곳으로 국내의 육아종합지원센터와 비슷한 기관

같은 공간을 제공해주는 방식부터 각종 검진과 아동상담소를 통한 보다 직접적인 개입까지 그 형태도 다양하다.

셋째 이유는 대도시권에서는 아이들이 비교적 어린 나이에 보육기관에 맡겨지면서, 자기애성 성격이 형성되는 시기[21]에 모자 관계가 과도하게 밀착될 위험이 줄어들었기 때문이다.

넷째 이유는 요즘 아이들은 일찍부터 인터넷을 통해[22] 세상의 통념과 습관을 배우기 때문이다. 아이들은 자신의 부모가 이른바 '독친毒親'[23]인지 아닌지에 대해 스스로 판단할 정보를 비교적 빠르게 얻을 수 있다.

이러한 변화 덕분에 20세기 중반 미국이나 1980~90년대 일본의 핵가족에 비해 자기애성 성격을 만들기 쉬운 환경은 확실히 줄었다. 또한 엄마와 아이가 밀실에 갇히는 고립 상황이 생긴다 해도 행정과 복지 서비스가 이를 파악해 어떤 형태로든 지원을 해주고자 애쓴다. 아울러 현대 사회에는 프로이트 시대의 가부장적 통념과 습관 역시 점차 힘을 잃어가고 있어서 고전적인 형태의, 초자아가 과도하게 커질 우려도 줄어들었다.

그 대신 지금의 아이들은 현대 사회의 통념과 습관에 완전히 포위당한 채 자라고 있다. 1장에서 소개했듯이 현대 사회의 통념과 습관은 부모로부터는 물론이고 거리, 보육기관, 미디어를 통해 '당연한 가치관'으로 주입된다. 빅토리아 시대의 가부장제처럼, 이 통념으로부터 벗어나기는 매우 어렵고 내면화하지 않으면 버티기 힘들다.

현대의 통념과 습관은 21세기에 느닷없이 등장한 것이 아니다. 그 원형은 이미 프로이트 이전 시대부터 유럽 중·상류 사회에서 아주 조금씩 형성되고 있었다. 물론 오늘날과 완전히 똑같은 형태는 아니었고, 사람들을 그 질서 속에 묶어두는 여러 제도나 이를 반복하고 강화할 미디어는 지금보다 빈약했다.

오늘날 일본의 아이들은 철이 들기도 전부터 청결하고 예의 바르며 차분해야 하고, 의사소통 능력을 갖추어야 한다는 가치를 배운다. 효율적이고 지속적으로 경제 활동이 가능한 개인으로 자립해야 한다는 사고방식 역시 사회의 통념으로 내면화된다. ASD로 의사소통 능력이 부족하거나 ADHD로 주의력이 산만한 아이들도 각종 복지나 의료 지원을 받으면서 오히려 현대 사회가 요구하는 자질이 무엇인지를 깨닫게 된다.

이런 상황을 두고 '현대는 다양성의 시대다. 이를 프로이트 시대, 빅토리아 시대의 억압과 같은 선상에서 이야기해서는 안 된다'고 반론하는 사람도 있을 것이다. 물론 생활 방식과 젠더 통념은 이전 시대보다 훨씬 자유로워졌고, 장애가 있어도 사회 참여의 기회가 생긴 것은 사실이다. 그러나 내 눈에는 그 다양성은 어디까지나 조건부로만 보인다. 다시 말해, 현대 사회의 다양성과 사회 참여는 청결하고 도덕적이며, 의사소통 능력이 뛰어나고, 경제 활동을 하는 자립한 개인만을 기본 전제로 삼고 있다는 것이다. 결점을 보완한 사회 참여란 결점을 그대로 드러낸 채 사회 속에 들어갈 수 없다는 뜻이기도 하다. 즉, 의료, 복지, 법제도의 지원을 받아 이

고도로 정돈된 질서에 어울리는 일원이 되고 나서야 사회에 속할 수 있음을 의미한다.

앞으로 차차 다루겠지만 현대 사회의 통념과 습관은 자본주의와 개인주의, 그리고 이 양자를 중개하는 사회계약이라는 사상 위에 세워져 있으며, 법률을 비롯한 제도가 이 질서를 뒷받침하고 있다.

사상으로서 이러한 개념은 18세기 이전 유럽에서 시작되었고, 일본에서도 자본주의는 세계대전 전부터, 개인주의와 사회계약은 전후에 자리 잡기 시작했다. 물론 그렇다고 그것이 곧바로 정착된 것도, 철저하게 지켜진 것도 아니었다. 전쟁이 끝나고 얼마 지나지 않아 법제도상으로는 개인주의와 사회계약이 명문화되었지만, 서민들의 삶 속에서는 어디까지나 표면상의 원칙에 머물렀다. 자본주의 역시 돈의 가치 자체만 이해했을 뿐 경제성, 합리성, 효율성과 같은 부르주아적 사고방식이 오늘날처럼 광범위하게 침투하지는 않았다.[24] 모든 물건과 서비스가 매매의 대상이 되고 자본주의의 표적이 된 것은 최근 일이다.

오키나와현의 민간치료법을 르포르타주 형식으로 기록한 심리학자 도하타 가이토는 저서《들판의 의사는 웃는다野の医者は笑う》에서 이 치료법의 효과 중 하나로 '치료사가 되어 활동하기'라는 개인의 경제적 자립까지 포함하고 있다는 점을 지적한 바 있다.[25] 부르주아적 사고방식이 깊게 스며든 사회에서는 개인의 경제적 자립이 매우 강하게 요구되므로, 치료 방법에 경제적 자립법

까지 들어 있다는 것은 참으로 고개가 끄덕여지는 부분이다.

예전에 나는 의국에서 선배 의사에게 '연금 요법'이라는 비화를 들은 적이 있다. 말하자면 환자의 경제적 사정이 좋지 않은데 장애 연금을 받을 수 있는 상황이라면 일단 연금 신청부터 적극 권하라는 이야기였다. 경제적 상황이 곧 정신 증상까지 좌우한다는 이유에서였다. 또 인터넷 안팎으로도 돈을 벌기 위한 세미나에 참가하고 나서 감정이 고양된 사람들을 여럿 본 적 있다. 만화《사채꾼 우시지마》에는 끊임없이 자기계발서를 사들이는 직장인이 등장하는데, 실제로 서점에 빼곡히 꽂힌 자기계발서들은 일시적 위안을 얻는 수단으로 소비되는 측면이 있다.[26]

오키나와의 민간치료법이든, 위안을 주는 수단으로써 소비되는 자기계발서든, 정식 절차에 따른 정신과 치료나 심리치료법이든 개인을 자본주의적 주체로서 바라본다는 점과, 자본주의와 개인주의, 사회계약의 질서 바깥에 있는 이들을 질서의 안쪽으로 재배치하고자 한다는 점에서는 모두 같다.[27]

결국 우리는 '돈에 의해 상처받고 돈에 의해 치유받는' 사회에 살고 있는 셈이다. 가정이든 학교든 의료기관이든, 어디에서나 자본주의와 개인주의, 사회계약의 논리가 따라다닌다. 정신과 의사도, 상담사도, 사회복지사도 모두 이 거대한 시스템과 사상을 당연한 전제로 받아들인다. 그리고 일상생활 속에서는 그것을 의식조차 하지 않는다. 그들은, 아니 우리들은 과연 이 시스템에 어울리지 않는 사상과 언동을 맞닥뜨린 순간, 그것들을 정말 '다양성'의 범주로 바라볼 수 있을까? 아니면 질서에서 벗어난 행위, 곧 치료받아야 할 증상이나 질환으로 다루지 않고서는 견딜 수 없을까?

'죽고 싶다'는 불평이 의료화로만 다뤄지는 사회

오늘날에는 자본주의와 개인주의, 사회계약에 근거한 질서가 과거 그 어떤 사회보다 강력해서 우리는 이를 철저하다고 해도 좋을 만큼 깊이 내면화하고 있다. 앞에서도 언급했지만 수십 년 전까지만 해도 이러한 가치관은 법제도에 오른 표면상의 원칙으로서 존중받았을 뿐 서민들의 삶과 내면에 완전히 침투하지는 못했다. 가령 도로교통법 위반과 같은 소소한 범죄는 지금보다 훨씬 많았고, 개인들 간의 다툼에 경찰이 개입해야 한다는 인식도 적었다. 지역공동체 안에 속한 유력자의 권위와 마을에서 정한 규칙이 법제도보다 우선되는 경우도 많았다.

지역공동체의 의미가 약해진 현대에는 상황이 크게 달라졌다. 준법정신은 향상되고 원칙은 실제로 힘을 발휘하고 있다. 어쩌면 근대 시민사회의 모습이 이런 것일지도 모르겠다. 우리의 행동규범이 되는 통념과 습관, 이를 지지해주는 법제도는 모두 자본주의와 개인주의, 사회계약의 바탕 위에 성립되어 있고, 우리는 정신과에 진료를 받으러 갈 때조차도 이러한 가치관에서 벗어날 수 없게 되었다. 사적인 밀실과도 같았던 가정은 '지원'이라는 이름 아래 의료와 복지가 개입할 수 있는 곳이자, 미디어로부터 쏟아져 나오는 각종 정보에 그대로 노출되는 공간이 되었다.

이러한 까닭에 오늘날에는 질서에서 벗어나 살기란 매우 어려워졌다. 또한 일탈의 수준이 정신질환 진단 기준에 해당하면 빠른 시일 내에 의료와 복지의 지원을 받는 편이 마음 편하다. 당사자는 지원을 받고 싶지 않더라도 주변에서 가만히 두지 않기 때문이다.

질서로부터 더욱더 벗어나기 힘들어질 근미래를 예감케 하는 현상 중 하나가 바로 '죽고 싶다'는 말을 둘러싼 최근의 움직임이다. 정신건강의학 분야에서는 '자살 염려'라는 용어가 있다. 진료 중 죽고 싶다는 감정을 담은 말이나 행동을 보일 경우, 자살 염려 상태로 간주하고 진단과 중증도를 판단하는 자료로 사용한다. 지금은 내과나 외과 의사도 정신건강의학에 대한 지식이 풍부해, 단골 병원에서 "요즘 죽고 싶다는 생각이 자꾸 들어요"라고 말했다가 정신과 진료를 권유받아 내원하는 환자도 드물지 않다.

전문가가 전문가적 입장에서 환자의 '죽고 싶다'는 표현을 자살 염려로 간주하고 진단과 치료에 참고하는 것 자체는 문제가 되지 않는다. 하지만 요즘에는 '죽고 싶다'는 표현을 자살 염려로 간주하는 이들이 의료 및 관련 분야의 전문가만이 아니다. 복지 관계자, 교육 관계자도 '죽고 싶다'는 말을 곧바로 자살 염려로 판단하는 경우가 늘었다. 이것이 계몽 활동의 성과인지, 아니면 무사안일주의의 산물인지는 모르겠지만 어느 쪽이든 현대의 통념과 습관이 바로 이렇다는 점만큼은 틀림이 없다.

복지 관계자나 교육 관계자가 '죽고 싶다'는 감정을 자살 염려로 간주하고 의료기관으로 연계하는 행위는 조기 발견·조기 치료라는 의학적 관점에서 보면 바람직하다. 그러나 그와 동시에 이제 우리는 복지 관계자 및 교육 관계자 앞에서 함부로 '죽고 싶다'는 감정을 드러낼 수 없게 되었다.

세상 사람들의 의식도 달라졌다. '죽고 싶다'라는 표현은 원래 일상에서 흔히 쓰이던 말이었으나, 이것이 **자살 염려라는 의학 용어로 번역되고, 자살을 막기 위한 사회적 분위기 속에 놓이면서 매우 예민하게 받아들여지고 있다.** 이에 따라 사람들은 이제 다른 사람의 '죽고 싶다'는 말을 단순한 불평 내지는 힘들다는 감정 표현의 하나로 인식할 수 없게 되었다. 사회에서 '죽고 싶다'는 표현을 자살 염려라는 의학적 언어로 해석하면 할수록, 이 말은 점점 가볍게 꺼낼 수 없는 말이 되어갔다.

과거 자유로운 사적 공간으로 인식되었던 인터넷에서도 이와 같은 현상이 벌어지고 있다. 1990년대부터 2000년대 전반까지만 해도 인터넷에는 '죽고 싶다'는 물론이고 말의 뜻만 곧이곧대로 해석하면 충분히 정신질환을 의심할 만한 글들이 곳곳에 존재했다. 바꿔 말하면 대략 20년 전만 해도 인터넷은 일상에서 쉽게 꺼낼 수 없는 말을 스스럼없이 내뱉을 수 있는 공간이었다.

하지만 지금은 그렇지 않다. 엑스에서는 자살에 관해 검색한 사용자에게 자살예방센터의 연락처를 안내하고, 페이스북도 2017년부터 자살과 관련된 글을 모니터링하기 시작했다. 이러한 변화는 사용자의 자살을 예방하는 데 일정 부분 효과가 있겠지만, 다른 한편으로는 이제 더 이상 엑스와 페이스북에 '죽고 싶다'는 뉘앙스가 담긴 내용의 글을 쓰거나 말을 할 수는 없음을 의미한다.

이처럼 과거에는 흔히 쓰였던 '죽고 싶다'는 말이 이제는 자살 염려라는 의학 용어로 번역되면서 자살을 막을 수 있는 일종의 경고 신호로 인식되고 있다. 동시에 타인으로부터 가볍게 들을 수 없는, 인터넷에서는 마땅히 추방되어야 하는 말이 되었다. 이 '아름다운 나라' 속 '1억 총활약 사회'에서는 '죽고 싶다'라는 말을 거의 들을 수 없게 되었고, 만약 들린다 해도 재빨리 의료와 복지의 관리 대상이 되고 있다.

정신의료는 우리를 어디로 돌려보내는가

이와 같이 '죽고 싶다'는 말이 의학적 언어로 번역되고, 거리에서 흔히 접할 수 있었던 행동과 태도가 ADHD나 ASD의 증상으로 부각되어 의료나 복지의 대상이 된 지금의 상황을 사회학에서는 '의료화medicalization'라고 부른다.

돌이켜보면, 20세기에서 21세기를 거치는 동안 사회의 갖가지 행동과 태도, 말투가 의료화되었다. 고혈압과 대사증후군이 발견되면서 모두가 이점을 인지하고 주의를 기울이는 것도 의료화의 한 측면이지만, 이와 관련해서는 다음 장에서 다루기로 하고 여기서는 정신의료와 관련된 사항만 추려서 의료화의 흐름을 개설하고자 한다.

제1차 세계대전이 일어나기 전 일본에서 의료의 대상이 되었던 정신질환은 중증도가 높은 정신병과 약물 중독 정도였다. 1900년에 제정된 정신질환자감호법은 유럽과 미국에 비해 정신병원이 수용할 수 있는 인원이 턱없이 적었던 일본의 상황을 감안한 것으로, 병원에서 감당할 수 없는 환자를 가족이 자택에서 감금하는 부분도 인정했다. 또 자택 감금을 감독하는 역할은 의료와 복지가 아닌 경찰과 내무성•이 맡았다(그림 1, 2).

전후 1950년에 정신위생법이 제정되자 자택 감금은 금지되었고, 정신질환에 효과가 있는 약이 등장하면서 개방적인 정신의료가 기대된 시기도 있었다. 하지만 라이샤워 사건••이 일어나면서[28] 정신질환자를 정신과 병원에 장기 입원시키는 구조에는 변함이 없었다. '마음'의 문제에 관해서는 도시에 사는 사람들만이

• 1873~1947년에 있었던 일본의 옛 중앙행정조직. 치안, 행정, 건설 등을 담당했다.

•• 1964년 주일 미국 대사였던 에드윈 라이샤워가 일본 극우 청년에게 칼에 찔려 중상을 입고 치료 과정에서 수혈로 간염에 감염된 사건

19세기 이전 유럽의 정신의료와 형사적 대처 (그림1)

미셸 푸코가 기록한 19세기 이전 유럽의 정신의료와 형사적 대처. 유럽의 여러 나라에서는 규모가 큰 정신병원이 다수 건설되면서 정신질환을 보이는 사람뿐 아니라 부랑자 등도 포함해 다양한 사람들이 병원에 수용되었다. 이와는 별개로 형사적 대처로서의 감금도 존재했다. 병원과 감옥에 수용하는 제도는 엄격하게 이루어졌지만, 수용 대상을 잡아들이는 그물망은 여전히 느슨해서 거리에는 광기와 일탈, 절도와 폭력이 널려 있었다.

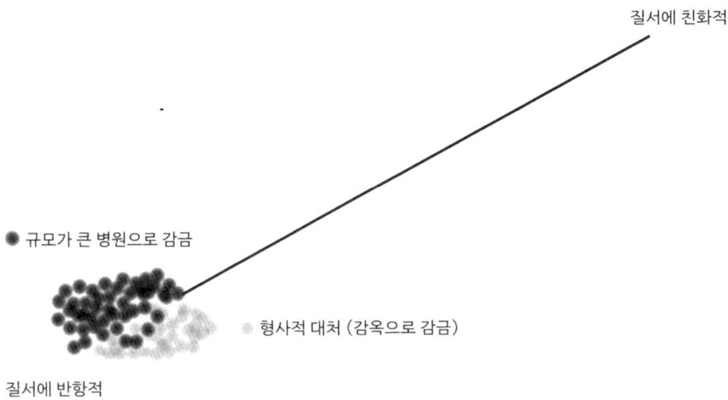

신경증, 당시의 용어로 말하자면 노이로제에 관한 치료를 받는 정도였다.

그러다 1970~90년대 심리학 붐이 일어나자 정신의료에 대한 접근성은 크게 달라졌다. 당시 자주 쓰인 '우울증은 마음의 감기'라는 슬로건은 오해를 불러일으킬 소지가 있긴 했지만, 일단은 '정신질환 = 중증의 불치병'이라는 이미지를 벗어던지는 데 효과가 있었다. SSRI•로 대표되는 약물요법의 진전과 차례차

• 선택적 세로토닌 재흡수 억제제

메이지 시대 일본의 정신의료와 형사적 대처 (그림2)

메이지 시대 일본에는 정신병원 시설이 부족했기 때문에 많은 환자가 자택에 감금되었다. 자택 감금을 감독하는 역할은 경찰과 내무성이 맡았으므로 정신의료가 감당해야 할 부분은 유럽에 비해 적었다. 프랑스와 마찬가지로, 현대와 비교하면 광기와 일탈, 절도와 폭력이 거리에 넘쳐났다는 점은 말할 필요도 없다.

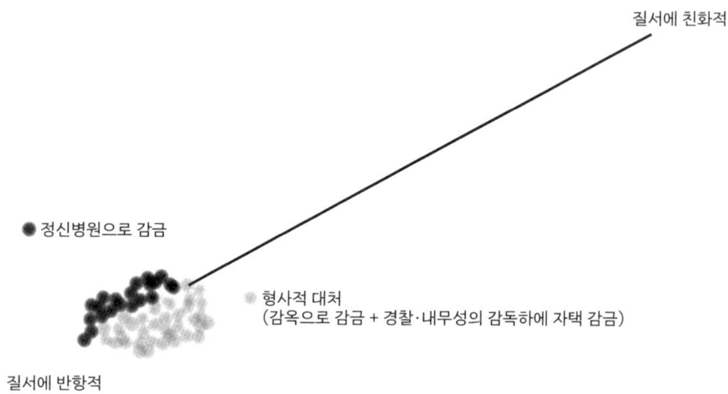

례 문을 연 심리상담센터도 정신의료의 접근성을 높이는 데 한몫했다. 이 무렵부터 정신과 병원의 장기 입원을 막기 위한 방안도 결실을 맺으면서 환자의 평균 입원 일수는 줄기 시작했다(그림3).[29, 30]

발달장애가 의료화되기 전부터 일본의 정신건강 분야에서는 차근차근 의료화가 진행되고 있었던 것이다. 과거에는 결코 정신과에서 진료를 받지 않았을 사람들도 점차 병원을 찾게 되었다.

정신질환을 앓는 환자 수가 점점 늘어나고 있음을 보여준 2장 서두의 그래프(67쪽)가 일본에서 정신건강에 문제가 있는 사

21세기 초 일본의 정신의료 및 복지와 형사적 대처 (그림3)

20세기 말, 늘어났던 형사처벌의 대상이 감소하기 시작하자 사회 복귀를 목표로 한 인지행동치료와 같은 의료 및 복지적 방법이 교도소에도 도입되기 시작했다. 사회의 질서가 고도화되면서 아동학대와 민폐방지조례와 같은 새로운 과제가 등장하기 시작했다. 정신과 병원의 입원 기간은 짧아지고 입원과 외래, 병원 생활과 사회생활의 경계는 흐릿해졌다. 심리학 붐이 일면서 심리상담센터가 늘어나고, SSRI처럼 쓰기 쉬운 약이 보급되면서 의료 및 복지가 맡아야 할 대상은 확대되었다.

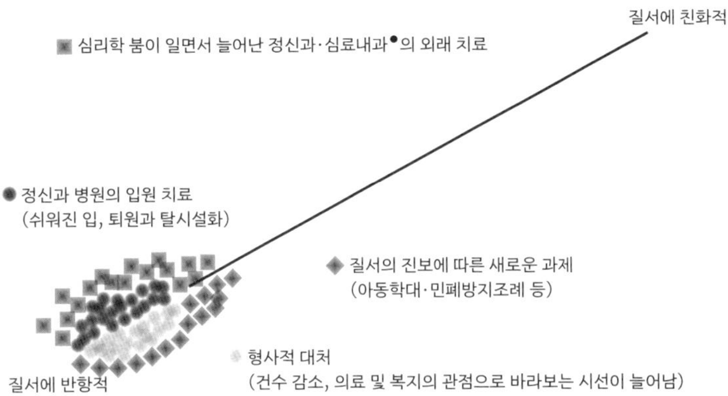

람이 늘어난 결과인지, 아니면 이 같은 의료화가 진행된 결과인지 여기서 분명하게 밝힐 수는 없다. 하지만 어느 쪽이든, 점점 고도화되는 질서와 점점 더 사람들에게 높은 수준을 요구하는 사회 환경 속에서는 이에 따라가지 못하는 사람이 늘 수밖에 없고, 이들을 지원해야 할 필요성도 증가할 수밖에 없다(그림4).

동시에 이러한 의료 및 복지의 제도적 틀이 마련됨에 따라 우리는 이 지원 체계 밖으로 벗어나기 더욱 어려워졌다. 또한 정신

• 심신의 문제로 나타난 내과적 질환을 치료하는 진료과. 일본에는 정신과와 심료내과가 분리되어 있다.

현대 일본의 정신의료 및 형사적 대처 (그림4)

형사적 대처는 감소했지만 아동학대나 민폐 행위 등에 대한 처벌은 강화되었다. 형사적 문제에 의료 및 복지적 시선으로 대응하는 경향이 강해졌고, 아동상담소의 권한이 강화되는 등의 방식으로 복지가 예전보다 더 많은 문제를 떠안게 되었다. 병원 생활과 사회생활의 경계는 더욱 흐릿해졌고 주간보호센터나 그룹홈●, 방문 간호 등과 같은 중간적 성격의 인프라도 중요해졌다. 발달장애 붐이 일면서 의료 및 복지의 대상은 더욱 늘어났고 사람들의 의식 변화도 일어나면서 질서에 적응하지 못하는 많은 경우가 의료 및 복지의 문제로 간주되고 있다.

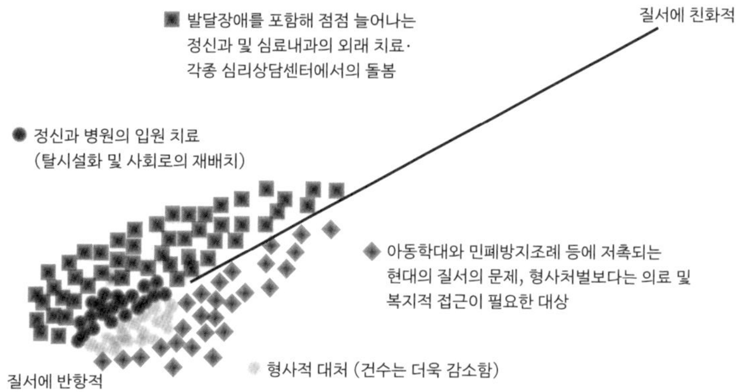

질환의 정도와 사회 적응의 수준에 맞춰 '1억 총활약 사회' 속 어딘가로 재배치되는 일을 피할 수 없게 되었다.

● 한 명의 관리인과 보호가 필요한 사람 4~5명을 모아 가족처럼 살게 하는 제도

우리 모두는 질서의 동심원 안에 있다

의료화를 연구한 사회학자 중에서는 의료화가 진행되는 배경에는 도덕적, 정치적, 경제적 이해관계가 깔려 있으며 의료진 개인의 공명심도 한몫하고 있다고 비판하는 이도 있다.[31] 이러한 비판도 물론 경청할 만한 가치가 있다고 생각한다. 하지만 지금까지 살펴본 것처럼, 의료진이 의료화를 이끌기 전부터 이미 사회는 변하기 시작했다. 거리의 풍경도, 사람들의 생활도 점점 더 높은 수준을 요구받게 되었다. 그런 흐름 속에서 발달장애를 비롯한 정신의학적 진단과 치료의 필요성 역시 꾸준히 커져온 것이다. 의료 현장에서 일하는 한 사람으로서 나는 도움의 손길을 내미는 의료진과 복지 관계자의 분투, 이들의 지원이 필요한 사람들의 절실함을 매일 피부로 느끼고 있다.

그래서 내가 이 책에서 공죄를 따지고 싶은 쪽은 의료와 복지 서비스가 아니다. 이렇게나 절실히 의료와 복지를 필요로 하게 만든 현대 사회와 그 메커니즘이다. ADHD를 적극적으로 지원하는 의료와 복지를 고찰하기 앞서, 그런 지원을 요청할 수밖에 없게 만든 오늘날 사회의 모습부터 비판해야 마땅하다. 비판의 초점을 의료나 복지, 혹은 환자 개인에게만 좁혀서는 안 된다.

이러한 전제하에 나는 2장의 마지막에 묻고 싶은 질문이 있다. 의료와 복지의 지원이 사회 구석구석까지 뻗어가고, 모두가

질서와 사회 적응의 동심원

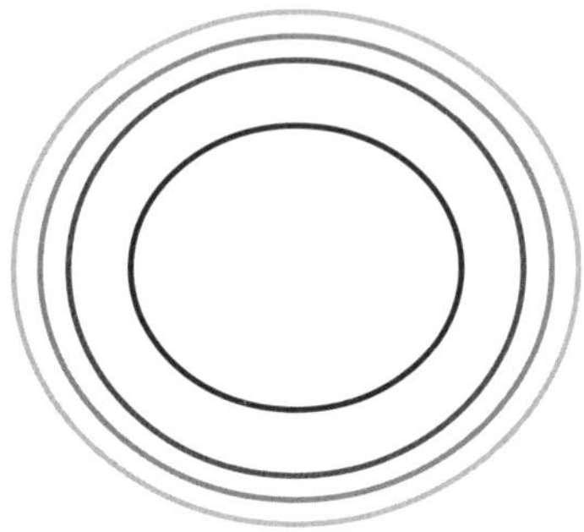

질서 정연한 사회에 적응하는 데 별다른 문제가 없는 사람들
통원 치료 등의 지원을 받으면 질서 정연한 사회에 적응할 수 있는 사람들
장애인 고용 혹은 복지제도를 통해 질서 정연한 사회에 적응하는 사람들
일할 수 없는 상태로 장애인 연금이나 입원 치료가 필요한 사람들

'1억 총활약 사회' 속 어딘가로 재배치되는 오늘, 환자는 아니, 우리는 삶의 자유를 어디까지 누리고 있다고 말할 수 있을까?

가령 ADHD로 진단받고 약을 복용하는 환자, 치료를 받으며 장애인 고용의 형태로 다시 일을 시작한 환자, 갈 곳이 없어 그룹홈에 입소해 복지 정책의 지원을 받으며 일을 하거나 주간보호센터에 다니는 환자는 삶의 자유를 어디까지 보장받고 있으며, 그 자유는 어떤 방식으로 제공되고 있는 것일까?

현대의 의료와 복지는 환자에게 정신병원 장기 입원과 같은 노골적인 '부자유'를 강요하지는 않는다.[32] 오히려 개인의 인권을 존중하고 경제적·사회적으로 자립한 존재로서 자유롭게 살아갈 수 있도록 지원을 아끼지 않는다. 나아가 성인 발달장애 등 폭넓은 개입 영역을 확보함으로써 더 많은 사람이 사회에 적응하도록 돕는 역할을 맡게 되었다.

하지만 의료와 복지가 지원하는 '자유로운 삶'이란 결국 자본주의와 개인주의, 사회계약의 논리가 지배하는 현대 사회에 충실히 적응하는 삶을 의미할 뿐, 이 틀을 벗어난 자유까지 포괄하지는 않는다. 지원을 받는 사람들은 사회 적응의 범주에 따라 '일반 고용-장애인 고용-복지제도를 통한 근로-장애인 연금'과 같은 단계로 분류되어, 동심원 속 어딘가로 재배치된다. 이 동심원 안에 있는 한 '현대 사회로의 적응'을 당연한 전제로 삼는 지금의 틀에서 벗어나 살기란 어렵다.

전쟁 전, 후와 비교하면 오늘날의 의료와 복지제도는 훨씬 합리적이고 정당하다. 또한 사람들의 행동과 태도를 모니터링하고 필요시 개입할 수 있는 기술과 제도도 충분히 발전했다. 그렇기에 이 질서의 동심원 바깥을 향하는 것, 아니 그 바깥을 상상하는 일조차 지금의 우리에게는 쉽지 않다. 그래서 나는 현대 사회에서만 나타나는 마음과 초자아의 문제, 나아가 자유와 부자유의 문제를 이야기하지 않을 수가 없다.

자본주의와 개인주의, 사회계약이 철저히 자리 잡은 사회, 어딜 가든 청결하고 건강하며 질서 정연한 사회, 적응의 동심원 속으로 모든 사람을 품으려 하는 사회로부터 우리는 벗어나기 어렵다. 또한 가정, 학교, 직장, 대중매체, 인터넷을 통해 우리는 이 가치관을 대전제로 하는 통념과 습관에 항상 노출되고 이를 끊임없이 내면화하고 있다. 의료와 복지의 현장도 예외가 아니다. 그 역시 질서 정연한 사회의 대안이 아니라, 오히려 진단과 치료, 관리의 체계를 통해 우리를 질서의 동심원 속 어딘가로 재배치하는 시스템의 일부로 작동하는 측면이 있다. 결국 의료와 복지는 자본주의와 개인주의, 사회계약이 철저하게 지켜지는 사회 안으로 우리를 불러 모아 붙잡아두는 역할을 한다.

현대 정신건강의학의 진단과 치료는 마음을 다루는 방식에서 행동과 태도를 관리하는 쪽으로 중심축을 옮겨왔다. 통계 자료에 근거한 기법이 표준으로 자리 잡으면서, 굳이 마음을 들여다보지 않아도 환자의 행동과 태도의 변화를 꾀할 수 있고, 복지 정책과 연계해 개인을 지원할 수 있게 되었다. 이러한 접근은 정신질환 치료에 있어 분명 효과적인 측면이 있다. 그러나 동시에 이러한 흐름 속에서 우리는 점차 마음의 문제 자체에 관심을 두지 않게 되었고, 사회와 초자아, 그리고 우리 자신과의 관계를 사유하는 일도 소홀해졌다.

그렇다고 오늘날 마음의 문제가 사라졌으며, 질서 의식이 높아진 결과 초자아가 더 이상 의미를 갖지 않게 되었고, 갈등과 억압이 존재하지 않게 되었다고 말할 수 있을까?

만약 현대의 마음과 초자아에 대해 논하고자 한다면, 진료실 안에서 환자의 행동과 태도만을 관찰하는 것으로는 부족하다. 현대의 진단 기준을 따르는 것만으로도 충분하지 않다. 우리는 고

개를 돌려 자본주의와 개인주의, 사회계약이 철저히 지켜지는 사회, 어디서든 청결하고 건강하며 질서 정연한 사회에도 관심을 기울여야 한다. 진료실 밖 곳곳에 편재된 수많은 고민과 분노, 인터넷에서조차 점점 사라져가는 숨겨진 언어에도 귀를 기울여야 한다.

나는 현대인의 마음에 대해 더 알고 싶었고, 그 마음과 밀접한 관계를 맺고 있는 현대 사회에 대해서도 이해하고 싶었다. 그래서 일반적인 정신건강의학을 배우는 것만으로는 만족할 수 없었고, 진료실 밖에서 사람을 만나 이야기를 나누지 않을 수 없었다. 앞으로도 의료나 복지가 간과하고 있는 마음과 사회의 문제에 대해 의견을 내고, 지금 이 시대의 자유와 부자유에 대해서도 계속 고민하고 싶다. 비록 현대의 정신과 의사가 더 이상 마음의 해설자가 아니라고 해도 말이다.

3장

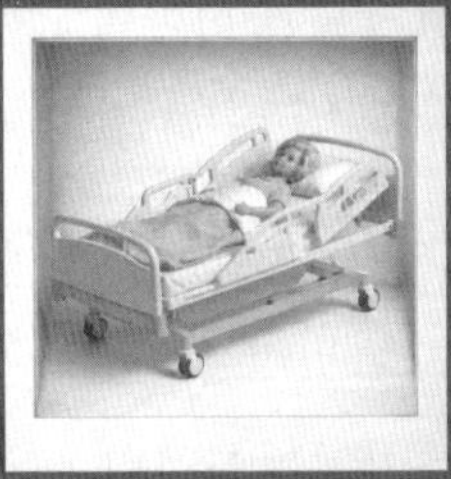

건강은 언제부터 모두의 의무가 되었나

흡연에 관대했던 과거 일본 사회

대부분의 현대인은 건강이라는 가치를 중시하며, 건강하게 살기를 당연하게 여긴다. 현대 사회가 가치관의 다양성을 강조한다고는 하지만, 여전히 많은 사람이 공통으로 공유하는 가치나 통념이 없지는 않다. 건강은 그중에서도 가장 먼저 거론되는 주제로, 건강과 견줄 만큼 보편적으로 인식되는 가치는 드물다.

신문이나 지하철 광고란은 건강식품과 건강 증진 아이템으로 꽉 차 있다. 대형 유리벽으로 둘러싸인 역 앞 헬스장에서는 운동에 열중하는 사람들의 모습이 쉼 없이 비치고, 도쿄 한복판의 황궁 주변은 아침이면 달리기하는 사람들의 성지가 된다. 돈과 시간에 여유가 있는 사람은 대부분 건강에 좋다는 식생활을 지키며, 건강에 이로운 취미를 즐긴다. 지중해식 식단을 따르고 유기농 차를 마시며, 테니스나 골프를 즐기는 식이다. '건강'이라는 개념이 생겨난 이후, 건강에 좋다고 알려진 식습관과 취미는 단순히 몸에 좋을 뿐 아니라 타인에게 과시할 수 있는 하나의 '취향'으로도 기능하고 있다.

따라서 건강 의식이 높은 사람에게 건강이란, WHO(세계보건기구)의 헌장이 정의[1]한 개념 그 이상을 의미한다. 다시 말해, WHO의 정의에 더해 '건강'은 멋진 것이자 남에게 자랑할 만한 것이며, 가치판단 차원에서 '선善'으로 간주되는 것이다. 또는 보드리야르가 《소비의 사회》에서 말한 자본주의의 차별화 개념을 빌려 설명하자면[2] WHO가 정의한 '신체적 · 정신적 · 사회적으로 완전히 안녕한 상태'를 이루기 위해서는 타인에게 과시할 수 있는 건강, 즉 남의 부러움을 살 만한 건강이 현대인에게는 마치 공작새의 꼬리처럼 필요할지도 모르겠다.

현대인의 건강에 대한 찬사가 어디까지 나아갈지는 알 수 없지만 건강하지 않은 상태, 즉 '불건강'은 볼품없고 보잘것없으며 남들에게 감추고 싶은 것으로, 가치판단 차원에서 보면 '악惡'으로 간주되고 있음은 부정하기 어렵다.

쇼와 시대의 오락 작품에는 담배를 피우는 주인공이 자주 등장했다. 담배는 멋진 주인공에게 어울리는 아이템이자 인상적인 장면을 연출하기 위한 소품이기도 했다. 조숙한 남학생이라면 한 번쯤 어른 몰래 담배를 피워본 경험이 있었고, 이런 문화는 헤이세이 시대 초까지 남아 있었다.[3] 하지만 오늘날 일본에서 담배는 더 이상 멋쟁이의 상징이 아니다. 흡연율이 감소함과 동시에 담배는 촌스럽고, 더럽고, 냄새나며 불건강함을 상징하는 기호품으로 전락했다. 건강한 취미와 식생활이 주목받기 시작하면서 담배는 '멋진 주인공의 소품'이라는 지위를 완전히 잃었다.

담배를 둘러싼 사회의 시선도 점점 공격적으로 변했다. 쇼와 시대 후반에 이르러 담배의 해로움이 알려지면서 '담배는 뇌졸중과 암의 근원', '거리에 담배꽁초를 버리지 말자'와 같은 슬로건이 내걸리기 시작했다. 하지만 여전히 거리에는 흡연자와 담배 연기가 넘쳐났다. 1980년에 '혐연권嫌煙權 확립을 위한 법률가 모임'이 제기한 혐연권 소송에 대해 도쿄지방법원은 '열차 내 간접흡연은 참을 수 있는 한도에 해당한다', '일본 사회가 흡연에 관용적임을 전제해야 한다'며 기각을 결정했다.[4]

혐연권 소송은 기각되었지만 혐연권 운동은 조금씩 힘을 받기 시작했다. 어느샌가 신칸센의 금연석은 흡연석보다 많아졌고, 21세기가 되자 대부분의 대중교통수단에서 담배를 피울 수 없게 되었다. 관공서와 일반 기업에서도 흡연실을 별도로 마련하기 시작하면서 이전까지 직장을 가득 메웠던 담배 연기는 좁은 흡연실로 옮겨갔다. 흡연자들은 담배를 피우려면 세상 사람들의 시선을 피해야만 했다. 혐연권 소송에서 '일본 사회가 흡연에 관용적임을 전제해야 한다'고 말하던 시절의 모습은 이제 온데간데없다. 사회는 담배 연기와 냄새에 민감한 사람들을 중심으로 재편되었고, 담배는 냄새는 물론 보기도 싫은 대상으로 인식되고 있다. 한때 기

콩나물시루 같은 흡연실에 모여 있는 흡연자들. 도쿄역

호품이자 멋쟁이의 아이템으로까지 여겨졌던 담배가, 불과 수십 년 만에 이렇게나 미움받고 볼품없는 아이템으로 전락한 것이다.

건강이라는 개념의 성립과 보편화

담배만큼 극단적이지는 않더라도 건강에 해로운 식품과 기호품을 바라보는 건강지향주의자들의 시선은 매우 엄격해졌다. 그리고 이는 일본에만 나타나는 현상은 아니다. 술은 물론이고 탄산음료, 정크푸드의 과잉 섭취도 건강을 위협하는 요소로 알려지면서 이에 대한 사회적 시선이 한층 차가워졌다. WHO는 2016년 '당분이 들어간 탄산음료에 20% 이상의 세금을 부과하면 사람들이 더 건강해져서 의료비를 줄일 수 있다'며 설탕세 도입을 권고했다.[5] 이에 따라 세계 각국이 탄산음료와 정크푸드에 세금을 부과하기 시작했지만, 사실 이러한 정책이 가능했던 배경에는 건강을 염려하고, 건강에 해로운 것은 나쁘다고 여기는 사회적 의식이 높아져 있었기 때문이다.

지금과 같은 건강지향주의가 계속 심화된다면 머지않아 일본에서도 설탕세나 정크푸드세가 도입될지 모르겠다. 찜찜한 기분으로 탄산음료나 정크푸드를 먹어야 하는 것이다. 인류와 오랜 역사를 함께해온 술도 점차 기피 대상이 될 가능성이 다분하다. 사람들이 건강을 의식하고, 건강에 돈을 들이고, 건강이 아름다움의 기준이 될수록 건강위험인자는 점점 더 배척당하고 있다. 또한 건강에 해로울 수 있는 것들의 사회적 지위도 계속해서 낮아지고 있다.

그렇다면 이러한 건강지향주의는 대체 언제부터 시작됐을까? 역사를 살펴보면 오늘날 우리가 말하는 '건강'이라는 개념이 일본에 들어와 서민들에게 '건강해지는 방법'이 퍼지기 시작한 때는 메이지 시대 이후였다.[6] 유럽과 미국의 상황도 별반 다르지 않다. 지금의 건강 개념을 만든 기준과 사고방식 대부분이 19세기의 산물이기 때문이다. 오늘날에는 당연히 위험하다고 여겨지는 비만과 고혈압, 고콜레스테롤혈증을 건강위험인자로 간주하기 시작한 것도 기껏해야 20세기 이후의 일이다.

지금처럼 건강이라는 개념이 모두에게 당연한 것으로 자리 잡기까지는 두 가지 학문적 진보가 필수적이었다. 바로 통계학과 생리학(생명의 메커니즘을 연구하는 생물학의 일종)이다. 통계학은 18~19세기 유럽에서 시작돼 처음에는 인구통계 등 국력을 추측하는 지표로 쓰이다가 점차 민간으로 확산되며 널리 알려지게 되었다. 예를 들어 체중이 지나치게 늘면 뇌졸중과 심장병, 당뇨병 등으로 의한 사망률이 높아진다는 통계가 쌓이자, 1910년 무렵 미국에서는 표준 체중을 기준으로 몸무게가 얼마나 더 나가느냐에 따라 보험료를 달리 책정하기 시작했다.[7] '건강위험인자'라는 통계적 개념은 이렇게 '보험'이라는 자본주의 구조를 통해 사회 전반에 퍼져나갔다.

다른 한편으로, 19세기 생리학자들은 인간의 표준 혈압과 혈당 수치를 발견하고, 그것이 어떻게 작용하며 어느 범위가 정상인지를 연구했다.[8] 통계학과 생리학의 발전으로 1970년대에는 생활 습관병을 일으키는 위험인자를 통계적 자료에 근거해 찾아내는 연구가 활발히 진행되었고, 그 결과 심장병과 뇌졸중의 위험인자를 발견할 수 있었다.[9] 잘못된 식사와 생활 습관이 건강을 위협할 수 있고, 장수하려면 이런 위험인자를 피해야 한다는 사실을 많은 이들이 알게 된 것도 이 연구 덕분이다.

반대로 말하면, 이런 연구 성과가 널리 알려지기 전까지는 건강위험인자라는 개념 자체가 없었고 건강을 염려하는 사고방식 또한 존재하지 않았다.

내가 어렸을 때였던 1975~1985년대 무렵의 호쿠리쿠 지방에서는 신문 부고란에 50~60대에 세상을 떠난 이들의 이름이 흔히 실렸고, 그 나이에 사람이 죽는 일을 아무도 이상하게 여기지 않았다. 통계 자료를 봐도 당시 뇌졸중과 심장병으로 죽은 사람의 비율은 지금보다 훨씬 높았다.[10] 건강위험인자에 대한 정보가 부족했던 시절, 특히 의학적 지식과는 거리가 먼 벽촌의 비지식인 계층 서민들이 담배를 비롯한 위험인자에 너그러웠던 것, 아니 무관심했던 것은 지극히 당연했다. 건강위험인자라는 개념 자체가 없었으므로, 그것이 수명을 단축시킨다는 사실을 실감할 수 없었던 것이다. 당시에는 50~60대 즈음 생을 마감하는 것이 전혀 이상하지 않다는 통념이 아직 남아 있었다.

오늘날 일본인 대다수가 품고 있는, '건강위험인자를 피해서 건강하게 오래 살겠다'는 사고방식은 선진적인 통계학과 생리학이 가져다준 선물이다. 이러한 진보 덕분에 인류는 전례 없는 장수를 실현할 수 있었다.

건강하고 늙지 않는 개인
=우월한 개인

이와는 별개로, '건강'이라는 개념에는 우월하고 과시할 만한 것이라는 가치판단 차원에서 '선'으로 간주되는 이미지가 따라붙었다. 신체와 관련된 통념과 습관의 추이를 정리한 방대한 프랑스 저서《몸의 역사》에는, 요즘 말하는 건강미가 어떤 과정을 거쳐 형성되고 발전해왔는지가 자세히 기술되어 있다.[11] 19세기 초에는 그전까지 이어져온 몸을 쓰는 놀이들(도박 경주, 축제, 주드폼• 등)이 좀 더 세련되고 부드러우며 신사적인 스포츠로 대체되었다. 또한 부르주아 계급에서는 풍채 좋은 체형을 선호하던 기존 문화에서 벗어나, 운동으로 다져진 날씬한 몸매와 계급이나 신분보다는 육체 자체의 개인적 가치를 중시하는 체형이 주목받기 시작했다.

이 시기는 운동 경기의 수치화가 이루어진 때이기도 하다. 악력이나 멀리뛰기 능력, 달리는 속도 등을 측정함으로써 이전까지 경험에 근거해 모호하게 판단되던 신체 능력이 명확한 수치로 드러났다. 이로써 인간의 운동 능력을 객관적으로 비교할 수 있게 된 것이다. 수치화된 신체 능력은 개인의 경제적 잠재력을 평가하는 지표이자, 군대가 병사에게 기대하는 역량의 지표이기도 했다. 메이지 유신 이후 일본에서 건강이라는 개념이 널리 퍼진 배경에

• 프랑스 왕실에서 행해지던 공과 코트를 사용한 게임으로 테니스의 원형이다.

는 건강하고 신체 능력이 우수한 개인이 산업계와 군에서 활약하리라는 기대가 있었기 때문이다. 다시 말해 건강한 개인은 부국강병이라는 당시의 슬로건에 부합하는 인물이었다.

한편 부르주아 계급은 신사적인 스포츠를 통해 균형 잡힌 신체와 정신을 지닌 탁월한 개인을 지향하며, '건강한 신체에 건전한 정신이 깃든다'는 말을 몸소 보여주었다. 축구와 럭비, 크리켓 등을 하며 건강한 육체와 인격을 형성하고 용기와 인내, 페어플레이 정신, 자긍심 등을 익혔다. 그리고 이 같은 스포츠맨십과 신체를 규율에 맞게 통제하는 기술은 부르주아 계급에서 서민 계급으로 점차 확산되었다.

20세기에 들어서자 신체 훈련은 더욱더 체계적이고 전략화되어 모든 부분에서 빈틈없는 기술화가 이루어졌다. 그리고 훈련으로 길러진 자부심, 끈기, 순응성 등은 출세와 계급 상승을 위한 자원으로도 작용했다. 건강한 육체를 만드는 일은 부르주아적인 상승 지향성, 즉 경제적 효율성과 자본주의 이데올로기와도 맞아떨어진 것이다.

이후 도시인들이 여가를 즐기고 여행과 레저 스포츠가 보급되면서 햇볕에 검게 그을린 피부 같은 건강미 역시 주목받게 되었다.[12] 건강한 피부와 체형을 유지하려면 그에 상응하는 관리가 필요하므로, 건강미는 경제적·시간적 여유를 상징하며 모두가 갈망하는 가치로 자리 잡았다. 보습 크림을 사용한 피부 관리, 전문 관리숍에서 받는 안티에이징, 헬스를 통한 체형 유지 등은 현대인, 특히 도시인에게는 아주 자연스러운 일상이 되었다. 그리고 이러한 자기관리는 개인의 우월성을 과시하는 수단으로 작용하고 있다.

보드리야르는 《소비의 사회》에서 이러한 육체를 개인주의 사회 속에서 소비의 대상이자 타인과 자신을 차별화하며 나르시시즘을 충족시키는 수단으로 보았다.[13] 20세기 이후 건강한 육체는 경제적 효율성을 뒷받침하는 하나의 요소로 부각되었고, 동시에 아름다운 육체를 만들기 위해서는 화장품과 피부 관리, 운동과 같은 필수적인 소비가 뒤따랐다. 많은 사람이 자신의 몸에 투자하는 소비를 반복하며 이러한 통념과 습관을 더욱 공고히 했다. 이제 우리는 건강하고 아름다운 육체를 유지해야 한다는 강박에서 벗어나기 어려워졌으며, 사회 또한 이 통념대로 점점 더 견고해지고 있다.

이처럼 복잡한 사정과 소비, 개인주의 현상까지 들여다보면 더 이상 건강을 순수한 자연과학적 개념으로만 대하기는 어렵다. 의료진과 환자라는 양자 관계 안에서는 건강이 자연과학적 정의에 따라 다뤄지는 것이 마땅하고 실제로 그렇지만, 일단 의료기관을 벗어나면 건강은 사회의 가치 기준에 물들어 '선과 악'으로 구분되는 쟁취의 대상이 되고야 만다.

선과 악을 판가름하는 의료진

병원 안에서는 건강이 자연과학적 정의대로 다뤄진다지만, 건강 위험인자를 피하고 건강하게 오래 살고자 하는 사고방식을 퍼뜨린 주요 발신지는 다름 아닌 병원과 의료기관이다.

이른바 생활 습관병이 성인병이라 불리던 시절부터 병원과 의료기관, 후생성•은 사람들의 건강 증진에 총력을 기울여왔다. 그 덕분에 쇼와 시대에는 건강에 무관심한 사람이 많았지만, 레이와 시대에는 남녀노소를 막론하고 모두가 건강을 의식하며 건강위험인자에 주의를 기울이게 되었다. 흡연자가 다수에서 소수로 바뀐 것은 그러한 노력의 승리를 상징한다. 물론 달라진 것은 흡연율뿐만이 아니다.

의료진은 식사와 생활 습관 면에서도 주의해야 할 점을 잘 알고 있어서 진료나 건강검진을 받으러 온 사람에게 갖가지 조언을 덧붙인다. 건강에 신경 쓰지 않거나 균형 잡히지 않은 식생활을 하는 사람이라면 이런 말을 여러 번 들어봤을 것이다. "나쁜 콜레스테롤 수치가 조금 높네요.", "지금보다는 더 운동을 하셔야 합니다.", "담배는 이제 그만 끊으시는 게 어떨까요." 의료진의 이런 조언에는 차마 무시할 수 없는 힘이 담겨 있다.

• 현재의 후생노동성으로 우리나라의 보건복지부와 같은 곳

의료진으로부터 건강위험인자에 대한 지적을 받으면 우리는 일종의 죄책감과 부끄러움을 느낀다. 물론 선천성 질환이나 암과 같은 진행성 질환을 앓고 있다면 예외겠지만, 그렇지 않고 단순히 건강에 좋지 않은 습관을 지닌 사람이라면 의료진의 충고에 강한 영향을 받는다. 가치관이 다양해진 현대 사회에서도 말이다.

그도 그럴 것이 의료진은 통계적·생리학적 자료에 근거해서 말하기 때문이다. 위험인자라는 사고방식이 통용되고 과학적이고 합리적으로 생각하는 것을 최고 가치로 여기는 현대 사회에서 '자료에 근거한 견해'란 전성기 시절 가톨릭교회의 교리처럼 전적으로 올바르고 절대 거스를 수 없는 것이 된다. 요즘 시대에 타인과 얼굴을 맞대고 '당신은 위험합니다'라고 내뱉는데도 그 말이 충고로 받아들여지는 관계가 의료진과 환자 관계 말고 또 어디에 있을까?

의료진의 조언에 찜찜함과 죄책감을 느끼지 않으려면 건강이라는 개념 자체에 대한 믿음과, 건강을 관장하는 의료진에 대한 신뢰를 버려야 한다. 하지만 모두가 건강을 의식하고 건강에 관한 각종 자료가 쌓여가는 현대 사회에서 나 홀로 건강이라는 '보편적 가치'에 의심의 눈초리를 보내고 등을 돌리기란 쉽지 않다.

이 장에서 논한 내용을 토대로 나는 현대 사회의 의료진이 짊어진 또 하나의 역할을 떠올리지 않을 수 없다. 바로 건강이라는 보편적 가치의 영역에서 도덕과 부도덕을 판가름하고, 선과 악의 가치 기준을 결정하는 자라는 점이다. 현대 의료진의 말과 행동은 건강이라는 개념에 근거해 무엇이 도덕적이고 부도덕한지를 실질적으로 결정한다. 적어도 건강의 영역 안에서는 틀림없이 그렇다. 아무개 의학교수, 아무개 의학박사가 말하는 '건강에 좋은 음식과 습관'은 사회적으로도 올바른 것으로 여겨지고, 건강에 좋지 않다고 지적받은 음식과 습관은 사회적으로 나쁜 것으로 인식된다. 우리는 의료계에서 보내는 메시지를 이러한 방식으로 받아들인다.

물론 의료진 자신은 통계학과 생리학 자료에 근거해 과학적인 건강위험인자를 지적할 뿐 도덕을 강요하지는 않는다. 하지만 앞서 말했듯이 건강에는 '선'이라는 가치판단이 강하게 덧씌워져 있고, 이토록 다양성을 중시하는 사회에서도 건강만큼은 독보적인 보편성을 획득했다. 게다가 의료진의 조언은 과학적 근거에 의해 뒷받침되므로, 의도했든 아니든 그들의 말은 강력할 수밖에 없다.

반복하지만, 건강에 대한 조언과 충고를 건네는 의료진은 연구를 통해 자료를 모으고 그 자료를 활용해 사람들의 건강에 공헌하는, 그 이상도 이하도 아닌 생업에 종사하는 사람들이다. 나는 의료진이 자신들의 입지나 정치력을 높이고자 야심을 품었다는 말을 단 한 번도 들어본 적이 없다. 그러나 현대 사회의 보편적 가치와, 사회에 깊숙이 침투해 우리가 내면화한 통념과 습관을 함께 고려해보면 이만큼 '올바른 일'을 이토록 '올바른 방식'으로 수행하는 생업도 드물다. 과학적 자료에 근거해 모두가 인정하는 보편적 가치에 공헌하는 의료진의 생업이, 어떻게 사회 전체의 가치 기준과 도덕 감각에 영향을 주지 않을 수 있단 말인가. 아무리 의료진 자신은 도덕을 강요하지 않는다 해도, 의료적 행위는 세상의 가치 기준과 통념, 도덕에 자연스럽게 영향을 미칠 수밖에 없다.[14]

오늘날 TV, 신문, 잡지와 인터넷 등 모든 매체에서는 건강이 끊임없이 선전되고 있다. 그리고 그 중심에는 항상 의료진이 있다. 그들은 실질적으로 보편적 가치를 관장하고 있다. 현대인은 이러한 건강 조언이 끊임없이 쏟아지는 환경에서 자라나기 때문에, 건강은 우리의 초자아 일부를 구성하지 않을 수가 없다. 또한 현대인의 통념과 습관을 논할 때 건강은 결코 빼놓을 수 없는 요소다.

진단 기준을 움직이는 자본주의적 실용주의

과거의 다른 보편적 가치관들처럼 건강 역시 시대와 사회 상황에 따라 조금씩 그 내용과 모습을 바꿔왔다. 건강의 이미지와 실태는 어떤 상태를 건강하지 않다고 보느냐, 다시 말해 어떤 상태가 의료의 대상이 되느냐에 따라 달라진다.

WHO가 어떻게 건강을 정의하든, 대부분의 사람은 진단이나 치료를 받지 않아도 되는 상태를 건강의 조건으로 생각한다. 따라서 무엇이 병이고, 무엇이 병이 아닌지에 따라 건강한 사람과 건강하지 않은 사람을 나누는 기준선은 계속 바뀐다.

신체질환도 이와 다르지 않다. 체중 증가가 사망률을 높인다는 통계 자료가 알려지기 전까지, 풍채 좋은 체형은 부르주아 계급의 이상향이었을 뿐 불건강함을 상징하지 않았다. 고혈압과 당뇨병, 최근에는 운동기능저하증후군 등이 건강하지 않은 상태로 인식되는 것은, 이러한 증상들이 연구를 통해 진단과 치료의 대상으로 편입되었기 때문이다.

그렇다면 어떤 상태가 진단과 치료의 대상이 될까? 2장에서 언급했듯이, 사회학에서는 기존에 의학적 문제로 여기지 않았던 증상을 질병이나 질환으로 인식하고 치료하는 과정을 '의료화'라고 부른다. 이 의료화라는 사회 변화를 연구한 콘래드는 다소 비판적인 논조로 "건강한 상태에서 벗어난 것을 의료진이 새롭게 발견하고 계몽하여 이에 대한 생물학적 · 정치적 정당성을 확보한 것이 의료화된다"라고 말했다.[15]

콘래드가 활약한 시대에는 통계 자료에 근거하지 않은 의료화가 이루어졌다. ADHD의 역사를 예로 들면, ADHD를 처음 발견했다고 할 수 있는 소아과 의사 조지 스틸도, 약간의 뇌 손상이 ADHD의 원인이라고 본 북미의 의사들도[16] 오늘날 말하는 '자료'를 갖고 있지는 않았다. ADHD에 대한 통계적 · 생물학적 근거가 갖춰진 것은 훨씬 후의 일이다.

이와는 정반대로 의료의 대상으로 여겨졌던 상태가 건강의 범주로 들어온 경우, 즉 '탈의료화'가 일어난 사례도 있다. 동성애는 오랫동안 정신질환으로 간주되었고, 기독교 문화권에서는 부도덕한 행위로 인식되어왔다. 하지만 20세기에 들어 게이 해방 운동이 일어나면서, 사회운동가들은 동성애의 진단과 치료에 과학적 근거가 없음을 지적하며 미국정신의학회 회의에 참여하기 시작했다. 이에 따라 원래 동성애를 '반사회적 인격장애'로 분류했던 미국정신의학회의 진단 기준서 DSM은 1973년에 "주관적 고통을 수반하지 않는 동성애는 치료의 대상이 아니다"라는 내용으로 개정되었다.[17]

동성애가 탈의료화될 당시에는 의료화와 정반대의 조건이 작용했다. 통계적 · 생물학적 자료가 점점 더 중시되는 패러다임 속에서 동성애의 진단과 치료에는 과학적 근거가 부족했고, 다양한 생활 방식을 인정하는 문화가 확산되면서 동성애를 부정하는 정치적 정당성에도 균열이 갔다. 지금도 그렇지만 미국정신의학회와 DSM은 자료의 축적과 사회 변화에 맞춰 실용주의적 관점에서 진단 기준을 수정하는 전통이 있다. WHO의 국제질병분류[ICD]보다 먼저 동성애를 탈의료화한 배경에는 이러한 실용주의적 기풍이 작용했다.

21세기에는 진단과 치료를 위해 통계적 · 생물학적 근거가 필수적이다. 따라서 초창기 ADHD 사례와 같은 모호한 의료화는 더 이상 일어나기 어렵다. 하지만 이는 반대로 말하면 통계적 · 생물학적 자료가 쌓이고 정치적 정당성을 얻은 증상은 새로운 질병으로 분류될 가능성, 즉 건강하지 않은 상태로 간주되어 의료화될 가능성이 커졌음을 의미한다.

의료화의 조건에 관련해 한 가지 더 확인할 점이 있다. 21세기에는 어떤 증상이 의료화되려면 우선 통계적 · 생물학적 근거가 갖춰져야 하고, 다음으로 정치적 정당성을 획득하고 자본주의 논리와도 맞아떨어져야 한다. 앞서 언급했듯이 1910년 미국의 보험회사는 보험료를 설정할 때 '비만이 사망률을 높인다'는 통계자료를 활용했다. 실용적인 관점에서 보면 고객의 사망률 통계는 보험금을 지급해야 하는 보험사 입장에서 매우 중요할 수밖에 없다. 비만과 고혈압 같은 건강위험인자가 널리 알려진 배경에는 '보험'이라는 자본주의적 구조의 역할이 컸던 것이다.

정신질환도 이와 다르지 않았다. 미국정신의학회가 통계적 · 생물학적 근거에 따라 진단 기준을 개정해야 했던 이유 중 하나는 보험사를 상대해야 했기 때문이다.[18] DSM을 실용주의적으로 수정해온 배경에는 바로 이러한 자본주의적 구조의 영향이 있었다.

DSM의 뼈대를 만든 공로자 중 한 명인 정신의학자 앨런 프랜시스는 건강과 불건강의 경계를 다룬 저서《정신병을 만드는 사람들》에서 DSM의 남용과 이에 따른 과잉 진단 문제에 경종을 울렸다.[19] 다만 그는 이 책에서 제약회사의 이익 창출 과정에 대해서는 비판했지만, 그보다 앞서 DSM이 보험회사를 비롯한 자본주의 사회구조에 대응하기 위한 진단 체계로서 존재하며, 이를 위해 방대한 자료를 모아야만 하는 숙명을 지녔다는 점은 다루지 않았다.

정신건강의학뿐 아니라 오늘날의 의료계 전반에서 통계적·생물학적 근거가 기준이 된다는 점은 분명한 사실이다. 그렇다면 그 근거가 어떻게 정당성을 얻어 의료화를 이끄는지를 생각해보면, 보험료와 병원비로 상징되는 자본주의적 실용주의를 빼놓을 수 없다.

자본주의는 오늘날 공기처럼 너무도 당연한 이데올로기로, 의식조차 하지 못할 만큼 우리에게 내면화되어 있다. 따라서 의료의 유효성을 논할 때 '경제적 손실' 같은 표현을 갖다 붙이는 것에 아무도 위화감을 느끼지 않는다. 또한 개인과 사회에 '경제적 손실'을 초래하는 증상에 대해 통계적·생물학적 근거에 기반한 진단과 치료는 올바른 행위로 간주되며, 비용 대비 효과만 증명할 수 있다면 자연스럽게 정당성을 얻을 수 있다.

이 점에서 현대의 진단과 치료는 '선과 악'이라는 가치 기준과 친밀한 관계를 맺고 있음을 알 수 있다. 왜냐하면 자본주의를 당연한 가치로 내면화한 우리에게 경제적 손실은 '악'이고, 비용 대비 효과가 증명된 것은 '선'이기 때문이다. 사회 전체의 경제적 효율성과 생산성이 더욱더 중요해지고, 개개인에게도 이를 더 강하게 요구하는 상황에서 이 틀에 맞지 않는 증상은 연구 대상이자 의료 대상이 될 수밖에 없는 것이다.

오래 건강하게 사는 것이 미덕이 된 사회

이제 이러한 의료와 가치 기준의 관계를 바탕으로 일본 사회의 현상을 들여다보자.

과거 일본에 '건강'이라는 개념이 도입되었을 때, 이를 가장 먼저 의식한 집단은 의료진과 부국강병을 추진하려던 이들이었다. 그다음으로는 정보에 밝고 재력을 가진 사람들이 건강에 관심을 기울이기 시작했다. 건강을 의식할 여유가 없던 사람들, 이를테면 내가 어릴 적 실제로 보았던, 지방에서 살다 50~60대에 죽음을 맞이한 이들은 쇼와 시대가 끝나갈 무렵까지도 건강에 대해 깊이 생각하지 않았다.

하지만 세계 주요국 수준의 풍요를 이룩하고 불건강하거나 비위생적인 것들이 거리에서 점점 모습을 감추자, 20세기 말 대부분의 일본인은 건강에 대한 인식이 높아지고 불건강과 비위생에 민감해졌다. 누군가가 50~60대에 생을 마쳐도 이상하게 여기지 않던 일상은 어느새 잊혔고, 모두가 고혈압과 고콜레스테롤혈증 같은 건강위험인자에 대해 자연스럽게 인지하게 되었다. 그 결과 전례 없는 장수 사회가 도래했고, 건강 수명도 크게 늘어났다.

건강은 많은 사람이 바라는 가치이고, 불건강함은 경제적 손실과 다를 바 없는 '악'을 뜻했으므로, 이는 분명 바람직한 성과였다. 하지만 이로 인해서 우리는 반드시 **'건강해야만 하는 존재'**

가 되었다. 1900년대와 달리 건강을 염려하지 않고 살다가 죽기란 이제 어려워졌다. 자본주의적 실용주의와 손잡은 건강과 그 결과물인 장수는 인생에서 무언가를 이루기 위한 수단이 아니라 목적 그 자체가 되어버렸다.

건강이라는 개념이 들어오기 전 일본에서는 '양생養生'이라는 개념이 지배적이었다.[20] 양생은 '살아 있는 동안 어떻게 살 것인가'를 묻는 개념으로, 양생훈養生訓은 잘 살고 잘 죽는 법을 제시하는 지침이었다. 반면 현대의 건강은 이와 다르다. 양생훈에서 말하는 대로 '잘 살기' 위해 건강을 추구하는 사람은 이제 보기 드물다. 하물며 '잘 죽기' 위한 건강이라면, 그저 '죽기 직전까지 건강하다가 어느 날 갑자기 고생 없이 죽는 것'만 이상으로 삼을 뿐, 그 이상의 의미나 가치를 찾는 이는 거의 없다.

건강과 장수가 무조건 좋은 것으로 여겨지면서, 우리는 '무엇을 위해 건강해야 하는가', '무엇을 위해 오래 살아야 하는가'에 대해 고민하지 않고 있다. 의료진은 통계학적 · 생물학적 근거에 기반해 건강위험인자만 이야기할 뿐, 무엇이 선이고 악인지, 건강과 장수가 무얼 위한 것인지, 우리는 어떤 삶을 지향해야 하는지에 대해서는 말하지 않는다. 물론 의료진이 솔선수범하여 인간이 지향해야 할 가치 기준을 직접 제시해야 한다는 것도 부자연스러우므로, 이러한 의료진의 태도가 잘못되었다고는 말할 수 없다.

앞서 살펴보았듯이, 이제 건강에는 '선'이라는 보편적 가치가 수반되고, 불건강에는 자본주의적 이데올로기 속 경제적 손실이라는 '악'의 의미가 덧씌워져 있다. 건강과 장수에 대해 중립적이거나 부정적인 시각을 갖는 것은 현대 사회의 통념과 습관에 대한 도전이며, 자본주의 사회에서 건강이 지닌 가치를 부정하기란 사실상 불가능에 가깝다.

2019년 6월, 금융청 금융심의회에서 고령화 사회에 대비한 장기자산운용보고서[21]를 발표하자 곳곳에서 불안의 목소리가 커졌고 재무대신이 '표현이 부적절했다'며 수습에 나서는 소동이 벌어졌다. 이른바 '노후 2,000만 엔 문제'•[22]다. 이 문제의 바탕에는 건강이 보편적 가치이며, 모두가 건강과 장수를 축복해야 한다는 현대 사회의 통념이 깔려 있다. 왜냐하면 건강 개념이 상륙하기 이전, '양생'이 지배적이던 사회였다면 이런 보고서가 이렇게까지 많은 사람들에게 불안을 불러일으키진 않았을 것이기 때문이다.

건강이 수단이 아닌 목적으로 자리 잡고, 그 결과 장수가 당연시되면서 우리 한 사람 한 사람은 모두 '노후 2,000만 엔 문제'를 재무 관료처럼 고민하게 되었다. 국민의 건강을 지키고 개인의 자유와 경제 활동에 기여해야만 하는 국가와 제도는 오히려 건강 및 장수를 당연시하는 사회 분위기 속에서 재정적 부담에 허덕이며 의료비 삭감에 몰두하고 있다. 참으로 아이러니한 일이다. 더 나아가 장수를 누리게 되었지만, 동시에 '오래 살아야만 하는' 존

• 65세 남성과 60세 여성 부부가 30년간 무직으로 살려면 공적연금 이외에도 약 2,000만 엔이 필요하다는 내용의 보고서가 발표되자, 부실 연금 제도에 대한 비난이 빗발친 사건

재가 되어 죽을 때까지 일하고, 죽을 때까지 현역으로 남아 있어야 하는 현실 또한 아이러니하다.

우리는 정말 이런 삶을 살기를 원하고 있는 걸까? 아니면 그저 통념과 제도에 종속된 채 자본주의 사회의 톱니바퀴 중 하나로서 그저 성실히 굴러가고 있을 뿐일까? 나 자신을 돌아봐도, 주변을 살펴봐도 도무지 답을 찾기 어렵다.

점점 보이지 않게 된 병과 죽음

오늘날 모두가 건강하고 또 건강해야만 한다는 통념을 형성하는 중요한 요소가 하나 더 있다. 적어도 일본에서는 그렇다고 생각되기에 이 점을 언급해두고자 한다.

현대 일본인의 일상 속에서는 죽음을 엿볼 만한 기회가 거의 없다. 질병 역시 어떠한 면에서는 마찬가지다. 중환자는 대부분 입원을 하고, 치매 등으로 장기적인 돌봄이 필요한 환자도 시설에 입소하는 경우가 많아 세상 사람들 눈에 띌 일이 거의 없다. 증상이 가볍거나 사회 안에서 재활 훈련이 필요한 경우가 아닌, 병으로 몸져누운 사람은 가족 외의 타인과 접촉할 기회가 거의 없다.

건강이라는 개념이 통계적 · 생물학적 자료와 함께 널리 알려지면서 일본 의료제도는 더욱더 치밀해지고 있다. 아주 깊은 산골이 아닌 이상, 어떤 질병이든 입원 치료가 가능한 의료 인프라가 전국에 갖춰져 있고, 고령화가 진행된 지금은 노인을 위한 복지시설이 우후죽순 들어서고 있다. 병원의 침상 수는 최근 10년간 꾸준히 줄고 있지만[23] 고령자를 위한 간호 시설은 이와 대조적으로 엄청난 속도로 증가하고 있다.[24]

1900년대에는 많은 사람이 자택에서 죽음을 맞이했다. 병에 걸린 환자는 단골 의사의 왕진을 받았고, 가족들에게 둘러싸인 채 지역공동체 사람들의 병문안을 받았다. 신도시의 집이나 아파트가 아닌 쇼와 시대의 가옥에서는 사생활 개념이 확립되어 있지 않아서 툇마루 등을 통해 가정이 지역 사회와 자연스럽게 연결되어 있었다. 덕분에 병 든 사람도 죽음에 이를 때까지 사회와의 접점을 잃지 않았다.

죽음 역시 사회 안에서 다뤄졌다. 장례식은 자택 아니면 절에서 치러지는 게 일반적이었다. 또한 처음 보는 업자가 장례를 맡는 게 아니라 지역 사회 사람들이 관습에 따라 장례 절차를 진행했다. 이러한 죽음의 정리 방식을 유럽이나 미국의 '공공' 개념으로 설명하기는 어렵지만, 적어도 당시의 죽음은 '사생활'에 속하지 않았다고 말할 수 있다. 백중맞이나 불교 행사를 포함한 사자死者에 대한 애도 행위도 지역공동체 속 삶의 일부였다.

죽음을 다루는 이 같은 방식이 일본만의 전매특허였던 것은 아니다. 역사학자 필리프 아리에스에 따르면, 죽음이 좀 더 가까이에 있었던 중세 유럽 사람들은 오늘날보다 죽음을 개방적이고 담담하게 받아들였다고 한다. 미국과 유럽 사회에서도 죽음은 오랫동안 공개적 의례라는 성격을 띠었으나, 근대 이후 점차 은폐되기 시작했고 이윽고 병원에서 맞이하는 임종, '의료화된 죽음'으로 바뀌었다.[25]

일본에서는 고도 경제성장기를 거치며 질병과 죽음이 지역공동체의 생활 공간에서 점점 멀어져갔다. 전쟁 직후부터 자택에서의 죽음은 꾸준히 줄었고, 반대로 병원에서의 죽음은 계속 늘었다. 이러한 흐름에 위기감을 느낀 후생성은 1985년 이후 의료법과 노인보건법을 개정하고 의료 수가를 조정하여 자택에서의 죽음을 권장하려 했지만, 2016년에도 그 비율은 13%에 머물렀다.[26]

병원이란 본래 지역공동체와 순수하게 이어지기 어렵다. 적어도 병실과 지역공동체가 툇마루나 뒤뜰처럼 연결되기란 불가능하다. 개개의 병원은 축제 등의 행사를 통해 지역 주민과 소통하려 하지만, 이때 연계되는 대상은 어디까지나 '병원과 지역'일 뿐, '죽음을 향해 가는 환자와 지역공동체 사람들'은 아니다. 공간 설계와 위생 관리 특성상 병원은 병과 죽음, 그리고 사회와의 접점을 갈라놓을 수밖에 없다.

의료 인프라가 충실해지면서 우리는 통계적 · 생물학적 자료에 근거한 고도로 발전된 의료 서비스를 받게 되었다. 하지만 그 부수적인 결과로, 삶에서 병과 죽음을 분리해버렸고, 우리의 일상과 그 일상에 의해 만들어진 세계관 속에 병과 죽음이 자리 잡을 여지를 없애버렸다. 건강을 최우선으로 여기고 병과 죽음이 일상에서 분리된 사회에서 사는 현대인은 자신과 가족에게 병과 죽음이 닥쳤을 때, 그것을 기습 공격처럼 받아들이고 비일상적인 사건으로 여기게 되었다.

죽음과 애도도 지역공동체의 역할에서 사라졌다. 나는 호쿠리쿠 지방의 정토 진종•이 번성한 곳에서 태어나고 자라, 동네 사원이 보은강報恩講•• 같은 다양한 행사를 주최하며 장례식 외에도 죽음을 떠올릴 기회를 자주 제공하던 기억이 있다. 그런데 오늘날 이런 행사가 남아 있는 마을이 얼마나 될까?

전일본 장제업葬祭祭 협동조합연합회의 자료[27]에 따르면 1999년 38.9%였던 자택에서의 장례식은 2014년 6.3%로 감소했고, 장례식장에서의 장례식은 30.2%에서 81.8%로 증가했다. 자택에서 치르는 장례식은 이제 보기 드물어졌고 사원에서 하는 장례식도 감소했다. 대부분의 장례는 장의업자에게 맡겨지고 장례를 책임질 만한 지식을 지닌 고령자는 장의업자라는 전문가로 대체되었다. 오늘날의 죽음은 일상에서 떨어져 나와 장의업자가 담당하는 비일상으로 포장되고 있다.

사람은 접점이 있는 것에는 쉽게 익숙해지지만, 접점이 사라진 것에는 금세 소원해진다. 공간 설계에 따라 이러한 접점이 점차 사라지면서 우리의 통념과 습관이 어떤 영향을 받는지는 6장에서 자세히 다루겠지만, 이 장에서도 짚고 넘어가고 싶은 점이 있

• 정토 신앙을 바탕으로 한 일본 불교의 종파 중 하나

•• 종파의 시조 기일에 열리는 법회

사망 장소의 추이

후생노동성 '인구동태통계'를 바탕으로. 1994년까지는 노인 홈에서의 사망도 자택으로 포함되었다.

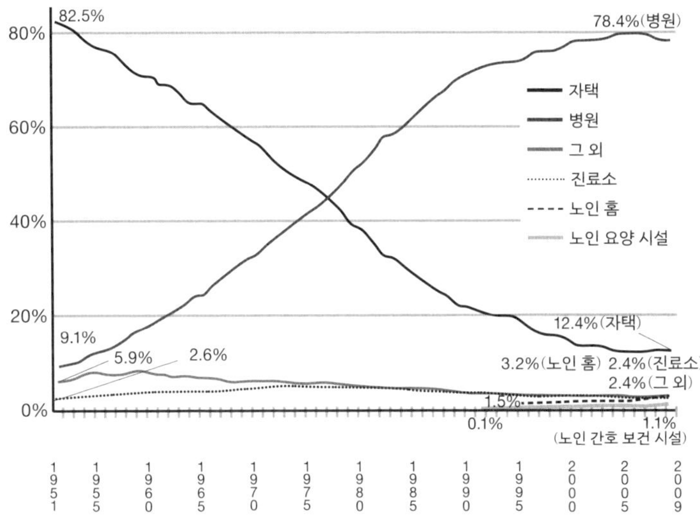

다. 바로 우리가 건강과 더욱 친밀해질수록 질병과 죽음은 우리 일상에서 멀어져 낯선 것이 되고, 병원과 장례식장으로 분리되어간다는 사실이다.

건강이 보편적 가치로서 점점 더 환대받는 반면, 질병과 죽음이 일상과 분리되어간다면 우리는 병과 죽음을 내 삶의 일부로 인식하기 어렵다. 질병과 죽음이 비일상적인 것이 되면 우리는 점점 건강이라는 보편적 가치만을 좇으며 살게 된다. 반면 갑작스럽게 찾아오는 병과 죽음은 받아들이기 힘든 체험이 되어 건강을 추구하는 행위는 마침내 강박으로 변하고 만다. 지나치게 건강에 치우친 이런 생사관(병과 죽음이 일상과 분리된 상황에서 이를 생사관이라고 불러도 좋을지는 의문이지만)은 건강할 때는 행복하고 쾌적한 가치관처럼 보이지만, 병이나 죽음을 전제로 한 삶의 방식을 취하는 데에는 아무런 도움이 되지 않는다.

건강위험인자를 어디까지 피해야 안심할까

19세기에 발견되어 20세기 내내 발전을 거듭해온 '건강'은 본래 통계적 · 생물학적 자료를 기반으로 한 과학적 개념 그 이상도 이하도 아니었다. 흡연, 고혈압, 고콜레스테롤혈증 등이 건강위험인자인 것은 맞지만, 이를 '선과 악'의 가치 기준으로 논하는 것은 전혀 다른 문제로, 건강을 널리 전파하고 있는 의료진은 이 점을 명확히 구분하고 있다.

그러나 한편으로 건강에는 '건강미'라는 가치와 부르주아적 상승 지향성이 내포되어 있다. 건강은 소비와 개인주의 사회 속에서 타인과 나를 차별화하고, 나르시시즘을 충족시키기 위한 상징으로서 기능한다. 병과 죽음이 일상에서 분리되고 경제적 관점에서 건강이 중시되는 사회에서는, 건강이 보편적 가치이자 선한 행위로서 우리의 통념과 습관 속에 깊이 뿌리내릴 수밖에 없다.

요즘에는 건강에 좋다고 하면 앞다투어 몰려들고 그런 식품이나 물건에는 높은 가격이 붙는다. 보드리야르가 갈파한 대로, 건강한 생활과 육체는 고급으로 인정받으며 선망의 대상이 되었다. 동시에 건강위험인자로 여겨지는 식품과 물건에 대한 불안과 혐오는 더욱 심화되었고, 건강을 잃기 쉬운 습관과 행동에 대해서는 부도덕한 감정마저 품게 되었다.

건강위험인자가 아직 널리 알려지지 않았던 시절에는 현대인이 위험인자로 보고 있는 많은 요소에 대해 사람들은 너그러웠다. 아니, 그보다는 무관심했다. 담배 연기도, 아이들이 혼자 등교하는 모습도, 미성년자의 음주도 지금은 모두 건강 위험 요소로서 기피되고 있지만, 쇼와 이전의 일본 사회에서는 주변에서 흔히 볼 수 있는 풍경이었다. 정크푸드와 탄산음료도 마찬가지였다.

그런 환경 속에서 비흡연자들이 자신들의 건강권을 내세우며 흡연구역 분리를 요구한 것은 충분히 납득할 만한 일이었다. 사회는 실제로 그 방향으로 움직였고, 흡연구역은 점점 분리되었다. 거기까지는 좋았다. 하지만 이전 시대와 비교하면 믿기 어려울 만큼 흡연구역이 철저히 분리된 지금도 담배에 대한 혐오는 악화일로다. 흡연자가 내뱉는 숨 속 미량의 담배 냄새에도 다들 기겁을 하며 피한다. 건강이라는 보편적 가치에 어긋난다는 명분 아래, 담뱃세도 순식간에 껑충 뛰어올랐다.

담배만이 아니다. 여러 건강위험인자들이 의료진의 선전 활동에 힘입어 차례로 봉쇄되고, 기피되고, 때로는 단속되기까지 한다. 미성년자의 건강을 위협하는 일, 예를 들면 아이들끼리 어른이 없는 장소에서 노는 일도 금지되고 있다. 요즘에는 나이가 차지 않은 아이를 혼자 놀게 했다가는 방임이나 아동학대로 오해받을 수 있다. 애니메이션 〈이웃집 토토로〉에 나오는, 아이가 홀로 바깥나들이에 나서는 장면은 쇼와 시대에는 가능했지만 오늘날에는 현실성을 잃은 장면이 되었다(이 문제에 대해서는 4장에서 자세히 다루겠다).

건강은 개인의 자유로운 활동의 기반이며 소비 · 개인주의 사회에서는 차별화의 상징이기도 하므로 건강위험인자를 싫어하고 기피하는 것은 현대 사회의 요구에 부합하며, 개인주의와 자본주의의 이데올로기에도 잘 맞는다.

그러나 문제는, 우리는 대체 어디까지 건강위험인자를 피해야 만족할 수 있을까 하는 점이다. 통계적 · 생물학적 자료가 지적하는 정도면 충분할까? 아니다. 사람들의 목소리에는 의료진이 제공하는 자료를 훌쩍 뛰어넘는 불안이 깔려 있다. 사람들은 건강을 맹목적으로 좇고, 불건강을 지나치게 두려워하며, 건강 비즈니스에 많은 돈과 시간을 들인다. 간접흡연에 대한 공포심이 지나친 나머지 담배 냄새가 약하게 풍기기만 해도 노골적인 혐오감을 드러내는 사람도 있다. 통계상 유의미할 정도로 발암률을 높이는 상황을 피하려는 행동이야 충분히 이해할 수 있다. 그러나 그와 무관하게 건강에 지나치게 예민하게 반응하는 태도도 일종의 불건강, 아니 어쩌면 부자연스러운 삶이라 해야 하지 않을까?

인간은 반드시 죽는 존재다. 그래서 건강위험인자를 그렇게까지 극단적으로 피하고 싶다면 차라리 죽어서 위험도를 '0'으로 만드는 수밖에 없다. 건강위험인자를 모조리 피할 수 있는 궁극의 수단이 죽음이라니, 이 얼마나 모순적인가. 건강을 최상의 가치로 삼고 질병과 죽음을 일상에서 몰아낸 현대 사회의 통념은, 정작 죽음을 전제로 한 건강에 대해서는 모른 척 눈을 감고 있다.

성인이라면 흡연이나 음주, 염분과 당분의 과잉 섭취에 대해 자신의 위험을 고려하되, 타인에게 피해를 주지 않는 선에서 삶에 필요한 만큼 선택할 수 있어야 한다. 이런 불건강한 선택을 '어리석을 수 있는 권리'라 부르는 이들도 있지만, 나는 이 표현이 적절하다고는 생각하지 않는다. '불건강 = 악'이라는 인식은 현대 사회에 널리 퍼진 통념일 뿐, 인류의 역사 전체를 놓고 보면 결코 보편적이지 않기 때문이다. 또한 불건강한 삶이 반드시 어리석은 것도 아니며, 불건강한 선택이 항상 후회를 낳는 것도 아니다.

만일 현대인이 진정으로 자유롭다면 위험을 무릅쓰더라도 자신이 원하는 삶을 살고, 마음껏 자유를 누리다 죽는 삶도 존중받아야 마땅하다. 그런 인생을 단순히 '어리석을 수 있는 권리'라는 말로 축소해서는 안 된다. 또한 건강이 인생의 주인인 양 행세하고 우리의 행동과 통념을 전적으로 지배해서도 안 되며, 나아가 타인의 행동과 선택을 비난하고 멸시하기 위한 대의명분으로 삼아서도 안 된다고 나는 생각한다.

건강이 목적 자체가 된 우리는 진정 자유로운가

건강위험인자가 널리 알려지고 그 위험을 관리하기 위한 의료와 제도가 충실히 시행되는 상황은 분명 바람직한 진보다. 많은 사람이 이 덕분에 훨씬 오래, 훨씬 풍족한 인생을 살게 된 것도 사실이다. 하지만 이러한 진보가 가져온 변화는 우리의 통념과 습관 속에서 건강을 '보편적 가치'라는 왕좌에 올려놓았고, 지금 그 지위는 흔들릴 여지가 없어 보인다. 건강위험인자를 봉쇄하고 금지하는 행위는 건강을 지킨다는 보편적 가치에 따른 것으로, 통계적·생물학적 근거로 뒷받침되기에 어느 누구도 반대하지 않고, 이에 저항하기도 어렵다. 그리고 이처럼 모두가 반대할 수 없는 제도와 통념, 습관은 필연적으로 막강한 힘을 가지며, 그 힘은 약해지지 않고 점점 강해진다.

이렇게 해서 우리는 건강위험인자로 분류되기 쉬운 요소들을 조금씩, 그러나 매우 체계적으로 봉쇄하고 금지해왔다. 더 나아가 일부 사람들은 점점 더 건강위험인자에 신경질적으로 반응하며, 불건강을 떠올리게 하는 물품이나 습관에 결벽적인 시선을 보내고 있다. 이 같은 결벽적 시선이 하나둘 모이면 여론이 되고, 여기에 통계적·생물학적 근거가 뒷받침되면 건강증진법과 같은 법제도로 편입되어 통념과 습관은 더욱 강고해진다.

SF 작가 이토 게이카쿠는 팬데믹 이후의 근미래를 묘사한 소설《세기말 하모니》에서 정부가 건강을 철저하게 관리하고 건강을 사회 최우선 가치로 삼는 세상을 그렸다.[28] 그 작품 속 세계에서는 정부가 국민의 건강을 최대한 보호하고 개개인의 건강 상태를 모니터링하기 위해 모든 사람의 몸에 초미세 기계를 삽입한다. 그리고 여기서 조금이라도 일탈하는 자에게는 강제적 치료를 실시한다. 그 결과 모두가 건강하게 100세 이상 살 수 있다. 하지만 흡연과 음주는 처벌 대상이 되어 사회로부터 추방된다. 사람들은 건강에 대해 적극적으로 논의하도록(물론 보편적 가치의 관점에서만) 장려되고 강제되며, 거기에 의문을 품는 사람은 거의 없다. 건강과 이데올로기가 떼려야 뗄 수 없는 관계가 된 이 세상에서는 불건강한 습관과 물품은 모조리 내쫓기고, 건강하지 않은 사람은 반드시 치료받아야 하며, 이들의 사회적 신용은 하락한다.《세기말 하모니》 속 세상은 분명 현대 사회보다 훨씬 '건강'하지만, 훨씬 '부자유'하다.

《세기말 하모니》 속 세상은 건강 디스토피아를 넘어서서 질서의 극단이라고 할 수 있다. 물론 작품 속 디스토피아는 현대 일본의 의료 및 복지 체제와는 성립 배경도 구조도 다를 뿐 아니라, 현실 세계의 의료진과 복지 관계자가 보편적 가치가 된 건강을 지렛대 삼아 이데올로기 제국을 건설할 가능성도 없어 보인다. 그럼에도 나는 통계학과 생물학이 등장한 지 고작 100년 남짓한 시간 동안 건강위험인자라는 개념이 이토록 깊이 침투하고, 건강이 보편적 가치의 왕좌에 오른 현상에 대해 일말의 불안을 느끼지 않을 수가 없다.

건강은 인간이 자유롭게 활동하기 위한 기반이며, 건강을 소중히 생각하는 행위는 인간의 자유를 지키는 일이기도 하다. 발달장애 진단과 치료가 가능해지고 조기 발견·조기 치료가 보편화되면서, 적절한 지원을 통해 구제받는 사람도 적지 않다. 또한 글로벌화된 사회가 신종 코로나바이러스 감염증과 같은 팬데믹에 대항하기 위해 백신 접종이나 방역 조치 같은 국가 정책을 시행하는 것도 충분히 이해된다. 이런 필요성을 무시한 채 백신 반대나 반의료 운동을 벌이는 것은 시대의 요청에 부응하지 못하는 일이다. 하지만 건강위험인자라는 개념이 사회 구석구석에 퍼지고 건강이 현대 사회의 보편적 가치의 왕좌에 오름으로써 우리가 놓치기 쉬운 가능성과 선택지, 나아가서는 잃어버린 자유도 분명히 존재하지 않을까?

여기서 내가 말한 '잃어버린 자유'란 건강을 해칠 위험이 있더라도 그 위험을 감수하고 선택할 자유, 즉 오늘날의 보편적 가치에 비추어보면 '악'으로 간주되는 것들까지 포함한다. 물론 간접흡연과 같이 타인의 건강을 해칠 수 있는 자유는 공리주의적 관점에서 허용되어서는 안 된다고 생각한다.

인류의 기나긴 역사에 비춰보면 우리가 이토록 건강위험인자에 민감해지고, 건강에 많은 자원을 들이붓게 된 시기는 극히 짧은 순간에 불과하다. 건강은 지금 보편적 가치의 얼굴을 하고 있지만, 인류의 오랜 역사 속에서 변함없이 보편적 가치로 여겨져온 것은 아니다. 기술의 발전과 위험인자에 대한 사고가 널리 퍼지면서 건강이 보편적 가치의 자리를 차지하게 된 것은 비교적 최근의 일이다. 그러나 현대인의 대부분은 그 사실을 잊은 듯하다.

건강하기를 바라는 마음이 잘못됐다고 말하고 싶은 것은 결코 아니다. 나 역시 건강하기를 바라는 사람 중 한 명이다. 의료와 복지가 많은 이들을 구제해온 역사와 그 노력을 폄하하고 싶은 마음도 없다. 다만 지난 수십 년간 건강이 보편적 가치로 깊이 스며드는 과정을 지켜보고 있자니, 우리는 건강해질 수 있었던 동시에 '건강해져야만 하는' 존재가 되어버렸다는 생각을 떨칠 수가 없다.

이처럼 건강이 제도와 통념, 습관으로서 사회 전반에 내면화된 세상에서, 건강과 장수가 언제나 우리 편이 돼주고 늘 자유를 사수해주는 존재로 남을 수 있을까? 대체적으로는 그럴지도 모르겠다. 하지만 건강을 향한 집착이 부자유를 낳고, 우리를 속박하는 순간이 찾아온다면 그때는 건강이라는 가치가 지닌 또 다른 면을 직시해야만 한다. 그래야만 우리는 비로소 자유롭게 나의 행동을 선택할 수 있을 것이다.

4장

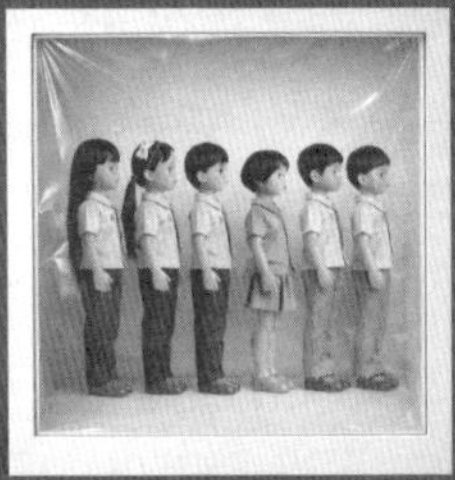

리스크가 된 육아, 저출생이라는 귀결

끝이 보이지 않는 육아의 리스크

3장에서 나는 건강위험인자를 0으로 만들고 싶다면 죽는 방법밖에는 없다고 말했다. 유한한 생명을 가진 인간은 영원히 건강할 수 없으므로, 위험도를 0으로 만들고 싶다는 욕망은 현실적이지 않기 때문이다.

불교에서는 생로병사를 '4고四苦'라 부르며 고통의 근원으로 본다. 노老, 병病, 사死가 위험에 해당한다면 애초에 산다는 것, 태어나는 것 자체가 위험이 아니라고 말하기는 어렵다. 앞으로 자세히 언급하겠지만 실제로 '생生'은 현대 사회에서 하나의 위험인자로 간주되며 합리성을 전제로 회피되고 있다. 그중에서도 아이는 그야말로 위험의 집약체, 아니 위험 그 자체다.

아이는 태어나기 전부터 온갖 위험성을 껴안는다. 알다시

피 임신과 출산에는 문제가 끊이지 않는다. 요즘에는 고령 출산이 증가하는 탓에 유산이나 조산 등의 위험도 높아지고 있다.[1] 아이가 어떤 유전 형질을 가지고 태어날지는 태어나기 전까지는 알 수 없다. 이러한 예측 불가능성에 맞서 과학이 이뤄낸 생식 기술이 일정 부분 공헌하고는 있지만 완벽과는 아직 거리가 멀다. 또한 우생학優生學의 문제점을 경험하고 반성해온 우리로서는 완벽함을 바랄 수도 없게 됐다.

무사히 아기가 태어난다고 해도 영유아기에는 사고의 위험이 노상 따라붙는다. 이물을 삼키거나 알레르기를 일으키지 않도록 부모는 세심하게 주의를 기울여야 한다. 학교에 다니기 시작하면 등하교 중 사건사고에 휘말리지 않도록 신경 써야 하고, 어느 정도 크면 행여나 주변 사람에게 폐를 끼치지 않을까 노심초사하게 된다. 등교 거부, 은둔형 외톨이, 불건전한 이성 교제 등 사춘기 이후에도 안심할 수 없다. 아이를 키우는 데 부모의 돈과 열정을 쏟으면 쏟을수록 육아의 '판돈'은 커지고, 이에 비례해 육아에 얽힌 위험 관리도 점점 강화된다. 그렇다고 판돈을 잃지 않으려는 마음에 지나치게 예민해지면 부모의 불안이 아이의 정신건강에 어두운 그림자를 드리우고 만다.

부모 역시 위험에 노출된다. 엄마는 출산 전부터 임신성당뇨병과 조기태반박리 등의 위험을 무릅써야 한다. 의료 기술의 발달로 출산 중 사망할 위험은 크게 줄어들었다고는 하나 여전히 아이를 낳는 일은 목숨을 거는 행위다. 아이를 낳고 나면 호르몬 변화로 산후우울증을 비롯해 육아 중에 맞닥뜨리는 각종 정신건강 문제가 끝을 모르고 이어진다. 또한 아동학대나 방임에 사회가 민감해진 탓에 자신의 육아 방식이 과연 적절한지 끊임없이 반성해야 한다.

일본뿐 아니라 근대 이전의 사회에서는 '많이 낳고 많이 죽는' 다산다사多産多死의 방식이 세대 재생산을 이끌었다. 이후 인구 폭발과 함께 경제성장을 견인한 전후 베이비붐 시대의 부모들도, 지금으로서는 상상할 수 없을 만큼 아이를 많이 낳고 길렀다.[2] 앞서 오늘날의 아이는 '위험 그 자체'라고 언급했듯, 이런 관점에서 보면 옛날 사람들은 터무니없이 커다란 위험을 짊어지고 육아를 했다고 생각할지 모르겠다. 하지만 실제로는 그렇지 않았다. 아이도 어른도 모두 위험에 둔감했기에 육아가 그럭저럭 이뤄졌고, 세상은 그럭저럭 잘 돌아갔다. 그리고 3장에서도 말했듯, 애초에 위험성에 근거해 사물을 판단하는 발상 자체가 지극히 최근에 등장한 현대적인 산물이다.

아이는 많이 태어나는 만큼 많이 죽기도 했으며, 육아는 부모에게 이렇게까지 부담스러운 일이 아니었다. 동시에 아이의 생사에 대한 책임도 누가 져야 할지 애매모호했다. 아이는 안전하지 않은 환경에서 자랐지만, 어떤 면에서는 오늘날의 아이들보다 더 자유로웠고, 실제로도 당시 아이들은 '자유의 상징'으로 여겨졌다.

반면 현대 사회의 육아에 대한 통념과 습관은 우리의 선조들에 비해 훨씬 예민해졌다. 선조들의 시선에서 보면 아이를 지나치게 소중히 다루고 있을 뿐 아니라, 너무도 자유롭지 못한 환경 안에 가둬놓고 있다.

일본을 비롯한 수많은 선진국에서는 저출생이 진행되고 있고, 이런 나라들에서 육아는 커다란 위험성을 떠안은 모순적인 행위로 인식되고 있다. 즉, 저출생이 심화된 사회에서는 부모가 반드시 아이에게 세심한 주의를 기울여야 한다고 여기며, 학대나 방임에 대해 사회뿐 아니라 부모 자신도 항상 조심해야 한다. 그리고 이와 동시에 많은 가정은 점점 더 아이 교육에 큰돈을 투자하며, 아이들은 이에 합당한 성과를 기대하는 시선을 한 몸에 받고 자란다.[3]

뒤에서 다시 언급하겠지만, 과거의 육아는 위험하고 거리낌 없는 방식으로 이루어졌고, 현대의 기준으로는 도저히 허용할 수 없는 수준이었다. 하지만 현대 사회의 육아 역시 지나치게 예민해져 있고, '비용 대비 효과'라는 자본주의 논리에 기대어 어딘가 일그러져 있다. 그런데 이러한 일그러짐이 현대 사회에서는 오히려 정당하고 필요한 것으로 받아들여진다. 그러나 호모사피엔스가 걸어온 육아의 역사를 되돌아보면, 현대 사회의 육아는 인류 역사상 전례가 없을 만큼 이질적이며, 그 이질성은 부모에게 편리함을 제공하기도 하지만 육아를 시작하려는 사람들을 주저하게 만들고, 실제로 육아를 담당하는 이들의 부담을 더욱 무겁게 만드는 장애물로 작용하고 있다.

모든 아이는 동물로 태어난다

현대 사회의 아이에 대해 생각할 때 가장 먼저 염두에 두어야 할 점이 있다. 바로 아이는 처음부터 현대인으로 태어나지 않으며, 일종의 '동물'과 같은 상태로 세상에 나온다는 사실이다. 여기서 말하는 '현대인'이란, 현대 사회가 개인에게 기대하는 대로 기능하고 권리와 책임의 주체가 될 수 있는 인간, 사회의 통념과 습관이 완벽하게 주입되어 사회의 규칙과 법제도를 이해하고 자본주의와 개인주의, 그리고 사회계약에 따른 행동을 취할 수 있는 인간을 뜻한다. 아이는 이러한 기능과 주체성을 다 갖추지 않은 상태로 태어난다.

갓 태어난 아기는 말을 하지 못한다. 아기는 그저 본능에 따라 울 뿐이고 어른은 그 울음에 맞춰 돌본다. 아기를 키울 때 부모는 현대 사회의 통념과 습관이 아닌, 아기의 본능에 따라 돌봐야 한다. 아기는 본능적으로 엄마의 젖은 빨 줄 알지만 '거리에서 큰 소리로 울면 주변 사람에게 피해를 준다'는 현대 사회의 통념에는 무지하다. 또한 '불쾌한 냄새를 풍기면 민폐이므로 다른 사람들 앞에서는 대소변을 참아야 한다'는 사실도 모른다. 따라서 사회의 통념과 습관을 내면화한 부모가 아기를 데리고 거리를 걸을 때면 아기의 행동이 혹여 주변 사람에게 피해를 주진 않을지 늘 신경을 쓰게 된다.

가령 기차 안에서 아기가 큰 소리로 울면 부모는 죄송한 얼굴로 객실 밖 통로로 이동하여 아기를 달랜다. 고생스러운 건 아기도 마찬가지다. 운이 좋아서 부모의 연 수입이 2,000만 엔을 넘는, 도쿄 시내의 안정된 가정에서 태어났더라도, 아기는 이곳이 질서가 구석구석까지 스며든 안전하고 거대한 도시임을 알지 못한다. 만약 아기가 유아차에 탄 채 전철을 탔다면, 모르는 남성들에 둘러싸인 가운데 긴장된 표정으로 서 있는 엄마의 상황을 어떻게 느낄까? 혹은 아기방에 혼자 남겨져 있을 때 어떤 기분을 느낄까?[4]

아기가 어느 정도 자라 유아에서 초등학생 정도가 되어도 여전히 아이는 동물적이며, 완성형 현대인과는 거리가 멀다. '보행자는 인도로 걸어야 한다', '빨간 신호에서는 횡단보도를 건너서는 안 된다', '수업 시간에는 바른 자세로 앉아 있어야 한다' 같은 규칙을 호모사피엔스로 태어난 순간부터 인지하는 것은 아니다. 이는 모두 현대 사회의 제도와 습관을 바탕으로 한 규범으로, 일일이 배우고 몸에 익혀야만 한다. 물론 많은 아이들은 시간이 지나면서 점점 이러한 제도에 익숙해진다. 하지만 아직 어릴 때는 이를 완벽하게 내면화하지 못했으므로, 가령 아이가 차도 근처를 지나갈 때면 운전자는 혹시 모를 위험에 대비해 조심조심 그 옆을 지날 수밖에 없다.

사춘기를 맞이할 때가 되면 대부분의 아이는 현대의 통념과 습관에 대체로 익숙해지고 이에 맞춰 행동할 수 있다. 그럼에도 어른에 비하면 그 정도가 완벽하지는 않아서 부모와 교사, 그리고 사회를 전전긍긍하게 만들기도 한다.

이처럼 질서가 곳곳에 깃든 현대 사회에서 아이는 자라는 내내 '위험'을 상기시키는 존재다. 방목하는 동물이 갑자기 도로에 뛰어들지 몰라, 혹은 다른 사람에게 피해를 줄지 몰라 불안한 것처럼, 아직 질서를 모르는 아기와 배우는 도중인 아이는 언제 질서 밖으로 튀어 나갈지, 언제 남에게 피해를 줄지 알 수 없다.

그 연장선상에서 우리는 아이, 특히 어린아이가 혼자 거리에 있기만 해도 불안해진다. 아이가 우리에게 어떤 피해를 줄지 몰라서뿐 아니라, 그 아이에게 무슨 일이 생길까봐서도 그렇다. 그래서 풀어놓은 아이는 위험을 상기시키는 존재다. 요즘엔 부모가 아이, 특히 어린아이를 데리고 걸을 때는 절대로 멀리 떨어져서 걷지 않도록 하며 때로는 미아 방지띠를 채우기까지 하는데, 이는 그런 이유로 이해할 수 있다. 아이에게 채운 미아 방지띠는 아이의 안전을 지키고 부모를 안심시키는 동시에 아이가 상기시키는 위험, 불안, 민폐 같은 요소를 부모가 최소화하고 있음을 타인에게 보여주는 신호로서도 기능한다.

현대의 부모는 아이의 안전을 지키는 동시에 거리의 어른들에게 되도록 피해를 끼치지 않고, 위험을 상기시키지 않도록 주의하면서 육아를 해내야만 한다. 현대 사회의 통념과 습관이 바로 그런 육아 방식을 부모에게 강요하고 있는 것이다.

아이들에게까지
요구하는 고도의 질서

법이나 사회계약과 같은 사회적인 규칙을 따라야 한다는 측면에서도 아이들은 동물에 더 가깝다.

현대 일본 사회의 쾌적함과 편리함은 누구나 법 앞에서 평등하고 법을 어기면 벌을 받는다는 원리에 바탕을 둔 국가 시스템에 의존하고 있다. 이러한 시스템을 기반으로 법을 비롯한 다양한 제도가 충실히 시행되고 있으며, 누구나 자유롭게 매매(쇼핑은 여기에 딱 들어맞는 행위다)가 가능하고 일상에서 절도, 폭력, 협박 등을 마주할 확률이 낮은 사회가 만들어졌다. 이는 범죄를 막아주는 통념과 습관이 곳곳에 퍼져 있고, 경찰을 비롯한 공권력과 제도가 지속적으로 관리하기 때문이다. 그 덕분에 안심하고 안전하게 오갈 수 있는 거리가 완성되었다. 이러한 조건이 갖춰지지 않았다면 아무리 거리를 아름답게 꾸민다고 해도 안전한 거리는 완성될 수 없었을 것이다.

이 모든 것은 지극히 당연하게 여겨지지만, 그 당연함의 수준과 정도는 시대와 지역에 따라 크게 다르다는 점에 주의할 필요가 있다. 예를 들면 쇼와 시대에는 진짜 도둑과 사기꾼만이 아니라 일반인 중에서도 훔칠 수 있으면 훔치는 사람, 주운 물건을 슬쩍하는 사람, 물건의 가격을 터무니없이 높게 부르는 사람 등 법 준수 의식이 내면화되지 않은 사람이 지금보다 훨씬 많았다. 미성년자들이 저지르는 절도와 사기, 폭력은 지금과 비교할 수 없을 정도로 많았고, 폭력 행위나 법을 어기는 일이 무용담처럼 회자되기도 했다. 당시 경찰의 단속 범위는 지금보다 좁았고 감시카메라도 없었지만, 많은 사람이 경찰서에 불려 다녔고 경찰이 적발하는 사건은 말 그대로 빙산의 일각이었다. 또한 범죄자로 적발되는 사람들을 중심으로, 그 주변에 크고 작은 불법 행위자들이 흩어져 있었고, 이를 대수롭지 않게 여기는 사회 분위기가 있었다.

오늘날 우리가 흔히 저지르는 작은 법 위반이라면 도로교통법 위반 정도일 것이다(예를 들면 횡단보도에서 보행자에게 우선권을 주지 않는 행위 등). 그런데 이조차 헤이세이 초기에는 연간 700~800만 건이던 적발 건수가 2018년에는 600만 건으로 줄었고, 100만 건 이상이었던 송치 사건도 10만 건 수준으로 감소했다. 그만큼 현대인의 준법정신은 꽤나 투철해졌다.[5] 하지만 아이들은 이런 법이나 사회계약 같은 규칙을 모르고 태어나기에 부모를 비롯한 보호자와 교육기관의 지도가 필요할 수밖에 없다.

민법상 미성년자는 매매를 자유롭게 할 수 있는 독립된 주체가 아니다. 많은 경우 보호자(법정대리인)의 동의를 필요로 한다. 형법상으로도 미성년자는 보호·갱생의 대상이지, 징벌의 대상이 아니다. 미성년자는 사회를 배우고 이에 맞는 습관과 통념을 내면화해가는 중간 단계에 있기 때문에, 법을 지키지 못했더라도 처벌의 기준이 어른과는 다르며, 이는 물론 정당한 일임이 틀림없다. 하지만 중간 단계라고 해서 아이가 법을 어기도록 가만히 놔두면,

결국 아이의 미래는 어두워지고 사회도 곤란해진다. 이른바 '품행이 불량한 아이'는 반드시 이를 바로잡아야 하는 것이다. 여기에는 우선 부모의 지도가 필요하며, 이것만으로 해결되지 않을 경우 행정과 복지 서비스가 개입해 아이를 질서 안으로 이끌어야 한다. 그렇지 않으면 부모나 행정, 복지 서비스 모두에게 세상 사람들의 비판이 쏟아진다.

여기서 주의할 점은 바로 아이에게 기대하는 '올바름의 기준' 또한 시대에 따라 달라졌다는 것이다. 앞서 언급했듯, 쇼와 시대의 어른들은 법에 느슨했고 사소한 위법은 그리 큰 문제가 되지 않았다. 도로교통법 위반은 지금보다 훨씬 많았고, 미성년자의 음주와 흡연에 대한 어른들의 태도도 그리 엄격하지 않았으며, 아이들이 싸움을 벌여 서로 다치더라도 경찰이 개입하지 않을 때가 많았다. 노숙자들처럼 법의 감시망을 피해 아슬아슬하게 살아가는 이들도 국가나 경찰의 감시를 받으면서도 위태로운 생활을 계속 이어갈 수 있었다.

어른들조차 그러했으니 당시의 아이들은 어떠했겠는가. 아이들은 지금보다 훨씬 폭력적이고 거칠었으며 행실이 불량했다. 늘 시끄럽고 물건을 부수는 일도 잦았다. 그럼에도 부모와 교사는 지금 기준으로 보면 믿을 수 없을 만큼 매우 느슨하게 대응했다. 어른들의 준법정신과 올바름의 기준이 낮은 사회에서는 아이들에게 기대하는 준법정신과 올바름의 기준도 낮기 마련이다. 물론 이러한 기준은 아이를 지도하는 부모와 교사에게도 그대로 적용된다. 그리고 여차하면 아이에게 체벌을 가해 복종시키는 일도 빈번했다. 하지만 시대가 바뀌면서 어른들의 준법정신은 높아지고, 범죄율은 떨어졌으며, 사회가 사람들에게 기대하는 수준과 올바름의 기준도 크게 달라졌다. 길가에 쓰레기를 버리거나 노상방뇨를 하는 사람이 줄었고, 노숙자들도 점점 모습을 감추었다. 그렇게 사회의 질서가 촘촘하게 자리 잡으면서 아이들의 품행불량과 일탈은 이제 눈에 띄는 일, 다시 말해 비일상적인 일이 되어버렸다.

만약 장난꾸러기에 주먹질을 잘하고 수업 시간에는 까불기 일쑤이며 툭하면 이웃 마을 밭에서 수박 서리를 하고는 이를 자랑처럼 늘어놓던 쇼와 시대의 골목대장이 2020년대로 타임슬립한다면 어떻게 될까? 아마도 그는 '아이에게 허용되는 수준'을 한참 벗어났다고 평가받고, 행정이나 복지의 개입이 필요한 아동으로 분류될 것이다. 의료기관에서 진료를 받아보길 권유받고, 그 결과 ADHD나 품행장애 진단이 내려질 가능성도 있다.

과거에는 그런 정도의 품행불량이 특별한 일로 여겨지지 않았지만, 현대 사회에는 결코 용납할 수 없는 수준이 되었다. 만일 중고생이 그런 행동을 SNS에 올려 자랑이라도 했다가는 섬세한 질서를 내면화한 사람들의 좋은 먹잇감이 되어 악성 댓글에 시달릴 것이다.

수준 높은 준법정신과 올바른 품행이 요구되는, 즉 질서의 평균치가 매우 높아진 사회에서는 어린 시절부터 높은 준법의식과 바른 품행을 갖춰야 한다. 그리고 그 기준에서 벗어난 아이들은 질서 안으로 돌아가기 위한 국가의 지원을 받아야 한다. 물론 그 과정에서 오늘날의 질서와 어울리지 않는 방식(예를 들면 체벌)은 사용할 수 없다. 최근에는 체벌이 오히려 반사회적 행동을 부추긴다는 연구 결과도 나왔기 때문이다.[6]

그 많던 골목대장과 불량아는 어디로 사라졌을까

그렇다면 쇼와 시대에 넘쳐났던 골목대장과 불량아들은 도대체 어디로 사라진 걸까? 당시 인기 만화에는 오늘날이라면 문제가 될 만한 골목대장이나 불량한 캐릭터가 자주 등장했다. 1960~70년대 만화《사나이 골목대장》,《저녁놀 우두머리》,《열풍! 검도불패》 속 주인공은 그 시대를 대표하는 전형적인 캐릭터였다. 이 작품들이 당시 아이들의 지지를 받으려면 미성년자들이 자기들만의 구역을 만들고 주먹싸움으로 세력 다툼을 벌이는, 즉 '힘이 센 우두머리가 권력을 쥔다'는 통념과 습관이 사회 전반에 깔려 있어야 했다.

80~90년대에는 청소년용 만화《비밥 하이스쿨》과 소년 만화《비바 블루스》가 인기를 끌었고, 스포츠 만화에서도《슬램덩크》의 강백호 같은 불량하지만 매력적인 캐릭터들이 활개를 치며 인기를 모았다. 그러나 시대가 변하면서 불량한 캐릭터가 권력을

쥐는 만화는 점차 아이들에게 외면받기 시작했다. 요즘 만화에서 그려지는 '불량함'은 이전 시대보다 훨씬 희화화되거나 모가 깎여 둥그레진 '안전한 불량함'이다. 쇼와 시대를 대표하는 골목대장 캐릭터였던《도라에몽》의 퉁퉁이만 봐도 어느샌가 둥글둥글한 성격으로 변해 있다.

골목대장이나 불량아들이 만화 속 세상에서만 사라진 것은 아니다. 요즘 미성년자들은 '자기들만의 구역'이라는 개념이 없고, 세력 다툼을 벌이거나 주먹의 세기로 자신의 존재감을 드러내려고도 하지 않는다. 과거의 중고등학교 남학생들에게는 주먹의 세기가 학교 내 서열을 좌우하는 중요한 요소였지만, 지금의 아이들은 누가 더 싸움을 잘하는지 겨룰 생각조차 없다.

싸움은 물론이고 과거 초중학교 생활 전반에 깔려 있던 신체적 폭력은 '질서 밖의 일탈'이 아니라 '학교폭력'이라는 질서 안의 규율로 다뤄지고 있다. 이는 부모나 교사만의 인식 변화가 아니다. 아이들에게 물어봐도 그들 스스로 신체적 폭력을 부도덕한 것, 학교 질서에서 벗어난 것으로 이해하고 있다. 교사의 체벌을 포함하여 '치거나 때리거나 발로 걷어차는' 등의 행위는 모두 금지되었으며, 그 수준은 이전 시대와 비교할 수 없을 만큼 엄격해졌다.

이와 관련하여 '어디까지가 학교폭력이고 어디까지가 학교폭력이 아닌지'에 대한 기준도 지난 수십 년간 계속 변화해왔다. 문부과학성 홈페이지 자료에 따르면[7] 학교폭력의 정의는 1986년에만 해도 "① 자신보다 약한 자에게 일방적으로 ② 신체적 · 정서적 공격을 지속적으로 가하여 ③ 상대가 심각한 고통을 느끼는 행위로, 학교가 그 사실(관련된 학생이나 따돌림 내용 등)을 확인한 경우"였다. 그러나 1994년, 2006년, 2013년에 걸쳐 개정되면서 그 정의의 범위는 점점 확대되어 현재는 "학교폭력이란 학생에게, 해당 학생이 다니는 학교에 함께 재학 중이며, 해당 학생과 일정한 인적 관계가 있는 다른 학생이 가하는 정서적 혹은 물리적 영향(인터넷을 통해 이뤄지는 행위도 포함)으로, 피해 학생이 심신의 고통을 느끼는 경우"로 바뀌었다. 또한 경찰과 연계해야 할 사안은 가급적 빨리 상담하도록 하는 단서 조항이 붙었다. 즉, 1986년 무렵 제시되었던 '일방적, 지속적, 심각한'이라는 조건이 사라지고, '신체적·정서적 공격'이 '정서적 혹은 물리적 영향을 주는 행위'로 바뀌면서 아이들끼리의 언행이 어른들에 의해 학교폭력으로 판단될 가능성이 훨씬 높아진 것이다.

이 변화를 뒷받침하듯, 문부과학성의 학교폭력 인지(혹은 발생) 건수에 관한 그래프는 매우 흥미로운 양상을 보인다.[8] 쇼와 말기부터 헤이세이 초반에 걸쳐 학교폭력은 완만히 감소하는 추세를 보이지만, 1994년과 2006년에 학교폭력에 대한 정의가 엄격해질 때마다 일시적으로 인지 건수가 늘었다가 다시 감소하는 패턴을 반복한다. 그리고 2013년에 현재의 정의로 바뀐 뒤에는, 특히 초등학교에서 학교폭력으로 판정되는 사례가 급증했다.

이 그래프를 통해 추론해보면 과거에 '일방적, 지속적, 심각한' 폭력으로 간주되던 학교폭력은 꾸준히 감소했지만, 학교폭력의 정의가 확대될 때마다 그 이전에는 학교폭력으로 분류되지 않았던 행위가 새롭게 학교폭력 범주에 들어가게 됐음을 알 수 있다. 또한 이러한 어른들의 요구에 따라 아이들의 행동도 점차 새로운 기준에 적응하며 교정되어왔을 것으로 보인다.

2013년 이후 그래프의 변화도 매우 흥미롭다. 계속 늘고만 있는 학교폭력 인지 건수는 대체 무엇을 의미할까? 단순히 법제도와 문부과학성의 지침 변화 때문만은 아니다. 학교폭력에 대한 사회적 인식이 매우 예민해졌다는 점도 고려해야 한다(일반적으로 이런 예민함은 '인식이 높아졌다'는 긍정적 표현으로 바뀌어 사용된다). 현재 육아를 하고 있는 세대는 모두 '학교폭력에 대해 예민하면 할수록 좋다'는 통념과 습관 속에서 성장했으며, 높은 질서 의식 속에서 생활해왔기 때문에 자신의 아이가 행여나 학교폭력의 가해자나 피해자가 되지는 않을까 늘 신경을 곤두세우고 있다.

한편, 그래프에서 초등학교의 학교폭력 인지 건수가 특히 눈에 띄게 늘어난 이유는, 동물로서 태어나 아직 사회적 훈련이 덜 된 초등학생에게 오늘날의 엄격한 질서에 적응하는 것이 아직은 어려워서인지도 모르겠다. 관련 자료에 따르면 초등학교의 학교폭력 발생 건수는 저학년일수록 특히 높다고 한다. 초등학교 학교폭력의 양태를 들여다보면 '놀림, 야유, 험담, 위협적인 말, 기분 나쁜 말, 가벼운 부딪힘, 장난치는 척하면서 때리거나 발로 차는 행위'가 전체의 80%를 차지한다.

만약 이러한 내용이 모두 학교폭력에 해당한다면, 1975년

학교폭력 인지(발생)율 추이

문부과학성 〈2017년도 아동 학생의 문제 행동 · 등교 거부 등 학생 지도상의 여러 과제에 대한 조사 결과에 대해서〉를 토대로 작성. 1993년까지는 공립 초 · 중 · 고등학교를 조사. 1994년부터는 특수교육학교가, 2006년부터는 국립 및 사립학교가 포함됨. 2013년부터는 고등학교 통신제 과정도 포함되었음. 1994년 및 2006년에 조사 방법 등이 일부 수정됨. 2005년까지는 발생 건수를, 2006년부터는 인지 건수를 의미함.

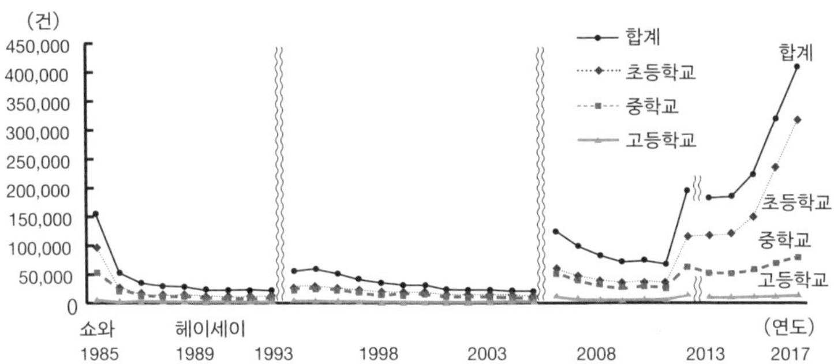

도에 초등학생이었던 나는 학교폭력의 피해자였을 것이며, 우리 반 친구들도 대부분 심각한 학교폭력을 당한 셈이 된다. 마찬가지로 오늘날의 초등학생이 50년 전으로 타임슬립한다면 지금의 기준으로 학교폭력에 해당하는 행위가 곳곳에서 벌어지는 현실을 감당하기 어려울 것이다. 이처럼 '어디까지가 아이에게 허용되는 행동이고, 어디까지가 허용되지 않는 행동인가'의 경계는 시대에 따라 달라진다.

육아의 비용과 책임은 오롯이 부모들에게

이처럼 어른들의 세계가 점점 더 안전하고 질서 정연해지고, 동시에 모두에게 높은 수준의 능력을 요구하게 되면서 아이들의 행동과 태도 역시 지난 수십 년간 급속도로 '표백'되었다. 치거나 때리거나 발로 차는 싸움은 보기 드물어졌고, 진짜 불량하다고 할 만한 불량함은 거리에서 자취를 감췄다. 시대가 변하면서 학교폭력의 범위는 계속 확대되었고, 이렇게 고도화된 질서에 아이들 역시 어느 정도는 순응하고 있다.

21세기 이후 발달장애가 유행하게 된 것도, 학교폭력의 정의가 바뀌고 그 인지 건수가 증가한 것도, 아이들의 세계가 변하고 우리의 통념과 습관이 달라진 결과라 할 수 있다. 지금은 아이들에게 요구하는 의사소통 능력의 수준이 이전과는 현저히 다르다. 따라서 주먹을 휘두르고 몸을 툭툭 치는 행위가 의사소통의 한 수단으로 아이들 세계에서 통용되었던 시대에는 비교적 잘 적응했을 아이들이, 그러한 행위가 엄격히 금지되고 부모와 교사는 물론이고 아이끼리의 의사소통까지 현대의 질서 속에 포섭된 지금의 세상에서는 적응하지 못하는 경우가 생겨날 수밖에 없다. 모두 그렇지는 않지만 현대 사회에 적응하는 데 어려움을 겪는 일부 ASD나 ADHD 아동은, 1900년대 중후반의 학급에서는 오히려 '의사소통 약자'가 아니라 '강자'였을지도 모른다.

주먹도 손도 쓸 수 없고, 동시에 점점 더 엄격해지기만 하는 학교폭력의 정의에 저촉되지 않도록 의사소통해야만 하는 아이들은, 과거의 아이들보다 훨씬 '비非동물적'이어야 하며, 동시에 지금 시대가 요구하는 '현대인'에 가까워야 한다.

하지만 앞에서도 말했듯이, 모든 아이는 동물로 태어난다. 따라서 동물과 다를 바 없는 아이를 현대인으로 길러내려면 오랜 시간 동안 부모의 세심한 양육이 필요하다. 여기에는 돈과 수고가 들어가며 사건 및 사고에 휘말릴 위험, 부모 자신의 건강을 잃을 위험, 그리고 그릇된 양육 방식이나 방임죄로 '부적격한 부모'라는 낙인이 찍힐 위험까지 무릅써야 한다. 점점 더 고도화되는 현대 사회의 질서 속에서 아이를 경제적, 법적으로 자립한 개인으로 성장시키는 데 드는 비용과 위험은 계속 커지고 있으며, 그 부담은 오롯이 부모가 떠안고 있다.

오늘날에는 부모가 육아를 전적으로 떠맡는 것이 지극히 당연한 일로 여겨지지만, 옛날에는 그렇지 않았다. 일본, 아니 세계적으로 봐도 육아의 본래 형태는 조부모와 형제자매 등 친족이 함께하거나 마을공동체 안에서 이루어지는 것이었다.[9] 당시에는 혈연과 지연으로 엮인 관계에서 벗어나기 어려웠지만, 대신 엄마가 혼자서 육아를 감당하다 벼랑 끝으로 몰리는 일은 드물었고, 엄마의 의지나 능력이 좀 모자라도 아이는 잘 자랄 여지가 있었다. 반면 그 시절에는 가족의 영역에까지 법제도가 힘을 발휘하지는 못했으므로, 가족 안에서 오늘날 말하는 학대나 방임이 일어나더

라도 처벌받기 어려웠다. 시대나 지역에 따라서는 자식을 내다버리거나 죽이는 범죄가 발생하기도 했다.[10]

지방에서는 쇼와 시대 후반까지도 육아의 책임을 부모에게만 전가하는 경우가 드물었다. 내가 어린 시절을 보냈던 이시카와현에서는 지금도 삼대가 함께 사는 집이 많은데,[11] 그곳에서는 조부모가 없는 가정의 아이까지 포함해 마을 어른들이 동네 아이들을 돌봤다. 지역공동체라는 커다란 그릇은 고스란히 아이들의 놀이터가 되어서, 현대처럼 공원이나 아동센터 혹은 자택에서 아이가 격리되어 어른과 시간적 · 공간적으로 분리된 채 시간을 보내는 일은 거의 없었다. 아이가 사유지에서 동네 야구를 하거나, 이웃집 툇마루와 뒤뜰을 넘나들고, 길가 아스팔트에 낙서를 하며 땅따먹기 놀이를 해도 이는 모두 상식의 범주 안에서 받아들여졌다. 그래서 《도라에몽》에 등장하는 '번개 할아버지'[12]는 지극히 현실감 있는 인물이었다.

그로부터 30년이 지난 지금, 내가 어린 시절에 보았던 육아의 풍경은 이제 온데간데없다. 대도시의 신도시는 물론이고 지방에서조차 지역공동체라는 큰 그릇 안에서 어른과 아이가 함께 방과 후를 보내는 모습은 찾아볼 수 없다. 아이들은 공원이나 아동센터에서 시간을 보내거나 학교 돌봄교실에 맡겨지거나, 학원이나 문화센터에 다닌다. 혹은 저학년 때부터 집에서 혼자 시간을 보내는 아이들도 있다. 당연히 이웃집 툇마루나 뒤뜰을 넘나드는 행동은 허용되지 않는다. 지역공동체가 육아를 함께하는 경우는 거의 없으며, 요즘 부모들은 자신이 어릴 적에 비해 지역공동체의 교육적 역할이 현저히 줄어들었음을 느끼고 있다.[13]

이런 환경에서 바깥놀이의 기회와 장소를 빼앗긴 아이들의 운동 능력은 1985년을 기점으로 떨어지기 시작해, 운동 능력이 높은 아이와 낮은 아이의 격차는 점점 더 벌어지고 있다.[14] 하지만 기회와 장소를 빼앗기고 양극화가 진행되는 것은 운동 능력만이 아니다. 공부는 물론이고 세상을 살아가는 법이나 사회적 기능, 심지어 노는 법을 터득하는 것조차 이제는 부모가 아이에게 제공하는 기회에 전적으로 달려 있다. 과거에는 지역공동체의 형이나 언니에게서 이런저런 것을 마구잡이식으로 배우는 경우가 있었지만, 이제는 그런 배움을 기대하기 어렵다. 지역에 따른 격차보다는 가정에 따른 격차, 부모에 따른 격차가 아이가 습득하는 모든 것을 결정짓고 있다.

물론 이러한 이유로 지역공동체가 함께 육아를 하던 시기로 되돌아가자고 주장하고 싶지는 않다. 왜냐하면 오늘날 부모 입장에서 보면, 과거의 육아에는 도저히 무시할 수 없는 문제점도 많았기 때문이다. 예를 들면 동네 형에게서 배우는 과정에서 아무래도 좋지 않은 영향을 받을 가능성이 있었고, 또 준법정신이 부족하고 책임 소재가 불분명한 상황에서는 내 아이가 어떤 사건에 휘말릴지 알 수 없었다. 게다가 당시에는 혈연과 지연에서 비롯된 속박도 강했고, 법과 사회계약의 틀로 해결할 수 없는 문제도 많았다. 오늘날의 감각으로는 통념상·제도상 허용하기 어려운 일들이 넘쳐났던 것이다.

그럼에도 불구하고 오늘날 육아의 고충과 저출생 문제를 생각할 때, 과거에는 육아의 비용과 위험이 지금처럼 부모에게 집중되지 않았고, 학교에 들어가기 전까지 익혀야 하는 질서의 수준과 부모와 아이에게 요구되는 능력의 수준도 매우 낮았다는 사실을 의식하지 않을 수가 없다. 지금은 사어가 되었지만 옛날에는 "부모가 없어도 아이는 자란다"는 말이 있었다. 하지만 오늘날 성실하게 아이를 키우는 부모들 중 이 말을 믿는 사람이 과연 몇이나 될까?

속박의 주체는 어떻게 바뀌었는가

물론 육아가 혈연과 지연에서 벗어나 부모에게 집중되면서 새롭게 생긴 장점도 있다. 지역공동체로부터 떨어져 나오고, 핵가족화로 친족들의 개입이 줄면서 현대의 육아는 부모가 스스로 설계할 수 있는 일이 되었다. 적어도 육아에 필요한 의지와 능력을 갖추고 필요한 비용을 감당하며, 수반하는 위험을 관리할 수 있는 부모라면 이러한 자유를 마음껏 누릴 수 있다. 하지만 현실적으로 육아의 법제도가 매우 섬세해지고, 사회 통념상 거리에서 아이가 해도 되는 행동이나 태도에 대한 기준이 엄격해졌으며, 교육비를 비롯해 아이를 키우는 데 드는 비용이 성실히 육아에 임하려는 부모일수록 더 높아지는 탓에 실제로 '자신의 생각대로' 육아를 설계할 수 있는 부모는 많지 않다.

한편 오늘날의 기준에 맞춰 육아의 비용을 지불하고 그에 상응하는 위험을 감수하며 육아를 이어가는 부모들과는 별개로, 아동학대와 방임이 커다란 사회문제로 떠올랐다. 아동상담소 학대 상담 건수를 곧이곧대로 받아들인다면, 일본에는 아이를 학대하는 부모가 계속해서 늘어나고 있는 듯 보인다.[15]

물론 이를 단순하게 해석할 수는 없다. 학교폭력과 마찬가지로 아동학대의 정의도 해마다 바뀌고 있으며, 우리가 아동상담소의 상담이 필요하다고 느끼는 기준 또한 꾸준히 낮아지고 있기 때문이다. 학대에 대한 인식뿐 아니라 육아를 둘러싼 사회의 예민함은 시간이 흐를수록 꾸준히 커져왔다.

'아이는 소중히 다뤄야 하는 존재이며, 손이 많이 가는 게 당연하다'는 현대의 사고방식도 사실은 태곳적 본능이 아니라 통념과 습관의 산물이다. 역사학자 필리프 아리에스에 따르면 어른과 아이를 구분하고, 아이를 아이로서 존중하는 문화는 유럽에서 근세에 이르러서야 시작되었다고 한다.[16] 그는 덧붙여, 물론 근세 이전에도 아이를 사랑하는 부모는 있었지만[17] '아이를 아이로서 반드시 소중히 대해야 한다'는 통념이 제도적 장치에 의해 뒷받침된 것은 근세 이후라고 설명한다. 일본의 역사학자 시바타 준 또한 일본에서 아이에 대한 사회적 관심이 높아진 시기는 근세였다고

말한다.[18]

근세에 들어서야 아이를 소중히 다뤄야 한다는 인식이 생겨났다고 해도 이는 어디까지나 중상류 계급의 이야기로, 농민이나 노동자 계층에서는 여전히 아이들에게 일을 시키고, 일을 가르친다는 핑계로 저임금 노동을 강요하거나, 심지어 아이들을 사고파는 일까지 버젓이 일어났다. 오늘날 기준으로는 학대에 해당하는 행위로 아이가 다치거나, 방임으로 아이가 사고사하는 일도 그리 드물지 않았다. 19세기 중반의 유럽에서는 매년 10만 명 이상의 아이가 버려졌다고 한다.[19] 체벌은 아이를 가르치는 데 불가피한 수단으로 여겨졌을 뿐 아니라, 통념상 바람직한 훈육으로 간주되기도 했다.

3장에서도 언급한 바 있는 의료사회학자 콘래드에 따르면 '아동 보호'는 처음에는 '아동 유기'에 한해 이루어졌으며, 오늘날 말하는 아동학대가 의료와 복지의 문제로 부각된 것은 1950년대부터였다.[20] 아이의 상처를 엑스레이로 촬영하고, 의사가 부모의 무관심이나 미성숙 혹은 무책임을 의심해 이를 보고하는 사례가 언론을 통해 자주 다뤄지자 학대에 대한 사회적 관심이 높아지기 시작했다. 그리고 이 관심은 곧 정치권을 거쳐 법률화·제도화되어갔다.

1989년 '아동의 권리에 관한 협약(아동권리협약)'이 UN 총회에서 채택된 것만 봐도, 아동학대에 관한 관심은 전 세계적인 흐름이었음을 알 수 있다. 선진국들은 너나 할 것 없이 관련 법제도를 갖추기 시작했고, 동시에 우리 사회의 통념과 습관도 아동의 인권 문제에 점차 예민해졌다. 아이의 권리를 보호하기 위한 새로운 법의 제정은 그만큼 시급히 해결해야 할 과제였다.

그러나 그 결과, 과거에 비해 육아 과정에서 부모에게 허용되는 선택의 폭은 좁아졌고, 책임은 오히려 커졌다. 학대와 방임에 대한 사회의 예민함이 커지면 커질수록, 아동상담소의 개입이나 형사처벌을 포함한 제도적 장치가 강화될수록 부모는 더욱 '성실한 육아'를 강요받게 되었다. 동시에 육아를 둘러싼 심리적 장벽도 높아졌다. 부모는 자신의 행동이 학대나 방임으로 오해받지 않을까 끊임없이 자기검열을 해야 하고, 스스로 부적절하다고 느끼면 죄책감과 열등감에 고통받는다.

오늘날의 육아는 가족과 지역공동체의 속박으로부터 자유로워진 것이 사실이다. 하지만 동시에 학대와 방임을 둘러싼 법제도, 그리고 우리 자신의 통념과 습관이 만들어낸 '현대 육아의 이상형'에 또다시 속박되어 있다. 과거에는 '가족이나 지역공동체에 맞지 않은 육아'로 고민하는 부모가 있었다면, 이제는 '현대적 기준에 부합하지 않은 육아'를 하고 있지는 않은지 불안해하는 부모가 늘어났다. 학대와 방임은 피할 수 있을지 몰라도, 아이가 거리에서 사람들에게 폐를 끼치는 행위, 소란스럽게 굴거나 무언가를 더럽히는 행위 등 사회계약의 논리에서 벗어나 타인의 권리를 침해할 가능성에는 늘 신경을 곤두세워야 한다.

이와 함께 경제적 속박도 우리를 옭아매고 있다. 현대 사회, 특히 도쿄와 같은 고도의 서비스 도시에서는 돈만 있으면 양육과 교육을 위한 거의 모든 서비스를 이용할 수 있다. 육아도우미를 고용하고, 사립 유치원이나 예체능 학원, 문화센터에 보내는 등 부모의 선택지는 무궁무진하다. 하지만 현실적으로 경제적 제약이 크기에 원하는 대로 선택할 수 있는 부모와 아이는 극소수에 불과하다.

과거, 지역공동체 안에서 집단적으로 이루어졌던 육아는 돈을 주고받는 사회계약의 논리에 크게 의존하지 않았다. 당시의 육아는 지연과 혈연 같은 전통적 사회관계의 논리에 기반한 지역공동체 공유지 안에서 이루어졌다. 사회학자 페르디난트 퇴니스의 표현을 빌리자면, 육아는 게젤샤프트(이익사회)보다는 게마인샤프트(공동사회)의 영역에 속했으며[21] 부모의 자유의지만으로는 성립할 수 없는, 지역공동체의 통념과 습관에 크게 좌우되는 것이었다.

오늘날에는 육아의 거의 모든 영역이 돈이 오가는 경제 관계와 법제도에 근거한 사회계약(게젤샤프트)의 논리로 운영되고 있어서 돈만 있으면 부모의 자유의지에 따라 다양한 육아를 해나갈 수 있지만, 돈이 없으면 아무것도 선택할 수 없고 심지어 아이에게 무엇도 제공할 수 없다. 지역공동체를 잃은 신도시 주택가에서는 아이가 집 밖에서 시간을 보내더라도 누군가에게 세상을 살아가는 지혜나 노는 법을 배울 기회가 거의 없고, 그런 상황 자체가 사회적으로 용인되지 않는다. 경우에 따라서는 방임으로 의심받아

신고당할 위험까지 있다.

게다가 오늘날의 육아에는 '공부를 잘해서 좋은 학교에 가고, 좋은 회사에 취직해 좋은 수입을 올려야 한다'는 상승 지향적 가치가 깊숙이 스며들어 있다. 이 상승 지향적 육아관 역시 사회계약 논리와 마찬가지로 근세 이후 부유한 중산 계급(부르주아 계급)에서 유래한 것이다.

과거의 부르주아들은 근면성실하게 일하며 경제자본이 주는 혜택을 누렸고, 자신을 위해 일해줄 사람을 고용할 수 있는 입장에 서 있었다. 그들이 열심히 일에 집중할 수 있도록 실생활을 떠받쳐준 존재가 바로 고용인과 가정부였다. 육아의 영역에서도 유모와 가정교사, 기숙 학교 등 다양한 자원을 이용할 수 있었기에 부르주아는 자신들의 능력을 개발하는 데 집중하면서도, 아이를 좋은 학교에 보내 장래의 경제 생산성을 준비시킬 수 있었다.

오늘날 일본을 포함한 전 세계의 육아는 부르주아의 상승 지향적 가치와 사회계약 논리를 바탕으로 이루어지고 있다. 다시 말해, 부르주아적 육아의 습관과 통념이 일반 서민들에게도 점차 확산된 셈이다. 하지만 애초에 부르주아식 육아란 가사와 육아를 모두 남에게 아웃소싱할 수 있는 경제자본이 있어야 비로소 성립하는 것이다. 서민층에게 그럴 만한 여유가 있을 리 없다. 어린이집 제도가 정착된 현대 일본에서조차 과거 부르주아처럼 자신의 커리어에 집중하며 육아를 온전히 타인에게 맡길 수 있는 부모는 극히 일부의, 경제적으로 여유로운 화이트칼라뿐이다.

이러한 부르주아적 사고방식은, 부르주아의 통념과 습관에 따라 일하지만, 그들처럼 육아와 가사를 완전히 남에게 위탁하지는 못해 결국 모든 부담을 스스로 감당해야 하는 사람들을 만들어냈다. 쇼와 시대의 일본을 비롯한 20세기 선진국에서는 한때 전업주부가 늘면서 이런 문제가 잠시 일단락되는 듯했다. 자신의 능력을 올리는 데 열중하는 아버지와, 육아와 가사에 전념하는 어머니라는 가정 내 분업 체계, 그리고 고도 경제성장이 가져온 풍요 덕분에 핵가족 단위에서는 부르주아에 가까운 육아가 성립할 여지가 있었다.[22]

하지만 지금은 다르다. 현대 일본에서는 이런 가정 내 분업을 고수하는 집이 많지 않다. 여성은 경력을 쌓으려는 의지가 강해졌고, 동시에 일하지 않으면 안 되는 상황에 처했다. 정체된 일본의 경제성장률은 맞벌이 부부에게조차 경제적 여유를 보장하지 않으며, 고학력을 지향하는 문화가 확산되면서 아이에게 들어가는 교육비는 끝을 모르고 늘어나고 있다.

낮은 출생률은 필연적 결과

법제도를 포함한 사회계약 논리와 자본주의 논리가 지연과 혈연이라는 게마인샤프트의 논리를 압도하고 대체하면서, 오늘날에는 이 두 논리가 부모와 자식의 부자유를 낳는 근원이 되었다. 이러한 게젤샤프트적인 통념과 습관, 법제도는 현재 사회 구석구석까지 영향을 미치고 있기 때문에 이에 역행하는 육아를 하기란, 실행은 고사하고 상상조차 쉽지 않다. 앞뒤 재지 않고 차례차례 아이를 낳은 뒤 길가에서 놀게 하며 교육에는 무관심한 육아를, 이 책을 읽는 여러분은 상상이나 할 수 있겠는가.

고도화된 질서가 구현된 사회계약(게젤샤프트)이라는 틀 안에서 아이란, 자칫 남에게 폐를 끼치고 불쾌감을 줄 위험을 품은 존재이기에, 부모는 아이 때문에 다른 사람이 불편하거나 기분 나빠하지 않도록 각별히 조심해야 한다. 아이 역시 일찍부터 타인에게 폐를 끼치거나 불쾌감을 주지 않도록 요구받는 까닭에, 그렇게 행동해야만 한다.

동시에 아이는 그 어느 시대보다 귀중한 존재가 되어 학대와 방임은 절대 해서는 안 될 행위가 되었다. 체벌은 당연히 금지되었고, 날로 예민해지는 사회 분위기에 거슬리지 않도록 조심조심 육아를 하지 않는 부모는 '부모 자격이 없다'는 비난을 받을 수도 있다. 또한 이런 통념과 습관을 철저히 내면화한 부모는 아이를 키우는 와중에 문제가 생기면 죄책감과 열등감에 시달릴 수밖에 없다.

더구나 지역공동체가 육아의 일부를 맡지 않게 되고, 육아 관련 물품과 서비스가 모두 돈으로 교환하는 대상으로 바뀌면서, 협의의 교육은 물론이고 현대인으로서 배워야 할 통념과 습관조

차도 부모가 직접 가르치거나 전문가에게 비용을 지불해 지도받아야 한다. 그러지 않으면 오늘날의 아이들은 아무것도 배우지 못하는 상황이기 때문이다. 상승 지향적인 부르주아적 통념과 습관을 내면화한 현대인에게는 자신의 아이가 아무것도 배우지 못한 채 나이를 먹는 상황은 도저히 용납할 수 없는 일이기에, 결국 돈이 없으면 육아는 성립하기 어렵고 애초에 시작조차 할 수 없다.

현대 사회의 통념과 습관이 가장 철저하게 지켜지고 모범 사례로서 이 책에서 거듭 언급되는 도쿄의 합계특수출생률은 1.21(2017년)이라고 한다. 도쿄는 일본에서 가장 육아를 시작하기 어려운 지역이라고 해도 과언이 아니다. 도쿄의 베드타운에 해당하는 가나가와현과 사이타마현, 지바현의 합계특수출생률 역시 일본 전체에서 가장 낮은 수준을 기록하고 있다.[23]

가장 질서 정연한 도쿄와 그 주변 지역이, 가장 아이를 낳고 키우지 않는 지역이라는 사실은 결코 우연이 아닐 것이다. 이 지역에서 출산율이 낮은 이유 중에는 어린이집 대기 문제가 있다. 당연한 이야기지만 어린이집 입소 순번을 기다리는 아이는 주로 0~2세에 해당하는 아기들이다.[24] 쇼와 시대라면 엄마가 수유를 하고 지역공동체 안에서 돌봐지던 아기들이 이제 '대기 아동'이라는 이름으로 주목받는다는 사실은, 아이가 아주 어릴 때부터 엄마가 일을 해야만 하는 현실과, 지연과 혈연은 더 이상 큰 도움이 되지 않는 현실, 육아가 그 출발점부터 자본주의와 사회계약 논리에 편입되어 있다는 현실을 적나라하게 드러낸다. 그리고 이에 대해

도쿄와 일본 사람들은 더는 어떤 의문이나 위화감을 갖지 않는다. 왜냐하면 이는 자본주의와 사회계약 논리가 20세기에서 21세기에 걸쳐 일본 사회 전반에 깊숙이 스며든 결과이기 때문이다.

도쿄와 그 주변 지역의 사람들은 이런 자본주의적, 사회계약적인 육아에 완전히 익숙해져 있어서 아이의 교육에도 큰돈을 들인다.[25] 상승 지향적인 육아를 전국에서 가장 적극적으로 실천하고 있다는 사실은, 육아에 걸고 있는 '판돈'이 전국에서 가장 높다는 뜻이며, 이는 필연적으로 육아의 비용과 위험에 가장 민감할 수밖에 없음을 의미하기도 한다. 여기에 인구 과밀에 따른 불안정한 집값까지 더해지니, 경제적인 여유가 없는 채로 도쿄에서 아이를 낳을 결심을 하기란 쉽지 않은 일이다.

그렇다고 경제적으로 여유로워질 때까지 결혼과 출산을 미루는 데도 한계가 있다. 자본주의와 사회계약 논리가 철저히 지켜진다 해도 인간이 법인法人처럼 불로불사의 존재가 될 수는 없기 때문이다. 잘 알려져 있듯, 오늘날 여성은 30대 후반에 접어들면 임신 능력이 점점 떨어지고, 다운증후군 같은 선천성 질환의 위험이나 유산 및 조산의 위험이 커진다. 상대적으로 덜 알려져 있지만 남성 역시 나이가 들수록 생식 능력이 떨어지고 갖가지 돌연변이를 가진 정자의 비율이 높아진다.[26]

따라서 '조금 더 돈이 모일 때까지', '조금 더 위험성을 검토한 후에', '조금 더 수입이 많은 배우자를 만날 때까지' 결혼과 출산을 미루다 보면 아이를 낳을 수 있는 적절한 시기를 놓치고 만다. 3장에서 현대인의 건강 나이와 수명 연장에 대해 다루긴 했지만, 아직까지 생식 적령기는 크게 늘어나지 않았기에 고령에 접어들어 아이를 갖는 일은 현재도 어려울 뿐 아니라 큰 비용과 위험이 따른다.

상승 지향적인 육아가 일반화되고 남녀 모두 자신의 일을 놓지 않게 된 오늘날, 대학과 대학원에 진학하는 비율은 남녀 불문하고 높아지고 있다. 게다가 고용 유동성이 커지고 자신의 정체성과 진로를 확실히 결정하는 시기까지 늦어지는 만큼[27] 배우자를 고르고 출산을 고민할 수 있는 시간은 매우 짧다. 가령 대학을 졸업하고 곧바로 취직해서 순조롭게 직장을 다니며 경력을 쌓은 여성도, 결혼과 출산을 고민할 수 있는 시간은 기껏해야 20대 후반에서 30대까지로 매우 짧은 편이다. 30대가 되어 배우자를 만나고 결혼과 출산을 생각하기 시작하면 시간이 턱없이 짧아서 당황하는 경우도 많다. 이처럼 가장 순조로운 경로를 가정해도 이런데, 20세기 종반부터 급증한 비정규직에 놓인 젊은이들이 출산을 결심하기란 얼마나 어려운 일인지 충분히 짐작할 수 있다.

육아에 드는 비용과 위험이 커지고 아이를 낳을 수 있는 적령기가 고작 10년 남짓밖에 되지 않으니 육아를 시작하지 않는, 아니 시작할 수 없는 젊은이들이 속출하는 것은 당연한 결과다. 도쿄의 젊은이들은 자본주의와 사회계약의 논리가 생활 속에 깊숙이 배어 있어, 그 논리에 따라 곰곰이 판단해본 끝에 자신은 그 위험과 비용을 감당할 수 없다고 결론내린 것뿐이다. 결코 부조리한 선택을 한 것이 아니다. 저출생 · 고령화라는 관점에서 보자면 도쿄의 매우 낮은 합계특수출생률이 그야말로 '파멸적'일지 모르지만, 자본주의와 사회계약 논리를 충실히 따르고 그 논리에 기반한 육아관 속에서 비용과 위험을 감당할 수 없다고 판단해 출산을 회피하는 이들은 지극히 합리적인 선택을 하고 있는 셈이며, 이는 현대 사회의 통념과 습관을 고스란히 반영한 결과일 뿐이다.

"가난한 사람에게 자식이 많다"는 말은 지금의 질서나 자본주의와 사회계약의 논리를 충분히 내면화하지 않은, 이른바 '비非현대인'에게나 해당하는 이야기다. 도쿄와 그 주변에 사는 사람들 대부분은 현대의 질서와 논리를 철저히 내면화한 까닭에, 거리에 초라한 행색의 아이들이 넘쳐나는 일은 결코 없다. 또한 설령 "가난한 사람에게 자식이 많다"는 말이 실현될지라도, 소란스러운 아이들이 어른들의 세계에 침범하는 것을 절대 용납하지 않는 우리 사회와 제도가 그 상황을 지켜만 보고 있을 리 만무하다.

합리성을 좇는 사회에서 육아는 가능한가

우리가 살고 있는 사회에서 육아는, 그에 수반하는 위험과 비용을 기준으로 계산되고 자본주의와 사회계약 논리에 따라 수행된다. 현대인은 태어날 때부터 건강과 교육에 큰돈을 투자받고, 위험을 관리받는다. 자식이란 인생에서 가장 커다란 '소비품' 중 하나이며, 육아는 인생에서 가장 큰 스케일을 자랑하는 '사업'에 가깝다. 개인으로서 우리는 자본주의와 개인주의, 사회계약을 기반으로 한 주체individual로서, 이른바 '사업주'로 성장할 수 있도록 양육된다.

우리는 "가능한 한 경제적이고 합리적이어야 한다. 또한 사회계약으로 유지되는 기존 질서에 성실히 따라야 한다"는 기준을 부모와 교사, 각종 미디어를 통해 끊임없이 주입받는다. 경제적이지 못한 선택은 어리석은 짓이고, 불합리한 선택은 잘못된 것이며, 사회계약에서 벗어난 선택은 용납될 수 없는 것으로 여기는 사회에서 길러진다. 이렇게 정해진 규칙들이 온갖 방식으로 주입된 결과, 우리는 이 사회에 맞는 초자아를 자연스레 내면화하며 지금의 질서에 별다른 의문을 품지 않고 살아간다.

그리하여 도쿄 같은 도시에서는 젊은이들이 아이를 낳지 않기로 하는 경제적이고 합리적인 방향을 스스로 선택하고 있다. 개개인이 오늘날의 질서에 맞는 방식으로 사고하고 행동한 결과, 도쿄와 그 주변 지역의 젊은 세대 상당수는 아이를 낳지 않기로 결정한다. 각 개인의 주체가 자본주의와 사회계약 논리에 따라 열심히 살아온 덕분에 거리는 점점 늙어가고, 나라의 인구 또한 지속적으로 감소하고 있다. 거시적으로 보자면 자본주의와 사회계약의 논리에 맞게 사는 삶이 오히려 그 기반을 무너뜨리고 있는 꼴이니 참으로 역설적인 현상이 아닐 수 없다. 하지만 이에 관한 언급은 여기까지만 하겠다.

그보다 4장을 마무리하면서 나는 이렇게 묻고 싶다. 과연 우리는 육아를, 더 나아가 아이를 자본주의와 사회계약 논리 바깥의 시점에서 바라볼 수 있을까? 개개인이 부르주아적 · 자본주의적 주체로 철저히 훈련된 현대인, 특히 아이를 낳고 길러 본 적 없는 현대인이 아이와 육아에서 '소비품' 내지는 '사업' 이상의 의미와 가치를 발견하는 게 과연 가능할까?

부모인 나는 육아 과정에서 수많은 경험을 통해 즐거울 때도, 힘들 때도 있다. 육아 기간 동안 부모와 아이는 함께 고유한 역사를 만들어가고, 무엇과도 바꿀 수 없는 관계성을 쌓아간다. 나는 이 일련의 과정에 특별한 의미를 느끼고 있으며, 이것이 어르신들이 말해오던 육아의 진정한 의미임을 직관적으로 이해하고 있다.

여기서 말하는 '육아의 진정한 의미'는 경제적 합리성과는 거리가 멀지도 모르고, 사회계약이 규정하는 부모와 자식의 모습에 꼭 들어맞지 않을 수도 있다. 다만 분명한 사실은 내가 느끼는 이 의미는 롯폰기나 긴자에서는 도저히 얻을 수 없고, 디즈니랜드나 영국박물관에서도 경험할 수 없는 것이다.

만일 이러한 육아의 진정한 의미를 발견할 수 있다면, 육아란 그 어떤 것과도 바꿀 수 없을 만큼 소중한 일이자 위험과 비용을 감수하더라도 선택할 만한 가치 있는 행위가 된다. 하지만 태어나자마자 위험과 비용이라는 사고방식에 맞닥뜨리고, 자본주의와 사회계약의 논리를 뼛속 깊이 내면화한 현대인에게는 지금까지

배워온 가치관과 이데올로기로는 설명도, 가시화하는 것도, 값어치를 매기는 것도 불가능한 육아의 의미를 어떻게 인식할 수 있단 말인가.

자본주의와 사회계약의 사고방식에 깊이 물든 사람들이 기존의 이데올로기 체계로는 설명할 수도, 가시화할 수도 없는 경험에 시간과 돈과 체력을 쏟아붓기란 쉽지 않다. 적어도 그들에게 이는 합리적인 선택도 아니고 수익을 기대할 수 있는 사업도 아니다.

한편 미디어에서는 학대와 방임, 아이를 둘러싼 각종 위험의 이야기가 끊임없이 흘러나온다. 아이에게 아무리 돈을 쏟아붓는다 한들 결국 부모와 자식은 엄연히 다른 개별적 주체이므로, 순수하게 경제적 관점에서 따져보면 육아에 자원을 투자하기보다 자기 자신에게 모든 자원을 쏟는 편이 훨씬 합리적이다. 적어도 나는 육아를 시작하기 전까지 그러한 의심의 눈초리를 거두기가 어려웠다.

쇼와 시대에 한 시골 마을에서 자란 나조차 이럴진대, 오늘날 도쿄에서 나고 자란 세대에게 내가 발견한 육아의 진정한 의미를 경험해보기도 전에 이해시키기란 불가능해 보인다.

자본주의와 사회계약의 논리가 철저히 존중받는 사회가 되면서 모든 것은 사고팔 수 있고, 돈으로 교환할 수 있으며, 모든 물품에는 가격표가 붙는다. 이 논리를 뼛속까지 내면화한 채 물건을 판단하고 사고하는 방식이 굳어질수록, 그 논리 바깥에 존재하며 논리 안쪽의 언어로는 설명할 방도가 없는 것들은 우리의 인식에서 점점 멀어져갈 수밖에 없다. 이렇게 좁아진 세계에서 우리가 인식 가능한 육아란, 어디까지나 '사업' 혹은 '투자'일 수밖에 없고, 마침내는 반드시 '흑자'를 내야 하는 일이 되어버렸다.

위험과 비용으로 모든 것을 계산하는 현대인에게, 본래 가격을 매길 수 없는 아이와 육아의 가치와 그 의미가 과연 닿을 수 있을까? 현대인이 육아의 진정한 의미를 이해하지 못한다면 앞으로 누가 육아라는 길을 선택할 수 있을까?

아이를 낳고 키우는 일에서 사업이나 투자, 혹은 흑자 이상의 의미를 발견할 수 없다면 굳이 애써 육아를 할 이유는 없다. 위험과 비용 부담이 적은 사업이나 투자처는 얼마든지 있기 때문이다. 위험과 비용을 이유로 현대인이 육아를 꺼리는 합리적인 판단은 충분히 이해할 수 있다. 그러나 그 합리성이 우리를 육아와 아이로부터 점점 멀어지게 하고, 동물의 일종인 인간의 본래적 존재 양상을 심각하게 소외시키고 있는 것은 아닐까? 설사 그 소외가 오늘날의 통념과 습관 기준에서는 지극히 '옳은 일'로 여겨진다 하더라도 말이다.

5장

다양성을 지우는 표백의 논리

•

수상한 사람을 끝없이 경계하는 눈초리

나는 종종 '투명 인간'이 되기 위해 번화가로 나간다. 여기서 말하는 투명 인간이란, 사람들 눈에 띄지 않고 아무도 나를 알아보지 못하며, 구겨진 셔츠를 입고 있어도 신경 쓰는 사람이 없고, 비난하듯 힐끔거리는 시선을 걱정할 필요가 없는 상태를 가리킨다. 터미널역 근처의 복잡한 번화가에 있는 규동집은 그런 장소로 최적이다. 남의 일엔 별 관심 없는 다양한 연령과 직종의 사람들이 380엔짜리 규동을 말없이 먹고 있다. 조금 추레한 차림의 사람이 섞여 있어도 아무도 그에게 시선을 두지 않는다. 고령의 남성들이 북적대며 아침부터 맥주를 마시는 24시간 라면집, 100엔숍, 파친코점 등도 나쁘지 않다. 그곳에서는 아무도 나를 보지 않으며, 나 역시 주변 사람들을 수상히 여기지 않는다. 갖가지 냄새가 뒤섞인 혼잡함 속에서는 그 냄새가 누구에게서 나는지 굳이 구분할 필요도 없다. 덕분에 번화가에서는 옷차림에 일일이 신경 쓰지 않아도 된다. 누군가에게 멋있게 보일 필요도, 등을 꼿꼿이 세우고 걸을 이유도 없다.

이와는 대조적인 한적한 주택가, 전형적인 야마노테 구역의 주택지•, 도쿄의 지유가오카, 나카메구로와 같은 동네에서는 단정하지 않은 옷차림으로 걷기가 힘들다. 아름다운 거리와 단정하게 차려입은 사람들 사이에 섞여 있으면 후줄근한 복장이나 정돈되지 않은 매무새가 금방 눈에 띄기 때문이다. 거동이 수상한 사람, 어딘가 불안정해 보이는 사람도 마찬가지다. 거리 전체에 흐르는 질서가 이들과 어울리지 않는 이들을 더욱 두드러지게 만드는 것이다.

이러한 경향은 2010년대 후반에 지어진 고층 아파트나 신도시, 그리고 그 주변 공원에도 퍼져 있다. 최근 만들어지고 있는 신도시에는 비교적 비슷한 수입과 생활 방식을 지닌, 가치관과 라이프스타일 또한 그리 다르지 않은 화이트칼라 계층(얼마 전까지만 해도 신중산층이라고도 불렸던, 부르주아적 통념과 습관을 지닌 사람들)이 한데 모여 생활하고 있다. 조깅하는 남성, 아이들과 공원에 나온 가족, 멋지게 차려입은 여성들에게 최적화된 이 공간은 그렇지 않은 사람들, 예컨대 독신에다 단정하지 않은 차림을 한 중년 남성을

• 도쿄 동부 고지대에 형성된 고급 주택가

단숨에 이질적인 존재로 부각시킨다.

도쿄뿐 아니라 일본 주택가 곳곳에는 '수상한 사람'에 주의할 것을 상기시키는 게시물이 붙어 있다. 이러한 게시물은 범죄자에 대한 경각심을 높여서 범죄를 미연에 방지하는 측면도 있지만, 하마이 고이치와 세리자와 가즈야가 공저로 쓴《범죄 불안 사회犯罪不安社会》[1]에서 지적했듯, 우리는 이런 방식으로 거동이 수상한 사람, 즉 질서에서 벗어나 보이는 사람에게 의심의 눈길을 보내도록 훈련되어왔다.

거동이 수상한 사람에 대한 정보는 어릴 때부터 귀에 못이 박히도록 듣는다. 어딘지 모르게 의심이 가는 사람에 대한 정보 교환은 보호자와 교사에 의해 더욱 강화된다. 이러한 훈련은 일찍 시작되어 우리 안에 단단히 내면화된다. 오늘날에 '수상한 사람' 범주에 속하게 된 이들조차 예외는 아니다. 왜냐하면 그들 역시 어린 시절이었던 1900년대 중후반에 가정과 학교, 미디어를 통해 수상한 사람의 이미지를 끊임없이 주입받았고, 이들을 경계하는 눈초리를 꾸준히 학습해왔기 때문이다.[2]

앞에서 말한 번화가에서는 이러한 수상한 사람을 경계하는 눈빛, 즉 질서에 맞는 행동인지 아닌지를 검열하는 눈빛이 상대적으로 약해진다. 적어도 역 근처 복잡한 번화가에 자리한 규동집에서만큼은 그렇다. 하지만 한적한 주택가나 질서가 널리 퍼져 있는 신도시에서는 옷차림과 행동이 엄격하게 검열당한다. 그뿐만이 아니다. 그 검열의 기준은 어린 시절부터의 훈련을 통해 내면화

"수상한 사람을 보면 110번! 경찰 감시 강화 통보 완료(관리자, 계약자)"
수상한 사람에 대한 경계를 촉구하는 간판. 도쿄 2020년

되어 있어서, 만약 자신이 그 기준에 미치지 못한다고 느끼면 깊은 죄책감과 수치심에 빠지게 된다.

도쿄에서 허용되는 다양한 라이프스타일이란, 어디까지나 옷차림과 행동이 일정한 '합격선'에 들어온 경우라는 암묵적 전제가 깔려 있다. 다시 말해 타인으로부터, 그리고 자기검열로부터 질서에 적합하다는 승인을 받은 개인만이 다양성을 허용받는 것이다.

어느샌가 사라져버린 노숙자들

근세 대도시 중에서 에도•는 비교적 청결한 편이었다. 파리나 런던에서 되풀이되었던 페스트와 콜레라도 에도에서는 크게 유행하지 않았다. 에도가 비교적 청결할 수 있었던 이유는 수자원이 풍부했던 지리적 이점과 함께 분뇨를 비료로 사용하는 제도가 갖춰져 있었기 때문이다.[3] 하지만 메이지 유신 이후 인구가 대거 유입되자 이에 대응하지 못하고, 결국 비위생적인 빈민가가 형성되고 말았다.

그나마 메이지 시대 도쿄도민에게 다행이었던 점은 빈민가가 형성됨과 거의 동시에 유럽과 미국으로부터 공중위생 개념이 들어오면서 하수도 정비 및 방역 활동이 시작됐다는 점이다.[4] 그럼에도 서민들의 생활은 청결과는 거리가 한참 멀었고, 공업화가 진행되자 공해 오염에도 시달려야 했다. 고도 경제성장기를 거친 뒤에도 오늘날의 기준에서는 도저히 참기 힘든 비위생적이고 불결한 환경이 한참이나 유지되었다. 3장에서 언급했던 담배 연기는 비교적 소소한 문제에 해당했다. 쇼와 이전에는 '건강위험인자'라는 개념이 거의 없었지만, 당시 거리에는 건강을 위협하는 요소들이 그야말로 곳곳에 널려 있었다.

내가 어렸던 1970년대 일본 역시 지금보다 훨씬 더럽고

• 도쿄의 옛 이름

불결했으며, 거리에서는 기분 나쁜 냄새가 풍겼던 기억이 난다. 1960년대라는 최악의 시기•는 지나갔지만 도쿄의 하늘은 여전히 뿌옇고 광화학 스모그가 많은 사람을 괴롭히고 있었다.[5] 곳곳에서 음식물 쓰레기 냄새가 났고 길가에는 담배꽁초가 잔뜩 떨어져 있었다. 사람들은 거리를 걸으며 가래나 침을 뱉었고, 이를 위한 항아리가 곳곳에 놓여 있기도 했다.

그에 비해 지금의 도쿄는 세계적으로 손꼽히는 청결함과 무취를 자랑하는 거대 도시다. 대기도 수질도 이전 시대와 비교할 수 없을 만큼 대폭 개선되었고, 쥐나 까마귀도 잘 관리되고 있으며, 음식물 쓰레기 냄새가 나는 장소와 시간도 현저히 줄었다. 개인 생활 습관 면에서도 1980년대가 되자 아침에 샴푸로 머리를 감고 체취를 제거해주는 각종 화장품을 쓰는 사람이 폭발적으로 늘어났다. 샤워와 목욕도 이 무렵부터 일상화되면서 우리의 통념과 습관 역시 '깨끗해야 한다'로 바뀌었다.[6] 사람들은 점차 자신뿐 아니라 타인의 냄새에도 민감해졌고, 그 결과 일본 전체가 세계에서 보기 드물 정도로 냄새에 예민한 생활 문화를 갖추게 되었다. 일본에서는 향수를 사용해 자신을 드러내는 문화가 주류가 되진 못했지만, 무취와 무향료를 선호하는 경향 덕분에 체취가 신경 쓰이는 장소는 기껏해야 인구 밀도가 높은 번화가나 역, 만원 전철 정도에 국한된다.

• 1955~65년대 일본에서는 공해, 도시 과밀화, 환경 파괴 등이 심각한 사회 문제로 떠올랐다.

하지만 지나치게 청결함을 추구하고 무취를 선호하는 탓에 청결하지 않은 사람, 냄새가 나는 사람, 혹은 어딘가 기분 나쁜 인상을 주는 사람은 질서 속에 녹아들지 못하고 수면 위로 떠오른다. 예의 없고 몰상식한 사람들도 마찬가지다. 도쿄 사람들은 세련된 시민적 무관심[7]이 몸에 배어 있어 질서에서 벗어난 사람들을 보면 재빨리 시선을 피하기는 하지만, 한편으로는 끝까지 그들을 예의 주시하며 경계를 푸는 법이 없다.

과거 도쿄에는 '부랑자(거주불명자)'라 불린 사람이 적잖이 살고 있었다. 또 버블 경제가 무너진 뒤 도쿄에는 노숙인이 넘쳐났다. 우에노는 물론이고 신주쿠와 시부야에서도 노숙자들을 흔히 볼 수 있었다. 노숙자들은 몸을 씻지 못해 고약한 냄새를 풍기기 일쑤였으므로 과거 도쿄에서는 이러한 냄새를 마주치는 일이 흔했다. 그러나 도쿄에서는 1999년을 기점으로, 전국적으로는 2002년을 기점으로 노숙인 수가 급감하기 시작했다. 런던과 로스앤젤레스에서 노숙인 증가가 큰 사회문제로 떠오른 것과 대조적으로, 도쿄에서는 전에 없던 수준의 '노숙인이 사라진 깔끔한 거리'가 실현되었다.

노숙인 감소에 크게 공헌한 것은 두말할 필요 없이 복지 관계자였다. 도쿄도 복지보건국은 노숙인자립지원법을 토대로 2006년부터 누적 8만 건 이상의 사례를 처리했다고 한다.[8] 여기에 지원단체들의 노력까지 더해지면서 노숙인들은 사회 안으로 다시 재배치되었다. 노숙을 부정적인 상태로 본다는 점에서 이는

노숙자 수의 추이

도쿄도 복지보건국의 〈도구(都區) 공동사업에 의한 노숙자 대책 현상에 대해서〉(2018년 5월)를 토대로. 전국 수치는 각 연도 1월 조사 수치를 반올림한 것이다. 도쿄 23구의 수치는 각 연도 8월 조사 수치다(나라에서 관리하는 하천은 제외).

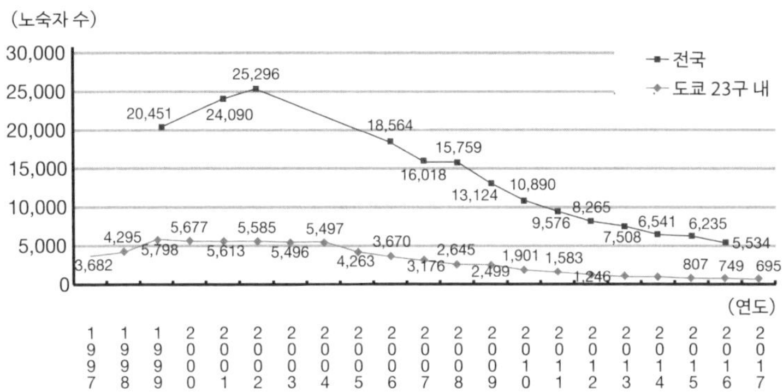

바람직한 변화임이 틀림없다. 하지만 한편으로 이는 이제 더 이상 도쿄에 노숙인이 **머물 공간이 없음**을 의미하기도 한다.

90년대였다면 노숙자들이 머물렀을 지하 통로나 역 주변 공터는 이제 '특별 경계구역' 또는 '공사 중 출입 금지'라는 표지판이 세워져, 더는 머물 수 없는 공간으로 바뀌었다. 그리고 그 자리에는 목적을 알 수 없는 조형물들이 들어섰다. 노숙인의 주거지로 유명했던 스미다 강가도 깨끗하고 안전한 공원으로 새롭게 정비되었다. 거리의 청결과 안전을 확보하기 위해 공간과 제도가 개조되면서 노숙인이 생활할 수 있는 장소는 계속 사라져갔다.

이와 함께 복지 관계자들의 노력으로 노숙자 개개인들은 재고용, 재거주, 생활 보장과 같은 형태로 사회 안에 재배치되었다. 동시에 거리를 지나다니는 사람들도 '더럽고 냄새나고 불편하고 불안하다'는 이유로 노숙인들을 경찰에 신고하기 시작하면서 노숙자들은 복지제도 안으로 이끌려 들어갔다. 물론 복지는 노숙인의 자립과 생활을 지원했을 뿐, 거리 경관이나 청결을 의도한 것은 아니었다. 하지만 결과적으로 거리는 더욱 청결해졌고 질서는 고도화되었으며, 그로부터 벗어난 더러운 몸가짐은 눈에 쉽게 띄는 도저히 '용납할 수 없는 것'이 되었다.

노숙인의 생활을 지원하고 자립을 돕는다는 사고방식은 행정과 복지의 이념인 동시에, 개인의 자립 생활을 긍정하고 청결한 거리와 삶을 선호하는 우리에게도 의문의 여지가 없는 것이다. 하지만 이러한 이념과 실천에는, '노숙인은 일반적인 기준에 한참 못 미치고, 스스로는 결코 일어설 수 없는 존재'라는 언어 외적인 뉘앙스가 담겨 있는 게 아닐까?

부랑자 혹은 거주불명자 등 명칭은 시대에 따라 달랐지만, 에도가 도쿄가 된 이래 노숙과 유사한 존재는 적든 많든 늘 꾸준히 존재했고, 이는 거리의 일부이자 다양한 라이프스타일의 한 형태였다. 빈민가 거주자들과 불안정한 일자리를 가진 사람들, 이른바 '영세민'이라 불린 집단과 이들은 일부 겹치기도 했다.[9] 적어도 90년대에 기록된 노숙인 관련 기술에서는, 그럼에도 살아가려는 이들의 긍지가 드러나 있었다.[10]

그들의 삶은 결코 편안하지 않았다. 병사와 사고사의 위험도 컸고, 거리는 폭력배들의 영역이기도 했다. 그럼에도 그들에게는 나름의 생활이 있었고 자립하려는 의지도 남아 있었다. 행정의 강제 제거 명령에 저항하면서 삶을 지키려고도 했다. 노숙인의 불법 경작과 노상 생활은 법제도와 그 배경에 있는 사회계약의 틀에서 이탈한 것이기는 했지만, 당시 사람들은 법제도와 사회계약에 대한 인식이 지금보다 훨씬 낮았다. 복지 지원 역시 지금보다 훨씬 부족했을 뿐 아니라 복지제도를 반드시 따라야 한다는 인식도 낮았다. 말하자면 법제도로 보호받는 정도도, 법제도를 지켜야만 한다는 인식도 모두 낮았던 것이다.

하지만 법제도와 사회계약의 논리가 구석구석까지 스며든 오늘날 도쿄에서는, 노숙인은 스스로 일어설 수도, 생활할 수도 없다고 간주되고 있다. 법제도의 빈틈 같은 공간에서 노숙인이 자연 상태로 살아가도 좋을 장소는 이제 어디에도 없다. 아름다운 이 거리에는 물론이고, 법제도와 사회계약 논리를 준수하며 청결하고 안심할 수 있는 질서를 따르기를 마다하지 않는 우리들 마음속에도 없다. 건강이 보편적 가치가 된 이상, 노숙인의 건강을 지켜야 한다는 관점에서도 복지 지원은 타당한 것으로 여겨질 수밖에 없다.

애초에 복지적 지원을 두고 '강제'라는 말을 붙이는 것 자체가 기묘하게 들리기도 한다. 하지만 노숙인 강제 제거에 함께 저항했던 노숙자 지원단체도 90년대 후반부터는 행정 지원에 무게를 둔 활동으로 방향을 돌렸고, 2002년 노숙인자립지원법 제정에도 힘을 보탰다.[11]

이리하여 노숙인이라는 존재는 법의 빈틈과 거리의 빈틈

에서 생활할 수 없는 존재가 되었고, 법으로 보호받아야 마땅한 존재, 홀로 생활할 수 없으므로 지원을 받아야 하는 존재로 바뀌었다. 21세기 노숙인과 20세기 노숙인은 겉모습은 비슷할지 모르지만 사회적 위치와 그 의미가 전혀 다르다.

복지와 행정의 진전으로서 이 현상을 보면 이는 의심할 여지 없는 진보다. 하지만 이 진보로 인해 애매한 라이프스타일을 가진 노숙인, 혹은 빈틈적 존재로서의 노숙인은 아예 존재할 수 없게 되었다. 노숙인은 절대 거리에 있어서는 안 되며, 개인은 절대 노숙인이 되어서는 안 된다. 오늘날의 노숙자는 복지를 통해 반드시 사회 안으로 재배치되어야만 하는 존재가 된 것이다.

청결하고 비폭력적인 다수,
불결하고 폭력적인 소수

노숙자들이 사회 안으로 재배치되고 거리가 점점 더 아름다워지자, 이번에는 상대적으로 옷차림이 단정하지 않은 사람, 무리 속에 잘 동화되지 않는 사람, 거동이 수상한 사람이 질서 정연한 세계 속에서 새롭게 부각되어 기피 대상이 되고 있다.

5장 서두에서 지적한 바와 같이 사람들의 왕래가 잦은 번화가에서는 옷차림이 다소 단정치 못해도 신경 쓰는 사람이 없다. 단정하게 차려입는 데 서툰 사람들에게 번화가는 투명 인간처럼 스쳐 지나갈 수 있는(물론 정도의 차는 있겠지만) 공간이다. 하지만 한적한 주택가나 새롭게 조성된 신도시, 혹은 아이들을 데리고 나온 부모들이 모이는 공원에서는 옷차림과 체취, 거동이 엄격하게 검열당한다. 그리하여 기준에 부합하지 못하면 수상한 사람으로 인식되며, 본인 역시 이 질서를 충분히 내면화하고 있다면 수치심을 느끼게 된다.

이처럼 자기검열이 철저하게 이루어지는 공간에서는 옷차림이 단정하고 몸가짐이 깨끗한 사람인지 아닌지, 혹은 어딘가 부정적인 인상을 주는 사람인지 아닌지가 매우 중요해진다. 기준을 충족하면 거리낌 없이 거리를 다닐 수 있지만, 그렇지 않으면 잔뜩 주눅 든 채로 투명 인간이 될 수 없는 장소를 피하고 싶어진다. 극단적으로 말하면 오늘날 도쿄에서는 수상한 구석이 없는 사람이 강자 혹은 주류이고, 그렇지 않은 사람은 약자 혹은 비주류라고 할 수 있다.

역사적으로 거리를 자유롭게 걸을 수 있었던 강자 혹은 주류라고 하면 제일 먼저 성인 남성이 꼽힌다. 법에 의한 평등이 지켜지지 않았던 긴 역사 동안 권력을 쥔 자, 폭력을 행사하는 자는 언제나 남성이었다. 법제도보다 주먹의 세기가 실생활을 지배하던, 사회계약의 논리가 널리 퍼지지 않았던 사회에서는 다부진 체격의 난폭한 남성이 화사한 여성보다 우위에 서기 쉬웠다. 단정한 옷차림과 청결함이 일반화되지 않았던 사회에서는 주류와 비주류가 권력과 폭력에 의해 단순하게 결정되었고, 남성들은 앞다투어

자신의 폭력성을 드러내는 데 여념이 없었다.[12]

하지만 레이와 시대의 일본은 과거 어느 시대와 지역과 비교해도 법치가 가장 잘 이루어지는 사회다. '폭력은 범죄'라는 이념 자체는 이전에도 존재했지만, 당시에는 그 이념에 사람들이 따르는 정도나 이탈했을 때의 처벌, 그리고 이탈을 감시하기 위한 기술이 모두 충분하지 않았다. 하지만 오늘날은 다르다. 가령 가정 내 완력 행사는 DV(domestic violence, 가정 폭력)로 간주되고, 남성이 강제로 다가오면 스토커로 인식되어 형사처벌 대상이 되며 구체적으로 적발할 수 있게 되었다. 이러한 법제도가 철저히 지켜지도록 거리 곳곳에는 감시카메라가 설치되고, 자동차에는 블랙박스가 달려 있으며, 누구나 음성과 영상을 기록할 수 있는 휴대기기를 갖고 있다.

이러한 변화와 함께 우리는 청결하고 단정한 옷차림, 차분한 태도, 타인에게 불안이나 위압감을 주지 않는 행동을 익혀왔다. 깨끗하고 냄새가 나지 않는 것이 '정상적인 인간의 조건'이 되었고, 불결하거나 불쾌한 냄새를 풍기면 "기분 나쁘다", "더럽고 냄새난다"는 말을 가차 없이 듣게 되었다.[13]

오늘날 일본 사회의 질서와 아름다운 거리, 그리고 비폭력적이고 청결 지향적이며 무취 지향적인 생활 습관은 서로가 서로에게 폐를 끼치지 않고 모두가 자유롭고 쾌적하게 생활할 수 있도록 최적화되어 있다. 하지만 서로에게 불편을 끼치지 않는 것, 모두의 자유와 쾌적함을 지나치게 추구한 결과, 이 아름다운 거리에서 냄새나는 사람, 불안감을 주는 사람, 위압감을 주는 사람은 그 자체만으로 타인의 자유롭고 쾌적한 생활을 위협하는 존재로서 부각되고 있다.

쇼와 이전 시대에 주류였던, 다부진 체격의 성인 남성은 오늘날 항상 조심해서 행동해야 한다. 그런 남성이 수상해 보이지 않고 주눅 들지 않으려면 자신이 비폭력적인 질서에 속한 사람임을 몸가짐과 행동으로 보여줘야 한다. 물론 청결하고 냄새가 나지 않는 것도 중요하다. 여성도 예외는 아니다. 악취를 풍기거나 위압감을 주는 외관을 지녔거나, 수상한 거동을 보이는 여성 또한 거리의 질서에서 벗어나 금세 눈에 띈다.

세련된 현대인은 누구나 이런 청결함과 무취를 장착하고, 위압감과 불안감을 주지 않는 몸가짐과 거동을 어릴 때부터 훈련받고, 아비투스[14]로서 익힌다. 현대인에게 어울리는 아비투스를 배우고 실천하면, 가령 다부진 체격의 남성이라도 수상한 시선을 받을 걱정은 없다.

그러나 모두가 그런 아비투스를 익히고 실천하는 게 과연 가능할까? 예를 들어 경제자본과 문화자본[15]이 풍부한 가정에서 자란 사람은 이 아비투스를 비교적 단시간 안에 익힐 수 있다. 아니, 익힌다기보다 어릴 때부터 무의식적으로 몸에 스며든다. 체취를 감춰주는 화장품이나 말끔한 옷차림을 위해 돈과 시간을 쓰는 것도 비교적 쉽다.

하지만 경제자본도 문화자본도 풍요롭지 못한 가정에서 자란 사람은 얼마든지 있다. 화장품과 옷에 돈과 시간을 쓸 여유가 없는 사람도 현실에는 많다. 이런 사람들이 여기서 말하는 주류로 편입되기 위해서는 경제자본과 문화자본이 풍부한 사람들보다 훨씬 많은 노력을 해야 하고, 아무리 노력해도 도저히 따라갈 수 없는 경우도 있다.

여기에 선천적인 문제도 관련된다. 2장에서 소개했던 발달장애, 가령 ADHD의 경우 부주의함과 산만함 탓에, ASD의 경우는 의사소통의 어려움과 매우 예민한 감각 때문에 몸가짐을 가지런히 하거나 청결한 라이프스타일을 지키고, 남에게 위압감과 불안감을 주지 않도록 행동하는 데 큰 어려움을 겪을 수밖에 없다.

'귀여움'이 곧 정의가 된 현대 사회

청결하고 안전하며 질서 정연한 사회에 어울리는 아비투스를 습득하기 어려운 사람이 있는가 하면, 반대로 그 아비투스를 습득하는 게 비교적 용이한 사람도 있다. 현재 도쿄에서 가장 자유롭게 거리를 활보할 수 있는 존재는 '청결하고, 경제자본과 문화자본이 풍부하며, 몸집이 작은 여성'이 아닐까? 이러한 여성은 겉모습으로 누군가에게 위압감이나 불안감을 주기 어렵고, 냄새나 행동으로 타인에게 불쾌감을 주는 경우도 드물다. 이는 기존 사회에서는 상상조차 하기 어려웠던 일종의 전도顚倒다.

앞서 언급했듯, 전통적인(그리고 조금 더러운) 거리를 마치 제 세상인 양 걸어 다녔던 이들은 다부진 체격의 난폭한 남성 혹은 권력과 폭력을 행사하는 남성이었다. 현대의 유럽 도시에도 도쿄에 비하면 남성이 우위에 섰던 시대의 흔적이 남아 있다. 물론 보란 듯이 무기를 휴대하고 다니는 남성은 사라졌지만, 유럽에서는 남녀를 불문하고 상대에게 업신여김을 당하지 않기 위해 늘 무장을 하고 다니는 듯 보인다. 그렇게 모든 이가 자신의 의견을 앞세우고, 서로 맞붙어 다투는 것을 전제로 한 듯한 패션과 태도, 나아가 자유가 유럽 도시에는 여전히 존재한다.[16]

하지만 도쿄의 자유는 유럽의 자유와는 크게 다르다. 도쿄의 자유는 청결하고 안전하며 질서 정연한 거리 속에서, 냄새나 마찰, 방해가 될 요소를 최대한 제거한 상태에서 실현되는 자유다. 거리에서 스쳐 지나가거나, 가게에 들러도 가벼운 한마디 인사조차 건넬 필요가 없는, 그렇게 서로의 안전과 편안함을 조금도 방해하지 않는 자유다. 아름다운 공원과 한적한 주택가에서 불안이나 의심을 살 만한 요소를 모조리 제거하고, 이런 습관과 통념을 구석구석까지 퍼뜨려 완성된 자유다. 이러한 '도쿄스러운 자유' 속에서는 자신의 의견을 앞세우거나 패션으로 무장하는 듯한 행동은 엄두도 못 낼 일이며, 무례하고 질서에 반하는 행위로 여겨지기도 한다.

유럽 사회와는 전혀 다른 형태의 자유가 깔린 도쿄에서 가장 제약 없이, 가장 사교적으로 살아갈 수 있는 존재는 타인에게 불안이나 의심을 불러일으키지 않는 안전한 존재들이 아닐까? 그리고 여기에 딱 들어맞는 이들이 바로 '귀여운' 존재들이다.

일본의 아름다운 거리가 완성되어가는 동안 일본 여성들은 유럽과 미국 여성과 달리 꾸준히 귀여운 패션을 발전시켜왔다. 사회학자 미야다이 신지는 저서《하위문화의 신화 해체サブカルチャー神話解体》에서 현대의 일본 여성과 더불어 '귀여움' 문화를 이끈 선구자로 1960년대에 나온 부모와 아이를 위한 잡지를 꼽는다. 그 잡지에서 이상화된 '누구에게나 사랑받는 귀여운 아이' 콘셉트에 따라 양육된 여자아이들이 10대 후반이 되었을 때, 귀여움은 성적으로 성숙한 여성 스스로를 긍정하는 청년 문화를 상징하는 말로 바뀌었다. 이후 1970년대를 지나면서 귀여움은 전방위적으로 모든 문맥에 자유롭게 적용되는, 모두에게 사랑받는 콘셉트로 변천해갔다.[17]

과거 꼬마 여자아이의 매력으로 여겨졌던 귀여움이 청년 문화를 상징하는 언어로 바뀌고, 나아가 모든 상황에서 통용될 만큼 거대한 보편성을 획득하자, 일본 남성 역시 귀여운 여성만을 선호하게 되었다. 연예계, 애니메이션, 게임 등 일본 청년 문화의 콘텐츠에 등장하는 인기 여성 캐릭터는 기존의 어른스러운 매력을 가진 여성상과 점점 괴리되어 마침내 '귀여운 모습'으로 정착했다.

그와 함께 일본 남성들에게 기대되는 모습도 달라졌다. 힘세고 싸움 잘하는 남성상은 주류에서 밀려났고, 대신 스맙이나 아라시 같은 귀여운 스타일의 소년미를 자랑하는 연예인들에게 열광하기 시작했다. 헤이세이 시대에 인기를 끌었던 일본 남성을 대표하는 아이콘은 결코 남성미가 물씬 풍기는 대장부가 아니다. 깔끔한 인상과 중성적인 분위기를 지닌, 타인에게 위압감과 불안감을 주지 않는 실루엣의 '꽃미남'이다.

이런 일련의 흐름 속에서 일본 청년 문화의 광범위한 영역은 '꽃미남'을 포함한 귀여운 캐릭터와 디자인에 점령되었다. '귀여움'은 전 세계로 수출되는 일본 콘텐츠의 매력 중 하나로, 산리오나 포켓몬처럼 수많은 귀여운 캐릭터를 끊임없이 양산해냈다. 요즘에는 지방자치단체의 마스코트도 귀여우면서도 느긋한 분위기를 내는 캐릭터가 대부분일 정도로, '귀여움'이라는 콘셉트의 유용성이 널리 인정받는 추세다.[18]

그러한 까닭에 조금 과장해서 말하면 현대의 도쿄, 더 나아가 현대의 일본에서 귀여움은 일종의 정의正義가 되었다. 귀여움은 누구에게나 사랑받고, 번화가든 한적한 주택가든 통용되는 콘셉트이자 지방자치단체에서도 즐겨 사용하고 있듯이 안전하고 무해하며 안심할 수 있는 상태로 간주된다. 반면 귀엽지 않은, 말하자면 사람들에게 불안과 의심을 불러일으키는 존재는 어디서든 환영받지 못하고, 타인에게 폐를 끼치는 부도덕한 존재로까지 인식되기 쉽다.

위험을 상기시키지 않는 귀여운 외모, 체취나 외관으로 타인에게 불편함을 줄 염려가 없는 무해한 존재는 이 아름다운 거리의 경관에 녹아들기 매우 적합할 뿐 아니라, 개인 간 부딪힘이나 방해 요소를 최대한 제거한 도쿄스러운 자유의 양상과도 정확히 일치한다. 사회의 습관과 통념, 자유의 양상과 맞물리는 만큼 '귀여움'은 실제 일본 사회 전반에서 옳다고 여겨지고 있다. 귀엽게 보이기 위해 노력하는 사람들, 또는 위험을 상기시키지 않는 존재가 되기 위해 애쓰는 사람들에 의해 이 거리의 습관과 통념, 자유의 형태는 더욱 고정되고 강화되며, 청결해진 거리와 함께 일본만의 질서를 형성하고 있다.

물론 여기서 말하는 '귀여움'이란 단순히 귀여운 외모만을 의미하지는 않는다. 4장에서 설명했듯, 아이들은 사회의 통념과 습관을 충분히 내면화하지 않았기 때문에 위험을 상기시키는 존재로 간주되므로, 귀여운 외모의 유소아나 어린이가 여기서 말하는 귀여움과 반드시 일치하는 것은 아니다.

또한 남성보다 여성이 상대적으로 귀여움과 일치하기 쉬울 테지만, 그렇다고 여자라면 누구나 아무 노력 없이 귀여움을 실현할 수 있는 것은 아니라는 점도 덧붙이고 싶다. 깔끔하고 냄새가 나지 않으며, 위압감과 불안감을 주지 않는 몸가짐과 거동은 여성이라고 해서 저절로 주어지는 것이 아니다. 그런 의미에서 귀여움은 유럽이나 미국과 달리 일본 사회에서는 반드시 익혀야 하는 또 하나의 아비투스라고 할 수 있다.

언제부터 이렇게 청결하고 안전해졌을까

그렇다면 대체 우리는 언제부터 이토록 청결함을 선호하고 안전하고 편안한 아비투스를 익혀야만 하게 되었을까?

위생 분야만 놓고 살펴보자면 청결 개념이 미국과 유럽 여러 나라에서 들어오기 시작한 때는 19세기로, 일본이 서양보다 크게 뒤처진 편은 아니었다. 파리에 하수도가 본격적으로 설치된 것이 19세기였는데, 일본에서도 1884년부터 간다하수• 시설이 정비되기 시작했고, 1900년에는 하수도법이 제정되었다.[19] 또한 1888년에는 최초의 국산 비누가 생산되었다.[20]

이보다 앞선 시기에는 유럽과 미국 사회에 위생이라는 개념 자체가 존재하지 않았다. 거리에는 오수와 폐수가 그대로 방류되었고 곳곳에서 심한 악취가 진동했다. 상류 계급 사람들은 한발 앞서 청결을 의식하기 시작했지만, 위생 개념이 완성되기 이전의 청결함이란 그저 새하얀 셔츠를 입고 깔끔함을 자랑하거나, 향수로 체취를 감추는 정도였다. 타인과의 차이를 드러내기 위해 청결을 과시했다는 것은, 당시의 청결함이 일부 상류 계급의 패션이자 우월감을 드러내는 하나의 수단이었음을 보여준다.[21]

자신을 돋보이게 하기 위해 청결에 신경 쓰는 상류 계급의

• 메이지 시대 도쿄에 건설된 근대식 하수도망

습관과 통념은 사실 그렇게 새로운 문화도 아니었다. 사회학자 노르베르트 엘리아스가 쓴《매너의 역사》에 따르면 15세기 이전에는 왕족조차 청결과 관련된 습관이나 통념을 갖고 있지 않았으며, 식사 예절이나 그 외 지켜야 할 기본적 매너(침 뱉기, 코 풀기, 용변 보기 등)에도 무관심했다고 한다.[22] 그러다가 16세기, 네덜란드의 인문학자 에라스무스가《아이들을 위한 예절 입문서》를 펴내자 이것이 상류 계급에 어울리는 행동과 태도를 담은 예법서로 큰 인기를 끌었고, 활판 인쇄술의 발달에 힘입어 유럽 전역에서 읽히기 시작했다. 이후 상류 계급을 위한 예법서는 16세기부터 18세기까지 하나의 큰 장르가 되었고, 상류 계급을 자처한 부르주아 계급도 이를 따르면서 그 저변이 크게 확대되었다.[23]

이러한 예의범절은 부모 세대에서 자녀 세대로 계승되는 과정을 거치며 사회의 아비투스로 자연스럽게 정착했고, 중상류 계급의 문화자본으로 받아들여졌다. 동시에 시대가 흘러감에 따라 내용이 점점 더 세련되고 복잡해졌고, 이전 세대에는 무심했던 행동이 다음 세대에는 무례한 행동이 되어 금지되는 변화도 종종 일어났다.

이와 같이 예의범절이 자리 잡고 상하수도 시설, 목욕이나 샤워 등 청결을 유지하기 위한 인프라가 보급된 데다, 세균학을 토대로 한 위생 개념이 더해지면서[24] 오늘날 우리가 가진 청결에 대한 이미지가 완성되었다.

알랭 코르뱅 등이 쓴《몸의 역사》에 따르면 19세기에, 특히 가톨릭 문화권에서는 물에 몸을 담그는 행위가 이교도의 습관으로 여겨졌다고 한다. 게다가 19세기 파리에는 상하수도 시설이 충분히 갖춰지지 않아 특권을 가진 부르주아만이 목욕물을 배달받아 자택에서 몸을 씻을 수 있었다고 한다. 그럼에도 부분적인 목욕 기구와 비데 등 신체 일부를 닦는 도구와 화장실 등은 경제적으로 여유 있는 계층을 중심으로 점차 사용되기 시작했고, 19세기 후반이 되자 아파트에도 목욕 시설이 갖춰졌다.[25] 그리고 미생물이 발견되자 청결은 마침내 위생 개념과 강하게 결합되면서 더 이상 계급을 과시하기 위한 것이 아닌, 전염병을 막고 거리를 안전하게 지키며 군인과 국민의 건강을 증진시키기 위한 것으로 자리 잡았다. 19세기 프랑스 정부는 청결을 정착시키기 위해 필사적으로 노력했는데,[26] 여기에는 부국강병을 이루기 위한 목적이 깔려 있었다. 또한 일본의 메이지 정부도 같은 목적 아래 위생 개념을 보급해나갔다.

청결 그 자체를 위한 습관이 정착되고 인프라가 갖춰지자 깨끗함이 곧 '옳음'으로 받아들여졌고 더러운 것을 기피하는 감정도 나날이 커졌다. 비위생적인 상태는 전염병을 불러올 위험을 내포할 뿐 아니라 부도덕하며 퇴폐적인 것으로 간주되었다. 부르주아는 점점 더 청결과 무취를 추구했고, 더러운 서민 계급을 멀리하며 깨끗한 환경과 좋은 향기에 둘러싸인 사생활에 탐닉했다.[27] 그리하여 배설이나 몸단장 같은 악취나 불결함과 연관된 행위를 하는 장소는 사적인 영역으로 숨겨졌고, 이를 사람들 앞에서 하는 것은 예의에 어긋나는 일로 여겨지게 되었다.[28]

한편 일본은 에도 시대부터 목욕 문화가 있었고 대중목욕탕이 흔히 이용되었다. 하지만 이는 19세기 이후 프랑스 부르주아처럼 배설과 몸단장을 사적 영역으로 감추고, 남들 앞에서는 무취·무결한 상태로 있으려는 습관과는 거리가 멀었다. 몸을 씻는 장소인 대중목욕탕은 많은 이들이 모여 정보를 교환하는 사회적 장소이기도 했으며, 남녀가 한데 섞여 씻는 혼욕도 일반적이었다.[29]

앞서 언급했듯, 일본에서는 1980년대부터 아침에 샴푸로 머리를 감고 체취를 제거하는 각종 화장품을 쓰는 사람이 폭발적으로 늘었다. 이는 일반인들도 뚜렷하게 체감할 만큼 큰 생활 변화였다. 1970~80년대 내가 살던 마을에서는 매일 몸을 씻는 사람이 극히 드물었고, 집에 샤워 시설이 없는 경우도 많았다. 그런 시골에서조차 80년대 후반부터 90년대를 지나며 아침에 머리를 감는 문화가 생겼고, 이를 위한 샴푸가 크게 유행했다. 많은 사람이 샴푸 향을 은은하게 풍기면서 자신의 체취를 감추는 방식을 선호하게 된 것이다.[30]

《별책 다카라지마 80년대의 정체!別冊宝島 80年代の正体！》에 따르면 1988년 주식회사 카오에서 실시한 조사를 토대로 일주일간 평균 샴푸 사용 횟수가 그래프로 제시되어 있는데, 새로운 청결 습관과 통념은 주로 젊은 세대를 중심으로 크게 유행했고, 당시의 젊은이들이 나이를 먹으면서 점차 사회 전체로 퍼져나갔다. 물론 이러한 변화는 고도 경제성장기의 산물이기도 했다. 세탁기와 수세식 화장실, 샴푸 등을 구비할 수 있는 경제력이 서민에게까지 생겼

일주일간 평균 샴푸 사용 횟수

《별책 다카라지마 80년대의 정체!》를 토대로. 1988년 카오에서 실시한 조사를 바탕으로 작성.

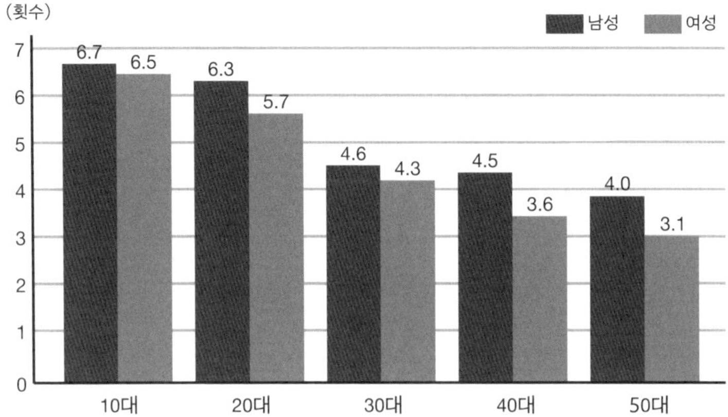

기에 가능했으며, 냄새 없는 라이프스타일을 추구할 수 있는 인프라가 보급되지 않았더라면 이러한 대대적인 생활 습관 변화는 일어나기 어려웠을 것이다.

그 변화의 정점 중 하나가 1988년 토토에서 개발한, 지금은 너무나 익숙한 화장실용 에티켓 벨 '오토히메'다. 용변 보는 소리를 물 흐르는 소리로 감추는 이 장치는, 용변을 볼 때 무취뿐 아니라 무음이고 싶은 일본인들의 욕구를 완벽하게 충족했다. 오늘날 일본인에게는 대수롭지 않은 장치처럼 보일지 몰라도, 익스피디아가 재일 외국인을 대상으로 실시한 설문 조사에서는 '일본에 와서 놀랐던 점 1위'로 꼽힐 만큼 외국인에게는 특별해 보이는 것 중 하나다.[31]

청결하고 안전한 사회를 만들기 위해 우리가 지운 것들

이렇게 일본은 향수를 즐겨 쓰는 미국과 유럽 사회와는 결이 다르면서도 무서우리만큼 첨예한 '청결 대국'이 되었다. 인간이라면 서로 냄새를 풍기는 것이 당연하고, 담배꽁초를 아무 데나 버리고 침을 뱉고 노상방뇨를 하는 것이 그리 이상하지 않았던 습관과 통념은 쇼와 끝 무렵을 지나 헤이세이 시대로 이어지는 동안 점차 불결하고 무례한 것으로 인식되며 철저히 표백되었다. 레이와 시대의 일본인은 담배 냄새, 체취, 침 뱉기, 배설물 냄새는 물론이고 용변을 보는 소리에도 강한 불쾌감을 느낀다. 이는 곧 자신이 그런 행위를 하여 타인에게 불쾌감을 줄 경우 강한 수치심과 죄책감을 느낀다는 뜻이기도 하다.

이 같은 정서가 수치심과 죄책감의 형태로 개인의 내면에도 깊이 스며 있다는 점은, 그것이 이 나라의 습관이자 통념, 나아가서는 초자아의 일부를 구성한다는 뜻이다. 일본만의 아름다움과 쾌적함, 일본식 자유, 그리고 한밤중에도 편의점에 들를 수 있는 안전한 환경은 이런 통념과 습관을 기반으로 성립되었다고 볼 수 있다.

타인에게 불쾌감을 주지 않고 위험과 불안을 떠올리게 하지 않는 습관이 사회 전반에 깊이 침투하면서 일본, 특히 도쿄는 일종의 독특한 다양성을 얻게 되었다. 물론 여기서 말하는 다양성이란 미국과 유럽, 특히 미합중국의 개방적 도시가 달성한, 이민 사회에 정당성을 부여하는 사상적 다양성과는 결이 다르다. 향수를 뿌리고, 패션과 강한 완력을 드러내며, 개인과 개인이 직접 부딪히고 제 의견을 앞세우며 맞붙는 것이 전제된 미국과 유럽 사회의 다양성은 자유주의와 정치적 타당성, 시민을 위한 공공성이 견인해온 개념이다. 하지만 일본은 그렇지 않다. 일본은 청결을 철저히 추구하고, 불쾌감과 위압감을 서로 표백해가며, '귀여움'으로 상징되는 아비투스를 내면화함으로써 서양과는 전혀 다른 형태의 다양성과 개인의 자유를 성립시켰다.

앞서 인용한 엘리아스의 《매너의 역사》에서 그는, 16세기 이후 사교계에서 다양한 신분의 사람들이 교류하게 되었고, 서로 다투지 않고 잘 지내기 위해 예의범절이 필요해졌으며, 이것이 점차 세련되고 복잡해졌다고 설명한다. 출신과 직업, 사회적 역할이 모두 다른 사람들이 하나의 사교계에 모여 다양성이 심화되고 상호 의존도가 높아지자, 질서를 유지하려면 서로에게 불쾌감과 위압감을 주지 않는 습관과 통념이 필요해졌다는 것이다.[32]

이러한 습관과 통념은 사교계에 진입하기 위해 필수적으로 익혀야 했고 중상류 계급의 사회적 지위를 나타내기도 했으므로, 사람들은 어릴 때부터 철저히 예의범절을 익혀나갔다. 이후 세대를 거치면서 예의범절은 더욱 깊이 내면화되어 초자아를 지배하게 되었고, 사람들의 행동을 예의범절이라는 틀 안으로 점점 가두어나갔다.[33]

이 같은 변화는 고도 경제성장기 이후의 일본 사회, 특히 도쿄에서 급속도로 진전되었다. 게다가 일본은 제2차 세계대전 후에 사회제도가 쇄신되면서 사교계의 양상이 크게 달라지고, 다양한 사람들이 섞이기 시작했다. 엘리아스의 고찰을 따른다면, 이러한 과정을 거친 거대 도시에서는 타인에게 불쾌감과 위압감을 주지 않는 습관과 통념이 발전할 수밖에 없고, 이를 초자아로 내면화한 사람들이 생겨날 수밖에 없었던 것이다.

청결한 질서를 무조건 옹호하지는 못하는 이유

현대 도쿄 사람들의 생활과 행동을 지켜보면 이것이야말로 엘리아스가 묘사한 문명화의 한 귀결점처럼 보인다. 다민족으로 구성된 미국과 유럽 사회에서는 다양성이 자유주의 사상과 정치적 타당성에 의해 지지받았지만, 비교적 동질성이 강한 데다 전례가 없을 만큼 급속한 근대화를 겪은 일본에서는 전혀 다른 종류의 다양성이 완성되었다. 특히 제2차 세계대전 후 사교의 양상이 크게 달라지면서 청결한 습관과 통념이 고도화되었고, 그 결과 서양과는 결이 다른 형태의 다양성이 일본에서 자리 잡았다.

개개인의 자기주장을 전제로 개인의 자유를 성립시킨 사회와, 반대로 자기주장을 가능한 한 억누르고 '귀여움'이라는 사회적 적응 양식이 환대받는 사회에서는 자유의 내실도, 자유롭기 위한 조건도 다를 수밖에 없기 때문이다.

이러한 질서가 발전한 결과, 도쿄를 비롯한 일본 사회에서는 개개인이 자기 주장을 내세우지 않아도 각자가 편안한 자유를 만끽할 수 있는 사회, 한밤중에도 편의점에 다녀올 수 있는 사회가 실현되었다. 불쾌감과 위압감을 줄 수 있는 거의 모든 요소를 함께 억누름으로써 성립된 이 사회에서는 자기주장이 서툰 사람도 비교적 자유롭게 일상을 영위할 수 있다. 이런 점만 놓고 본다면 일본이 유럽이나 미국 사회보다 더 훌륭하다고 말할 수 있을지도 모르겠다.

그러나 그 대가로, 이 질서에서 벗어난 사람들, 즉 비주류에게 일본 사회는 어디에서나 따가운 시선과 수상쩍은 눈초리를 감내해야만 하는 곳이다. 번화가의 혼잡한 인파 속에 섞여야만 겨우 투명 인간이 될 수 있고, 늘 숨죽이고 지내야 하는 곳이기도 하다. 질서의 안쪽에 머물기 위해서는 청결에 신경 쓰고, 복장에도 주의를 기울여야 하며, 수상한 거동으로 의심받지 않도록 행동과 태도를 관리해야 한다.

청결함이란 원래 상류 계급의 자기 과시로 시작해, 이후 중상류 계급의 사회적 지위를 보여주는 특성이 되었다. 몸단장에 돈과 시간을 쓸 수 있는 사람만이 청결함을 능숙하게 관리할 수 있었으며, 그러한 가정의 자녀만이 자연스럽게 체득할 수 있는 문화자본이기도 했다. 결국 청결은 애초부터 불평등에 뿌리를 둔, 부유할

수록 쉽게 적응하고 가난할수록 애써야 하는 질서였다. 그렇지 못하면 선 밖으로 밀려나는 것이다.

그러니 먹고살기 바쁜 데다 귀여움과 거리가 먼 외양을 지닌 사람들에게 이 질서가 얼마나 버거울지 짐작할 수 있다. 게다가 세상에는 번화가의 혼잡 속에 섞여 잠시나마 투명 인간이 되는 것이 유일한 자유인 사람들도 분명히 있을 것이다. 그리고 점점 더 청결해지고, 점점 더 서로에게 불쾌감을 주지 않으려는 이 사회의 흐름을 도저히 따라갈 수 없는 이들은 먹고살기 바쁜 중년 남성만이 아니다. 4장에서 살펴보았듯, 아기는 태어난 순간부터 '동물'로서 위험과 불쾌감, 불안을 상기시키는 존재이기에 이 예민하고 신경질적인 사회로부터 환영받기 어렵다. 문화자본이 풍부한 가정에서 태어난 아이들조차 날 때부터 청결과 예의를 익히고 태어나는 것은 아니므로, 여기에 완벽히 적응하기 전까지 부모는 아이와 사회 사이에서 딜레마를 겪을 수밖에 없다.

출산 전까지는 거리를 자유롭게 활보했던 '귀여운' 여성들조차 아이를 낳게 되면 청결한 사회의 주류에서 밀려난다. 아이의 행동에 따라 주위의 눈치를 봐야 하고, 죄책감과 수치심에 시달리거나 지나치게 신경질적인 사람이 던지는 따가운 시선을 견뎌야만 한다. 저출생 문제가 심각해진 지금은 아이를 데리고 다니는 사람들에 대한 시선이 조금은 너그러워졌을지 모르지만, 여전히 어린이집이나 아동보호시설을 향한 지역 주민의 시선은 까칠하기만 하다.

이 청결한 거리는 청결에 익숙한 주류에게는 쾌적한 자유를 아낌없이 제공한다. 그러나 청결에 익숙하지 않은 비주류에게는 청결을 강요하고, 그 기대를 충족하지 못하면 수치심과 죄책감을 느끼게 하며, 때로는 배제와 소외를 낳는다. 의료와 복지제도가 크게 발전한 오늘날에는 배제와 소외 대신 지원과 치료가 제공되기도 하지만, 이는 역으로 말하면 지원과 치료를 받아서라도 그들이 청결한 사회 속으로 재배치되어야 한다는 의미이기도 하다. 청결한가 아닌가, 불안이나 위압감을 유발하는가 아닌가가 거의 모든 상황에서 끊임없이 검열되는 이 사회에서 벗어날 선택지는 없어 보인다. 하지만 그렇다고 해서 근대화의 말미에서 실현된 이 청결한 질서를 무턱대고 부정할 수도 없다. 인구가 이토록 집중되어 있고 습하고 더운 도쿄에서 우리가 쾌적하고 안전하게 일상을 누릴 수 있는 데에는 청결한 습관이 널리 퍼져 있다는 점이 일정 부분 작용했기 때문이다.

현대의 삶이 청결을 사회의 성립 조건으로 삼는 이상, 그 혜택은 주류뿐 아니라 비주류에게도 돌아간다. 따라서 청결을 단순히 부정할 수는 없다. 주류인 사람들이 더 많은 혜택을 누리고 있기는 하나, 이른바 '질서의 낙수효과' 덕분에 비주류 사람들 역시 현대 사회의 쾌적함을 향유하고 있는 것은 분명한 사실이기 때문이다.

그러니 우리가 질문해야 할 것은 청결한 질서가 옳으냐, 그르냐가 아니다. 청결한 거리를 유지하면서 어떻게 하면 배제와 소외를 줄일 수 있을지, 청결을 실천하는 능력에 개인차가 있다는 점을 어떻게 받아들일지, 그리고 청결은 중상류 계급이 견인해온 만큼 그 안에 남아 있는 불평등의 흔적을 어떻게 다뤄야 하는지를 고민해야 하는 것이다. 최소한 앞으로 더 이상의 배제와 소외가 일어나지 않도록, 또 의료와 복지의 지원을 필요로 하는 이들이 더 늘어나지 않도록 이 질서의 흐름을 똑똑히 주시해야 하지 않을까?

물론 어떤 사람들은 개개인이 자신의 의견을 앞세우고 서로 부딪히고 맞붙어 싸울 수 있음을 전제로 한 미국과 유럽형 사회로의 전환을 원할지도 모른다. 그에 자연스럽게 뒤따르는 미국과 유럽형 근대 시민사회로의 정착을 말이다.

에라스무스가《아이들을 위한 예절 입문서》를 쓴 지 500년 가까운 시간이 지났다. 유럽과 미국에서 시작된 청결과 예의범절의 습관은 이제 세계 곳곳에서 실천되고 있으며, 더 폭넓고 더 섬세해지는 추세다. 하지만 겨우 500년 전, 아니 100년 전만 해도 이러한 습관은 지극히 일부 사람들만이 실천할 수 있었던 예외적 사항이었음을 우리는 기억해야 한다.

오늘날의 주류가 당연하게 누리고 있는 청결은 사실 후천적으로 배워서 익혀야 하는 것이지, 모든 이가 선천적으로 알고 태어나는 것이 아니다. 앞으로도 거리가 더 깨끗해지고 우리의 습관이 계속해서 섬세해지기만 한다면, 청결함에 서툰 사람들은 점점 더 어깨가 움츠러들고 투명 인간이 되도록 강요받을 것이다. 그래서 나는 청결한 질서를 무턱대고 부정하진 않지만, 그렇다고 노골적으로 옹호하지도 못하겠다.

6장

공간 설계는 어떻게 사람을 길들이는가

규율 훈련형 권력과 환경 관리형 권력

6장에서는 거리와 주택의 만듦새, 그리고 인터넷의 설계가 우리의 행동에 어떤 영향을 미치며 어떤 문제를 일으키는지, 이 책의 주제를 바탕으로 설명하고자 한다. 지금까지 서술했듯, 우리의 행동과 태도는 각 시대의 통념과 습관에 큰 영향을 받으며 이 틀에서 벗어나기란 거의 불가능하다. 통념이나 습관과 동떨어져 있는 사람은 때로 불건강하거나 부도덕하다고 여겨지기까지 한다.

여기에 한 가지 더 덧붙이자면, 우리의 행동과 태도는 공간의 만듦새, 즉 공간 설계에 의해서도 크게 좌우된다는 점이다. 통념과 습관 자체가 공간에 영향을 받는다는 뜻이기도 하다. 가령 툇마루를 통해 이웃집과 얼굴을 마주하기 쉬웠던 쇼와 시대의 주택과 사생활 보호를 최우선시하는 레이와 시대의 주택에서는 이웃과의 의사소통 빈도와 내용이 크게 달라질 수밖에 없다. 후자의 경우, 사람들은 사생활 침해에 더욱 민감해진다. 이처럼 주택 구조가 이웃과의 접점이 생기기 쉬운지 어려운지에 따라 우리의 의사소통 방식과 사생활 감각은 크게 달라진다. 통념과 습관이 공간 설계와 밀접한 관계를 맺는 이상, 이 책에서도 이 문제를 짚고 넘어가지 않을 수가 없다.

본론에 들어가기 앞서 내가 공간 설계라는 문제에 관심을 갖게 된 계기부터 이야기하고자 한다.

정신과 전공의 시절, 지도교수의 권유로 여러 정신과 병원을 견학하러 다닌 적이 있다. 당시의 나는 아는 것이 거의 없었지만, 그럼에도 정신과 병원의 병동 설계는 매우 흥미롭게 다가왔다. 병원마다 병동 설계가 달랐는데, 그중에는 중앙에 간호사 대기실을 두고 그 둘레를 따라 둘러싸듯 병실이 배치된 원형 구조도 있었다. 나중에 미셸 푸코의 책을 읽고 나서야 그것이 벤담이 고안한 '판옵티콘'이라는 공간 설계라는 사실을 알게 되었다.[1] 내가 전공의 시절을 보냈던 나가노현에는 2000년경에도 이러한 판옵티콘형 병동이 여전히 남아 있었다.

하지만 이보다 강한 충격을 준 병원은 따로 있었다. 개방형 환경을 갖춘 2층 규모의 병원이었는데, 이 병원은 공간 설계를 통해 환자의 투신자살을 방지하고 환자들끼리의 의사소통을 장려하며, 입원 생활 중 환자들의 다리와 허리가 쇠약해지는 것을 막고자 했다. 그 병원의 이름은 '난신병원'으로, 나가노현 남부에 위치해 있었다. 개방형 정신과 병원을 개척하고자 했던 병원장의 아이디어에서 비롯된 구조였다. 난신병원의 2층 창문에는 투신을 막기 위한 쇠창살 같은 장치가 없었다. 대신 창문 아래로 내려다보면 커다란 화단이 있었고, 365일 꽃이 피어 있었다. 화단에 꽃이 피어 있으면 아무래도 뛰어내리려는 충동 자체가 줄어들 것이고, 만에 하나 뛰어내린다 해도 콘크리트 바닥보다 충격이 훨씬 덜할 것이라는 생각이었다.

2000년 이후였음에도 병원 라운지에는 TV가 없었고, 대신 신문과 잡지, 트럼프 카드나 마작 등이 여럿 비치되어 있었다. 라운지는 혼자보다는 여러 사람이 함께 시간을 보내는 데 적합한 공간으로 설계되어 자연스럽게 환자 간 접점이 생기고 의사소통이 이루어졌다. 사계절의 변화를 느낄 수 있도록 꾸며진 넓은 정원은 산책 공간이 되어 환자들이 입원 기간 동안 근력이 약해지지 않도록 도왔다.[2]

이러한 공간이 가능했던 배경에는 병원이 소규모라 중증 환자의 입원이 드물었다는 점, 병원장을 포함한 모든 의료진이 고도의 숙련도를 갖추고 있었다는 점을 들 수 있다. 하지만 그런 점을 고려하더라도 다른 병원과 비교했을 때 이 병원의 병동 공간 구조와 기능은 매우 특별했다. 약물과 상담 치료뿐 아니라 공간 설계 역시 환자의 행동과 증상, 나아가 치료 과정에 확실한 영향을 미친다는 사실은 당시의 나에게 큰 충격을 주었다.

중앙에서 병실을 한눈에 내려볼 수 있도록 만들 것인가, 아니면 TV가 없는 라운지를 마련해 환자끼리의 접점을 늘리고 의사소통을 장려할 것인가. 구체적인 방식은 달랐지만 공간 설계를 통해 인간의 행동에 영향을 준다는 점에서는 두 방식 모두 동일했다.

전자의 경우, 공간 자체가 환자의 행동에 직접적 영향을 주기보다는 공간을 통해 '누군가가 나를 내려다보고 있다'는 감시의 시선을 느끼게 함으로써 환자의 행동을 교정하고 규율을 내면화하게 한다. 이를 일반적으로 '규율 훈련형 권력'이라 부른다.[3] 규율을 내면화시켜서 적절한 행동과 태도를 보이는 인간을 양성한다는 점에서 학교도 여기에 포함된다. 학교는 스케줄에 따라 움직이고, 청결하고 행실이 바르며, 앉아서 하는 공부와 화이트칼라 노동에 맞는 인간을 길러내는 사회적 장치로서 기능하기 때문이다.

반면 후자는 특정 규율이나 통념을 내면화시키지 않고도 인간의 행동을 통제한다. 이런 공간 설계를 '환경 관리형 권력'이라 부른다. 패스트푸드점의 의자를 일부러 불편하게 만들어서 손님이 머무는 시간을 짧게 하거나, 노숙자들이 앉아 있을 만한 장소에 오브제를 배치해서 착석 자체를 막는 방식 등이 여기에 속한다.[4]

정신의료 현장에서 공간 설계가 행동과 태도 관리에 얼마나 큰 영향을 미치는지 깨달은 이후, 나는 이 사고방식을 도쿄라는 도시의 거리와 신도시, 초고층 아파트 생활에도 적용해보게 되었다. 정신과 병원과 마찬가지로, 도시의 거리와 주거 공간 역시 우리의 행동에 큰 영향을 미치며, 통념과 습관을 내면화하는 데 중요한 역할을 한다는 점을 알게 되었기 때문이다.

거대한 정신과 병동처럼 기능하는 도시, 도쿄

도쿄는 거리 전체가 인공적인 공간 설계로 뒤덮여 있다. 정신과 병원과 같은 의도로 공간이 설계된 것은 아니지만, 어쨌든 거리 전체가 사람의 손으로 만들어졌으며, 자연 상태 그대로의 모습이 남아 있는 곳은 거의 없다. 그런 인공적인 공간 설계로 뒤덮인 거리 안에서, 도쿄에 사는 시민 대부분은 매우 예의 바르게 생활한다. 이토록 거대한 도시가 혼란에 빠지지 않고 기능할 수 있는 데에는 도쿄 시민의 질서 정연한 행동이 기여한 측면도 있다.

예를 들면 도쿄 시민은 함부로 도로를 가로지르지 않는다. 그들은 횡단보도나 육교를 이용해 정해진 방법으로 도로를 건넌다. 자동차가 많이 다니는 장소는 물론이고, 자동차가 거의 다니지 않는 주택가에서도 횡단보도가 없는 차도를 무질서하게 건너는 일이 거의 없다. 또한 횡단보도에서도 빨간 신호가 켜지면 다들 얌전히 멈춰 선다. 번화가 근처라면 몰라도, 주택가의 횡단보도에서는 자동차가 오지 않더라도 대부분 정직하게 초록불을 기다린다. 이런 사람들은 시골보다 도시에 훨씬 많다.

그렇다면 어째서 도쿄의 시민은 이토록 규칙적이고 예의 바르게 행동할까? 물론 일정 부분은 도쿄에서 사는 사람의 아비투스와 문화자본이 지방 사람들에 비해 더 세련되었기 때문일 수도 있다. 청결을 비롯한 부르주아적 생활 습관은 상류에서 중류로,

중류에서 서민으로, 중앙에서 지방으로 확대되기 때문에 현대 사회에서 바람직하다고 여겨지는 아비투스와 문화자본을 몸에 익힌 사람이 수도에 특히 많은 것은 이해할 만하다. 하지만 사실 도쿄는 지방에서 끊임없이 인구가 유입되고 있으며, 최근에는 세계 각국에서 온 외국인들도 많다. 그럼에도 여전히 혼란스럽지 않다.

도쿄의 질서에 대해 생각하던 중 나는 한 가지 사실을 문득 깨달았다. 도쿄라는 도시는 사람들의 행동을 일정한 틀에 집어넣고, 그 틀 안에서 생활하기만 해도 자연스럽게 습관과 규율을 주입받게 되는 공간 설계로 가득 차 있다는 점을 말이다.

가령 다음의 사진을 보자. 교통량이 많은 곳은 물론이고 비교적 교통량이 적은 곳에서도 도쿄 내 도로에는 보행자와 차량을 분리하기 위한 가드레일이 설치되어 있어 물리적 구분이 철저하다. 나 같은 시골 사람이 횡단보도도 육교도 없는 장소에서 무심코 차도를 가로지르려 했다가는 가드레일에 막혀 난처한 상황이 벌어지곤 한다. 하지만 도쿄에서 쭉 살아온 사람들은 이런 가드레일이 성가시다고 느끼지 않는다. 가드레일이나 육교, 보행자 전용도로와 같은 공간 설계에 둘러싸여 생활하다 보면 '보행자는 아무 곳에서나 차도를 건너면 안 된다'는 습관이 의식할 틈 없이 자연스럽게 몸에 배기 때문이다.

나처럼 시골에서 나고 자란 사람들에게는 이런 습관이 완벽하게 몸에 배어 있지 않다. 지방 도로에도 보행자와 차량 분리선이 있고 도로교통법은 전국 어디서나 똑같지만, 시골은 도시처럼

교통량이 적은 곳에도 설치된 가드레일. 도쿄, 2019년

물리적 인프라가 정교하지 않아 언제든 보행자가 차도 쪽으로 비켜 나갈 수 있다. 따라서 시골에서 '보행자는 아무 곳에서나 차도를 건너면 안 된다'는 습관을 익히려면 꽤나 의식적인 노력을 반복해야만 한다. 하지만 애초에 교통량이 많지 않은 시골에서는 그런 습관 자체가 의미를 갖지 않는 경우가 많다.

이 외에도 도쿄에는 사람들이 규율과 습관을 지키도록 만들고 마음대로 행동하지 못하게 하는 물리적 인프라가 많다. 정해진 시간에 도착하는 전철을 정해진 자리와 레인에서 기다리기, 표지와 안내문에 따라 입체 교차하는 통로를 정해진 대로 지나가기,

지하철을 이용할 때 반드시 자동개찰구를 통과하기 등이 그 예다.

도쿄 사람들은 가드레일 같은 물리적인 공간 설계뿐 아니라 표지와 간판, 법제도에 의해 행동과 태도를 규정받는 부분도 있다. 어디까지가 규율 훈련형 권력이고 어디부터가 환경 관리형 권력인지 구별하는 것은 어렵지만, 거리의 설계에 의해 사람들의 행동과 태도가 좌지우지되고, 정해진 공간 설계에 맞춰 행동하도록 끊임없이 훈련받고 있다는 점은 분명한 사실이다. 이렇게 공간 설계가 사람들에게 미치는 영향은 지방 도시나 시골 마을과는 비교가 되지 않을 정도로 농밀하다.

노상방뇨를 도쿄 시민이 하지 않는 이유도 시골 사람들에 비해 청결 의식이나 사생활 인식이 높아서만이 아니다. 대부분의 공간이 '노상방뇨를 해서는 안 되는 장소'로 명확히 정의되어 있기 때문이기도 하다. 시골에서는 소유나 용도가 명확하지 않은 장소가 매우 많고, 노상방뇨가 이루어지는 곳은 늘상 그렇게 사용되어왔던 장소일 때가 많다. 하지만 도쿄에서는 모든 공간의 소유가 명확히 표시되어 있고, 공터에도 출입을 막는 끈과 울타리가 설치되어 있다. 말하자면 노상방뇨가 가능한 공백 지대가 도쿄에는 거의 존재하지 않으며, 어디든 공간의 소유와 용도를 상기시켜서 민폐가 될 만한 행위를 단념케 한다.

도쿄라는 거대 도시가 질서 정연한 상태로 유지되는 배경에는 정교한 공간 설계가 교통을 통제할 뿐 아니라, 그 자체가 사람들에게 습관과 규율을 끊임없이 주입하고 훈련시키는 기능을

갖가지 금지 표시가 적힌 가드레일. 도쿄, 2019년

겸비하고 있기 때문이 아닐까?

그렇다고 해서 도쿄의 인프라를 정비한 사람들이 처음부터 습관과 규율을 내면화시키고자 의도했다고 보기는 어렵다. 가령 보행자와 차량을 분리하는 가드레일의 설치에 관해 제10차 도쿄도 교통안전계획을 확인해보면, 목적은 교통 혼란 방지와 보행자와 자동차 쌍방의 안전 확보이며, 습관과 규율의 내면화는 별도의 교통안전교실 등의 운영을 통해 이루어지고 있음을 알 수 있다.[5] 마찬가지로 정시 운행으로 도쿄 시민의 행동과 습관을 훈련시키는 도쿄 메트로와 각 철도사의 교통망 역시 원활한 교통을 유지하기 위한 것이지, 규율 내면화를 의도한 것은 아니다.

하지만 관리자들의 의도가 있든 없든, 도쿄의 공간 설계와 교통질서는 사람들에게 관습과 규율을 따르게 하고, 정해진 대로 행동하는 삶을 당연하게 여기게 하고 있다. 원활한 교통을 위해 만들어진 공간 설계가 결과적으로 우리의 습관과 규율에 영향을 미친다고 해서 비판할 이유는 없지만, 적어도 그러한 영향을 인식하고 주의 깊게 바라볼 필요는 있을 것이다.

도쿄의 공간 설계가 사람들의 행동을 규정하고 습관과 규율을 끊임없이 주입하고 훈련하는 시스템으로서 기능하고 있음을 깨달은 후로, 나는 도쿄의 거리와 사람들의 행동에 큰 관심을 갖게 되었다. 도쿄의 공간 자체가 사람들의 행동을 결정하고 습관과 규율을 주입하고 있다면, 어떤 의미에서 도쿄는 거대한 정신과 병동처럼 기능하고 있다고 볼 수 있지 않을까? 문화자본과 아비투스의 세대 간 전승, 학교 교육, 자기계발 활동뿐 아니라, 도쿄라는 공간 자체가 예의 바른 현대인을 생산해내는 거대한 사회 장치와 다를 바 없는 것이다. 적어도 변방에서 나고 자란 내 눈에는 그렇게 보이기 시작했다.

규율, 습관, 사상의 온상지인 가정이라는 공간

인간의 행동과 습관에 영향을 미치는 공간은 비단 거리만이 아니다. 가정 역시 그 안에 사는 사람들의 행동을 결정하고, 습관과 규율을 주입하며, 사상의 온상지가 된다. 가정은 유소아기를 보내는 장소이자 부모로부터 아비투스와 문화자본을 물려받는 곳인 만큼, 그 공간 설계가 우리에게 미치는 영향은 매우 크다고 할 수 있다. 그런 의미에서 주택 업자가 항상 천장이 높은 집을 추천하는 것도 이해할 만하다.

과거의 집과 비교했을 때 현대 일본의 집이 지닌 가장 큰 특징은 바로 사생활 보호가 철저해졌다는 점이다. 현대의 집은 이웃집과의 경계가 확실하고, 툇마루와 같은 애매한 공간을 통해 외부와 연결되는 경우가 거의 없다. 실내 역시 벽과 서양식 문으로 공간이 명확하게 나뉘고, 아이는 꽤 어릴 때부터 자기 방을 갖고 개인적인 시간을 보내게끔 되어 있다.

가족, 더 나아가 개인의 사생활을 보호하는 공간으로서의 주택은 전후를 기점으로 등장하기 시작했다. 쇼와 이전의 일본 가옥, 특히 농가에서는 사생활을 보호해주는 장치가 없었다.[6] 손님방과 응접실은 가족 이외의 사람이 출입할 수 있는 공간이었고, 침실은 가족이 다 함께 쓰는 공간이었다. 이런 공간 구성은 전후에 만들어진 공동주택에서도 여전히 일부 흔적을 찾을 수 있다.[7]

그러나 20세기 후반이 되자 그러한 집은 시대에 뒤처진 형태가 되었다. 거실과 침실, 아이 방이 분리된 서양식 주택이 주류가 된 것이다. 집은 거리로부터 가정을 분리하고 사생활을 보호하는 인프라가 되었으며, 동시에 가정 내부에서도 개인의 사생활을 보호하는 공간으로 바뀌었다. 뒤에서 다시 살펴보겠지만, 이처럼 개인의 사생활을 존중해주는 가옥의 형태는 이후 일본인의 생활 방식과 문화에 큰 영향을 미치게 된다.

서양식 집의 원류를 찾자면 유럽과 미국의 중상류 계급으로 거슬러 올라간다. 가족사 연구에 따르면 가정과 개인의 사생활을 보호하는 주택은 근세 이후 부르주아 계급에서 유래했다고 한다.[8] 근세 이전 유럽에서는 상류 계급조차 부모와 아이는 물론이고 일하는 사람까지 모두 한 방의 같은 침대에서 자는 경우가 흔했을 만큼 오늘날 말하는 '사생활'이라는 개념은 거의 존재하지 않았다.

18세기 이후 부르주아 계급은 가족 구성원이 각자의 방을 갖는 생활을 실현했다. 이는 부르주아의 통념과 습관을 공간에 구현한 것이자, 역으로 집이라는 공간을 통해 그 통념과 습관을 더욱 강하게 내면화하도록 만드는 사회 장치이기도 했다. 이후에는 남들 눈에 띄지 않게 몸단장을 할 수 있는 화장실이나 욕실 같은 설비가 등장하면서, 가족 구성원들은 점차 사생활을 지닌 개인으로 변화해갔다. 사생활이라는 개념을 자각하게 된 세대는 사생활을 침해당하면 부끄러움을 느끼는 자의식을 지니게 되었고, 자신만의 공간과 시간을 갖는 것이 당연하다고 여기며, 지역공동체와 공간과 시간을 공유하고 싶어 하지 않는 개인으로 변해갔다.

서양에서는 이러한 과정이 몇 세기에 걸쳐 천천히 일어났지만, 일본에서는 전후 고도의 경제성장이 가져온 풍요 덕분에 겨우 수십 년 만에 급속하고 광범위하게 진행되었다. 아파트와 신도시에서 태어나고 자란 전후 세대는 사생활에 민감하고 개인주의적 통념과 습관을 내면화한 개인으로서 재생산되었고, 새로운 문화를 만들어가기 시작했다.

신인류와 오타쿠,
전후 일본이 낳은 개인주의자들

서양식 집과 생활 방식이 보급되자 서양의 새로운 사고방식도 국내에 들어오기 시작했다. 2장에서 소개했던 리스먼의 타인 지향형 인간과 코헛의 자기애성 성격장애에 상당하는 새로운 사고방식은 20세기 미국에서 찾아볼 수 있는 전형적인 심리적 경향이었는데, 고도 경제성장기를 거치며 일본의 도시와 교외에서도 관찰되기 시작했다(2장 82쪽 참고).

사고방식의 변화에 따라 청년 문화도 달라졌다. 개인의 사생활을 중시하는 환경에서 자란 전후 세대는 1980년대부터 오늘날까지 이어지는 새로운 청년 문화를 만들었다. 그 문화를 이끈 이들을 당시의 용어로 부르자면 '오타쿠'와 '신인류'라고 할 수 있다.

취미에 몰두하는 사람이라는 '오타쿠'라는 말은 요즘에는 긍정적인 의미로도 쓰이지만, 대중미디어에 처음 등장했던 1983년경에는 부정적인 의미로 사용될 때가 압도적으로 많았다.

당시 청년 문화의 주류였던 '신인류'의 입장에서 보면 오타쿠는 '기분 나쁘고 이해할 수 없는 이상한 취미 생활을 가진 사람'으로 여겨졌고, 그런 이미지가 대중적으로 고착되었기 때문이다.[9]

예컨대 연쇄 유아 납치 살해 사건[10]으로 세간을 떠들썩하게 만든 미야자키 쓰토무와 같은 사례에서, '오타쿠'는 도저히 이해할 수 없는 인물을 설명하는 하나의 키워드로 대중매체에 자주 사용되었다. 즉, 극악무도한 범죄를 저지른 인물에게서 오타쿠적 면모가 발견되면, 미디어는 이를 강조해서 시청자들이 범인을 자신들과 동떨어진, 지극히 예외적인 존재로 규정짓고 안심하도록 만들었던 것이다.

한편 1980년대에 등장한 '신인류'는 소비를 통해 스스로를 멋있고 센스 있는 사람으로 연출하고자 하는 욕망을 지닌 젊은이들을 일컫는다.[11] 유행을 좇고 고급 브랜드를 몸에 걸치며 타인의 평가를 지나치게 의식하는 이들은 리스먼이 말한 '타인 지향형 인간'의 전형인 동시에, 보드리야르가 말한 '타인과의 차별화를 중시하는 소비 개인주의'의 산물이기도 했다.[12]

1980년대에는 신인류가 대기업 자본과 손을 잡고 청년 문화 전반을 주도했고, 그 여파는 전국적으로 확대되며 90년대 이후까지 이어졌다.[13] 5장에서 소개한 청결함으로 중무장한 생활 습관의 대대적인 변화 역시 이들과 무관하지 않았다. 그들이 유행시킨 아이템과 습관은 모두 소비라는 자본주의적 논리, 사회계약적(게젤샤프트) 논리, 나아가 사생활을 중시하는 개인주의 논리와 맥락을 같이했다. 편의점과 원룸은 완전히 사적이고 독립적인 생활을 가능하게 하는 기반이었고, 샴푸와 각종 스프레이형 화장품은 타인의 평가를 신경 쓰는 자의식을 뒷받침하는 데 필수적이었다.

그렇다면 신인류와 오타쿠는 물과 기름처럼 완전히 다른 존재였을까? 단적으로 말하면 전혀 그렇지 않다. 양자는 오히려 공통점이 더 많다. 신인류와 오타쿠는 모두 지역공동체를 우선시하거나 사생활에 둔감한 기존 젊은 세대와는 다른 라이프스타일을 추구했다. 또한 이들은 기호론과 소비론, 그리고 포스트모더니즘 연구에서 좋은 분석 대상이기도 했다.[14] 두 집단은 1970~80년대에 한 뿌리에서 갈라져 나온 존재로,[15] 이들 대부분은 도시와 교외의 중류 계급 출신이었다. 이들은 일찍부터 부르주아적 습관과 통념을 배우면서 소비개인주의에 물들기 쉬운 환경에서 자랐다.[16]

민속학적 기술[17]에 따르면 옛 젊은이들은 지역공동체에 속한 윗사람, 아랫사람과 공간과 시간을 나누는 일을 자연스럽게 여기고, 사생활에 민감한 생활 습관이 몸에 배어 있지 않았다. 앞서 말했지만 옛날 일본 가옥에는 개인을 위한 공간이 없어서 사생활을 존중하는 통념과 습관이 자라나기 어려웠다. 내가 자란 호쿠리쿠 지방에서는 쇼와 시대 후반부터 '아이 방'이란 개념이 생기기 시작했지만, 농가식 방 구조를 가진 집이 훨씬 많았다. 게다가 모내기, 벼 베기, 마을 축제에는 학교를 쉬고 참가할 정도로 지역공동체와 공간과 시간을 공유할 일이 도시보다 훨씬 많았다. 하지만 오타쿠는 이와 전혀 다른 환경에서 자랐다. 아이 방이라는, 부모와 지역공동체의 간섭이 미치지 않는 공간이 생기자 만화와 애니메이션, 게임을 중심으로 한 개인주의적 취미 생활이 가능해진 것이다.

오늘날에는 대용량 저장장치와 클라우드, 스마트폰이 있어서 오타쿠의 취미 생활에 반드시 자신의 방이 필요한 것은 아니라고 생각할지도 모르겠다. 하지만 이런 기술이 보급되기 이전에는 만화와 애니메이션, 게임 등을 소장하고 즐기기 위한 사적인 공간이 반드시 필요했다.

내가 생활했던 시골 마을에도 오타쿠의 선구자라고 할 만한 고등학생이 한 명 있었다. 그는 마을 행사에 참가하지 않는 예외적 인물이었는데, 어느 날 그의 방을 구경하게 되었을 때의 충격이 아직도 생생하다. 만화와 애니메이션, 게임으로 방이 가득 차 있었기 때문이다. 엄청난 양의 콘텐츠에 제일 먼저 놀랐고, 그다음으로는 방 전체가 개인적 취미 활동에만 사용되며 누구와도 방을 공유하지 않는다는 점이 지역공동체 생활에 익숙했던 내게는 비현실적으로 느껴졌다. 하지만 지금은 청소년이 자신의 방을 개인적인 취미 공간으로 사용하는 일이 비현실적이라고 생각하는 사람은 아마 없을 것이다.

이러한 점에서 신인류도 크게 다르지 않다. 그들이 이끈 원룸 생활, 즉 당시의 트렌디 드라마와 소설《어쩐지 크리스털》•에서 묘사된 생활 방식에는 시간적으로도, 공간적으로도 사생활 개념

• 누군가의 간섭도, 속박도 없는 반짝반짝한 크리스털 같은 멋진 인생을 꿈꾸는 80년대 젊은이들의 이야기를 다룬 소설

이 철저히 반영되어 있었다. 신인류와 그들을 모방하고자 했던 젊은이들은 개인주의적 소비 생활을 통한 피라미드식 경쟁 구조에 몰두했고, 이러한 모습은 리스먼이 말한 타인 지향형 인간과도, 보드리야르가 말한 소비사회의 특징과도 정확히 맞아떨어졌다.

콘텐츠를 통해서만 의사소통하는 시대

생활 공간의 구조가 바뀌고 사고방식도, 취미 생활도 달라지면서 의사소통의 형태도 달라졌다. 가정과 지역공동체를 구별하는 울타리가 낮고 개인의 사생활 개념이 희미했던 시대의 의사소통은 밀도가 높고 선택의 여지가 없는 것이었다. 반면 지역공동체가 해체되고 가정 안에서 개개인이 사적인 공간에서 시간을 보낼 수 있게 되자 의사소통은 밀도가 낮아지고 선택 가능한 것으로 바뀌었다.

이처럼 선택 가능한 의사소통의 전형적 사례로 엑스의 타임라인을 들 수 있다. 여기에는 이용자들이 좋아하는 콘텐츠와 이와 연관된 화제가 끊임없이 올라온다. 팔로워와의 대화도, '좋아요'나 리트윗과 같은 액션도 한결같이 이용자의 취미 생활과 연결되어 있다. 엑스에서 이루어지는 의사소통 전체가 자신의 관심사, 자신이 고른 화제로 구성되는 것이다.

SNS가 보급되기 전에도 기본적인 의사소통 방식은 이와 크게 다르지 않았다. 오타쿠와 신인류는 자신이 관심 있는 콘텐츠에 대해, 즉 **콘텐츠를 매개물로** 타인과 소통했다. 아니, 사실 취미에 모든 것을 걸었던 오타쿠 같은 이들에게는 콘텐츠라는 매개물이 없으면 남들과 의사소통하기가 어려웠다. 이는 오랜 옛날부터 취미 생활에 몰두해온 이들이 흔히 보인 특징으로 그리 놀랄 만한 일도 아니다.

예를 들면 애니메이션 〈신세기 에반게리온〉 팬이 모이는 이벤트에 참가했을 때는 에반게리온에 대한 이야기가 오타쿠를 이어주는 매개가 된다. 이 경우 의사소통에 서툰 사람도 에반게리온에 관한 이야기라면 쉽게 대화에 참여할 수 있다. 참가자들이 공통으로 알고 있는 다른 애니메이션이나 게임에 대한 이야기도 마찬가지다. 콘텐츠만 공통한다면 오타쿠는 누구와도 연결될 수 있다.

반대로 화제가 공통하지 않을 경우 오타쿠는 누구와도 연결될 수 없다. '화제가 끊기는 곳이 곧 인연이 끊기는 곳'인 셈이다. 에반게리온 이벤트가 끝나고 다음에 영화 〈공각기동대〉 이벤트가 예정되어 있다면, 그 화제를 미리 알아두어야 대화에 참여할 수 있다. 다음 이벤트에서는 공각기동대가 핵심 매개물이 될 것이기 때문이다.

신인류의 의사소통도 사실 이와 크게 다르지 않다. 고급 브랜드 상품이나 여가 및 소비 생활을 통해 경쟁자들과 차별화를 꾀하는 일이 신인류의 자의식과 의사소통을 구성하기 때문이다. 구찌와 프라다, 돔 베리뇽과 보졸레 누보, 나에바 스키장과 디즈니랜드 등이 피라미드형 계층 구조에서 서로의 좌표를 나타내는 기호이자 서로의 이야깃거리가 된다. 화제가 되고 있는 브랜드 상품이나 여가 활동을 모르면 대화를 쫓아갈 수 없기 때문에, 신인류와 이들을 모방하려는 이들은 트렌드와 유행에 해박해야만 했다. 이러한 욕구가 커지면서 〈팝 아이popeye〉나 〈논노non-no〉와 같은 트렌드를 소개하는 잡지가 중요해지기도 했다.

그렇다면 이처럼 콘텐츠를 매개로 한 의사소통을 진정한 의미의 의사소통이라고 할 수 있을까?

우선 여기서는 오타쿠적 혹은 신인류적 의사소통이 과거 지역공동체에서 생활하던 사람들의 의사소통과 매우 이질적이라는 점을 확인하고자 한다. 오타쿠와 신인류 이후 세대는 가정 내 사적인 공간에서 시간을 보내고, 오프라인이나 SNS에서는 의사소통하고 싶은 상대와 하고 싶은 이야기만을 주고받는다.

현대인에게 이런 선택 가능한 의사소통은 지극히 당연하지만, 인류사 전체를 놓고 보면 이는 전혀 당연한 일이 아니다. 일본에서도 불과 수십 년 전만 해도 매우 드문 일이었다. 지역공동체-가정-개인의 경계가 모호했던 시절에는 사람들에게 사생활이란 게 거의 없었으며, 시간과 공간을 공유했던 탓에 특정 상대와 특정 화제로만 의사소통하는 생활은 상상하기 어려웠다. 가령 다 같이 대중목욕탕에 모여 몸을 씻는 지역공동체에서는 사생활을 보호하기가 어려웠다. 아침에 샴푸로 머리를 감고 화장품으로 체취를 감춘 상태만을 타인에게 내보이는 행위란 곡예와 다를 바 없었다. 옛 사람들은 좋든 싫든 서로에 대해 깊이 아는 상황에서 의사소통해야만 했다. 말하고 싶지 않은 일도 말해야 했고, 보고 싶지 않은 것도 보고, 보이고 싶지 않은 모습을 보여야 하는 일이 일상다반사였다. 하지만 현대에는 어떤 시간, 공간, 매개물을 공유할지 선택할 수 있는 상황에서 의사소통이 이루어진다. 선택하지 않은 의사소통을 강요받는 경우는 거의 없다.

콘텐츠를 매개로 한 의사소통에서는 서로에 대한 불필요한 정보를 굳이 나누지 않고도 매개물에 대해서만 이야기할 수 있다. 보고 싶은 것만 보고 보이고 싶지 않은 부분은 감출 수 있는 것이다. 샴푸와 스프레이형 화장품 같은 물품은 몸단장을 하는 시간과 공간을 사적 영역으로 은폐할 수 있을 때 비로소 의미를 갖는다. 이를 통해 매일 아침 머리를 감고 체취를 감춘 모습으로 의사소통에 임할 수 있고, 청결한 자신만을 타인에게 보여줄 수 있는 것이다.

이러한 의사소통의 선택성은 오타쿠나 신인류만의 이야기가 아니다. 지금은 일본인 대부분에게 적용된다. '직장에서는 일 이야기만, 학원에서는 공부 이야기만, 취미 모임에서는 그 취미 이야기만'과 같이 장소와 상대에 따라 우리는 자유롭게 화제를 고르고, 보고 싶은 것만 보고, 보이고 싶은 자신만을 보여줄 수 있다. 쇼와 시대의 회식 문화나 직장 단체 여행처럼 선택 폭이 좁은 의사소통은 오늘날의 생활 습관과 어울리지 않는다.

매매와 상거래도 마찬가지다. 지역공동체 안에서의 구매와 달리 잡담을 늘어놓지 않아도 되고, 정에 이끌려 물건을 살 필요도, 함께 어울리기 위해 값을 깎아줄 필요도 없다. 자본주의와 사회계약의 논리가 철저히 지켜지기 때문에 우리는 돈을 매개로 효율적인 매매 행위를 할 수 있다.

안전한 삶을 위해
우리가 포기한 것들

이처럼 현대인은 서로를 필요한 최소한도로만 알면 되는 의사소통 방식에 익숙해져 있다. 일례로 편의점에서 물건을 살 때 우리는 점원의 취미나 고민을 알지 못하며 이를 캐묻는 것은 실례라고 생각한다. 이웃과의 관계도 이와 비슷하다. 매개물이 되는 화젯거리가 없는 이상, 이웃들은 서로에 대해 아무것도 알지 못하며 알려고도 하지 않는다.

이러한 '서로에 대해 잘 모르는 개인 생활'은 사생활 존중이 극대화된 신도시나 고층 아파트에서 더욱 두드러지지만, 도쿄 전체는 물론 일본 전역에서도 이미 보편적인 모습이 되었다. 그렇게 우리는 서로에 대해 거의 모르는 채 출근길 전철에서 나란히 서 있고, 오로지 돈과 콘텐츠를 매개로 해서만 의사소통하고 있다. 서로에 대해 아는 것이 거의 없는데도 모두가 평온한 얼굴로 조화롭게 잘 지낼 수 있는 이유는 무엇일까?

그중 하나는 법치주의가 확립되어 있고, 세계적으로도 손꼽힐 만큼 치안이 잘 유지되는 환경에서 살고 있기 때문이다. 곳곳에 설치된 감시카메라는 법에서 벗어난 일탈을 쉽게 추적할 수 있게 하고, 개인이 가진 휴대기기는 우리 모두가 서로를 감시하고 기록할 수 있게 한다. 실제로 어떠한 감시나 기록이 이루어지지 않더라도 '언제든지 감시될 수 있고 기록될 수 있다'는 사실 자체가 중요하다. 그 옛날 판옵티콘보다 훨씬 넓은 시야를 지닌 '규율 훈련형' 공간이 도시 전역을 뒤덮고 있는 셈이다. 무수한 카메라와 휴대기기에 의해 우리의 안전과 평안이 확보됨과 동시에, 우리의 행동과 태도 역시 이로부터 끊임없이 영향을 받고 있다.

또 다른 이유는 현대인다운 통념과 습관이 침투되었기 때문이기도 하다. 서로가 예의를 지키고 몸단장을 위한 비용을 지불하며, 수상한 사람으로 보이지 않기 위해 언동에 늘 신경을 쏟는 한, 실제 '안전'과는 별개로 개개인의 '안심'은 확보된다. 서로의 개인 생활을 방해하지 않으려면 각자의 몸에서 냄새가 나지 않는 것 역시 매우 중요한 요소 중 하나다. '다른 사람에게 폐를 끼쳐서는 안 된다'는 명제는 '서로의 사적인 생활을 최대한 존중해야 한다'는 공리주의적 요구와 맞물려 오늘날 일본인 대다수에게 당연한 가치로 내면화돼 있다.

그렇지만 서로에 대해 잘 모르는 채로 혼자 지내는 생활은 타인에 대한 불안을 완전히 없애주지는 못했다. 오늘날에도 대중

미디어에서 선정적인 사건이 보도될 때마다 사람들은 내용에 깊이 몰입한다. 앞서 말했듯, 범죄율은 해마다 감소하고 범죄 억지 장치도 날로 진화하고 있다. 밤에 편의점에 가는 일도, 아이가 밖에서 혼자 노는 일도 과거에 비해 훨씬 안전해졌지만, 그렇다고 해서 우리가 이전 시대보다 걱정 없이 마음 편하게 지내고 있는가 하면 전혀 그렇지 않다. 앞서 말한 대로 요즘 사람들의 치안 불안은 오히려 높아졌으며,[18] 오늘날 보호자들이 지역사회에 가장 바라는 부분 역시 안전이다.[19]

개인의 사생활을 보호하고 안전하고 평안한 삶을 유지하기 위해 우리가 치르는 대가는 결코 작지 않다. 청결함을 유지하고 수상하다는 의심을 피하며, 냄새나 행동으로 타인에게 폐를 끼치지 않기 위해 형성된 통념과 습관에 완전히 길들여진 우리는, 각자가 자기주장을 펼치는 사회와는 다른 '일본만의 독특한 공리주의적 상황'을 서로서로 강화하고 있다. 이러한 통념과 습관이 아직 정착되지 않았던 20세기 중반에는 일본에서도 유럽처럼 시위와 파업이 자주 일어났지만, 오늘날에는 이런 풍경을 마주하기 어려워졌고, 이를 단순한 민폐나 소란쯤으로 여기는 사람도 적지 않다.

아무리 높은 수준의 질서가 실현되었다 해도 개인의 사생활 존중을 지상명령•으로 삼고 실제로 그렇게 살고 있는 우리는 필연적으로 고독할 수밖에 없다. 따라서 이 고독에 어쩔 수 없이 수

• 칸트의 철학적 개념으로 무조건적으로 요구되는 도덕적 명령을 뜻함.

반되는 불안을 완전히 해소하기란 앞으로도 쉽지 않을 것이다. 그럼에도 불안을 떨쳐내기 위해 우리는 더욱더 질서 정연한 통념과 습관을 가속화하고, 감시카메라와 휴대기기로 스스로를 감시 공간 속에 두며, 자기주장을 최소화한 일본만의 질서를 만들어갈 수밖에 없다.

의사소통마저
자본이 될 때

이렇게 불안을 안고 있음에도 도쿄에서 혼자 사는 삶은 대체로 쾌적하고 안전하다. 세계적으로 손꼽히는 치안과 질서 정연한 시민들 덕분에 개인의 의사소통을 방해하는 요소가 거의 없다. 매매를 포함해 개개인 각자가 원하는 방식의 의사소통을, 하고 싶은 때에 하고 싶은 만큼 할 수 있는 자유가 보장되어 있다.

그렇다면 의사소통의 자유가 실현되면서 어떤 현상이 나타났을까?

의사소통과 매매는 교통망의 확대, 인적 유동성의 증대, 온라인 기반의 의사소통과 전자상거래 증가로 더욱 효율적이고 자유로워졌다. 정보산업 영역에서는 의사소통과 매매가 종종 하나로 결합되기도 한다. 인스타그램과 엑스의 인플루언서들은 인터넷에서 획득한 영향력과 가치를 경제적으로 유의미한 지표로 보고, 자신들이 올린 콘텐츠가 만들어내는 광고 노출 수[20]를 분석하는 데 열을 올린다. 웹사이트와 블로그도 그 자체가 광고 수입과 직결되면서 산업화가 진행되었다.

1980년대 신인류가 상품 구매와 여가 활동 소비를 통해 피라미드형 계층 구조에서 자신들이 차지할 위치를 두고 경쟁했다면, 오늘날 우리는 훨씬 담담하고 자연스럽게 서로의 값어치를 평가하고 서로를 상품처럼 대한다. 의사소통을 일종의 매매처럼, 혹은 매매를 의사소통처럼 수행하고 있는 것이다. 특히 취업이나 결혼을 위한 의사소통이 그 대표적인 사례다. 우리는 각자의 장점과 단점이 목록화된 상태에서 서로를 평가하며, 상품처럼 서로가 서로에게 값을 매기는 상황을 당연하게 받아들인다.

쌍방의 합의를 바탕으로 이루어지는 매매와 마찬가지로, 쌍방의 합의를 바탕으로 한 의사소통 역시 사회계약의 논리에서 벗어나지 않는 한 안전하고 평온하다. 지역의 권력자가 권위를 앞세우거나 몸집이 크고 난폭한 남성이 폭력으로 억압하는 일 없이, 서로의 관심사와 시장가치만을 근거로 매매와 소통이 이루어지는 현상은 과거 부르주아들이 이상적으로 여겼던 공리주의가 구현된 상황이며, 국가가 민중을 통치하기에도 알맞은 질서다. 폭력과 협박, 권력의 강요 없이 매매와 소통이 이루어지는 덕분에 시장가치는 높으나 물리적 힘이 약한 사람들도 안심하고 매매와 의사소통에 집중할 수 있게 되었다.

이러한 혜택을 가장 크게 누린 계층은 부르주아, 그중에서도 사업가와 같은 경제력이 높은 개인들이다. 매매와 의사소통 양쪽에서 경제자본이 중요해지고 이를 방해하는 폭력 행위가 국가에 의해 관리되며, 안전하고 안심할 수 있는 사회 질서가 정착되어 있을 때는 경제자본이 풍부한 개인이 사실상 천하무적이 된다. 이들은 매매에서도, 의사소통에서도 우위를 점할 수 있다. 이러한 질서가 유지되어야 이들이 더욱 많은 자본을 생산할 수 있지만, 어찌 되었든 현재까지는 경제자본이 풍부한 개인이 무적이나 다름없다.

여성이 누리는 권리와 기회도 확대되었다. 한 사람의 부르주아적 개인으로서 남성의 폭력과 협박에서 벗어나 적극적으로 활동할 수 있게 된 것도 이러한 질서가 사회에 침투했기 때문이다. 동시에 여성은 이제 지역공동체와 가정에 의해 자신의 시장가치가 마음대로 결정되고 거래되는 일에서 한결 자유로워졌다. 일본에서는 전후부터 연애결혼이 꾸준하게 증가했는데, 연애결혼, 나아가 '연애'라는 행위 자체는 여성이 자신의 시장가치를 스스로 정하고 그에 따라 선택과 의사소통을 해나가고 있음을 상징한다. 성추행과 스토킹, 가정폭력 등이 법적 처벌을 받게 되면서 매매와 의사소통의 주체로서 여성의 자리는 점점 더 실체를 갖게 되었다.

하지만 이러한 의사소통의 자유가 실현된 사회에서 높은 시장가치를 지니지 못한 사람들, 매매와 의사소통에서 쌍방의 합의라는 조건 아래 '선택받지 못한' 사람들은 대체 어떻게 되는 것일까?

일례로 여성과 사귀고 싶은 남성에 대해 생각해보자. 그는 자신과 의사소통해줄 만한 여성과 만나야 한다. 만약 그 남성이 여성에게 매력적으로 보일 조건을 여러 개 갖추고 있다면 의사소통은 쉬워진다. 예를 들어 외모도 준수하고 경제자본이 풍부하며, 대화의 기술까지 갖추고 있다면 남성은 시장가치가 높기 때문에 손을 내밀어주는 여성이 많을 것이다. 반면 이런 조건을 갖추지 못한 남성은 여성들이 멀리하기 쉽고, 여성과 의사소통할 기회 자체가 줄어든다.

5장에서 나는 '청결하고 거동이 의심스럽지 않아야 거리에서 자유롭게 활보할 수 있다'고 설명했는데, 이는 어디까지나 거리에서 주눅 들지 않기 위한, 투명 인간이 되지 않기 위한 최소한의 조건일 뿐이다. 이러한 조건만 갖췄다고 해서 의사소통을 원하는 상대가 늘어나거나, 즉 인기가 생기거나 하는 것은 아니다. 그렇다고 여성에게 의사소통을 강요했다가는 처벌의 대상이 되므로, 의사소통의 시장 원리를 폭력이나 협박 따위로 뒤엎을 수도 없다.

우리는 과연 이 세계 바깥으로 나갈 수 있을까

우리 사회에 개인주의, 자본주의, 사회계약의 논리가 자리 잡고 교통망과 인터넷이 발달한 한편, 사람들은 여기에 어울리는 습관과 통념을 익혔다. 그 결과 오늘날 우리는 경제자본과 시장가치가 허락하는 한 매매와 의사소통을 자유롭게 수행할 수 있게 되었다. 굳이 과장하지 않아도 지금 사회에서 폭력과 협박, 물리적 거리에 의한 제약은 유사 이래 가장 낮아졌다고 해도 과언이 아니다.

하지만 그 대신 우리는 이 매매와 의사소통의 그물망, 그리고 이를 성립시키는 사회 시스템에서 벗어날 수 없게 되었다. 매매와 의사소통의 자유를 담보하는 법제도와 공간 설계, 여기에 어울리는 통념과 습관이 철저해질수록 그 밖의 세상으로 나가기도, 바깥세상을 상상하기조차 쉽지 않게 된 것이다.

그렇다면 그것이 왜 문제냐고 고개를 갸웃하는 사람이 많을지도 모르겠다. 이 매매와 의사소통의 그물망이 주는 편의와 혜택을 누리고 있으며, 이곳에 능숙하게 적응한 사람들에게는 애초에 이 시스템의 바깥을 상정할 필요가 없기 때문이다. 지금까지 살펴본 여러 논점을 종합하면, 이러한 사람들이야말로 현대 사회의 주류임이 틀림없다.

그러나 이 시스템으로부터 편의를 얻는 사람들 이상으로 소외된 사람들, 즉 서로의 값어치를 매기고 서로를 상품으로 바라보는 의사소통 환경에서 누구에게도 자신을 '팔지' 못하고 스스로의 시장가치를 바닥이라 느끼는 사람들, 한마디로 비주류에 해당하는 사람들에게 이 사회는 결코 만족스러운 장소가 아니다.

이 아름답게 정비된 거리 어디에서도 주류의 의사소통 환경에서 벗어날 수 있는 장소는 찾기 어렵다. 거리의 공간 설계는 우리를 효율성이라는 틀 안쪽으로, 또한 사회계약이라는 논리 안쪽으로 끊임없이 밀어 넣는다. 상업 시설은 물론이고 아무도 드나들지 않는 공터까지 간판과 표지판으로 가득해 자본주의와 사회계약의 논리가 그 공간을 잠식하면서, 이 원 바깥을 느낄 수 있는 틈은 어디에도 남아 있지 않다.

또한 내면화된 통념과 습관으로부터 벗어날 곳도 마땅치 않다. 우리는 매매와 콘텐츠를 매개로 한 의사소통에 완전히 익숙해져 있고, 시민적 무관심을 포함한 '서로 폐를 끼치지 않는 것'이 선한 행위라는 통념과 습관을 공유하고 있다. 따라서 처음 보는 누군가에게 서슴없이 말을 거는 일은 매우 어렵다. 매개물을 공유하지 않는 의사소통은 상대방을 당황케 하는 동시에 우리 자신도 갈 곳을 잃게 만든다. 그런데도 계속해서 의사소통을 강행하려고 하면 남에게 폐를 끼치는, 이상하고 수상한 인물로 신고당할 위험까지 있다.

우리는 편의점에서 마음에 드는 상품을 가격표에 제시된 값으로 살 자유도, 스포츠 바에서 옆자리 손님과 경기에 대해 이야기 나눌 자유도, 결혼정보회사를 통해 혼인 상대를 찾을 자유도 있지만, 단 한 번도 본 적 없는 사람에게 아무 맥락 없이 말을 걸 자유, 매개물 없이 의사소통을 시도할 자유는 허락되지 않는다.

게다가 매매와 의사소통이 하나가 되면서 우리는 의사소통조차 효율성과 생산성 같은 자본주의적 논리에 따라 판단하려 한다. 시간도 돈도 한정된 만큼 가치 있는 정보와 효율적인 의사소통을 추구하려는 태도 자체는 이해할 만하다. 그러한 통념과 습관에 기대는 만큼 의사소통의 효율성과 생산성은 향상되기 때문이다. 하지만 그 대신 의사소통의 범위와 대상은 효율성이 높다고 판단되는 상황에만 한정되고 만다. 의사소통의 효율성을 중시하면 할수록 정체를 알 수 없는 대상, 딱히 얻을 게 없어 보이는 대상은 시야에서 멀어진다. 위험을 상기시키는 대상도 마찬가지다.

그리하여 우리의 자유, 나아가서는 의사소통으로 얻은 정보의 폭과 세계관의 너비는 타인과 공유할 수 있는 관심사와 매개물이 얼마나 많은지, 그리고 자신이 제시할 수 있는 시장가치가 얼마나 높은지에 따라 좌우된다. 가령 타인과 공유할 수 있는 관심사의 폭이 좁고, 경제자본도 화술도 부족한 남성이 할 수 있는 의사소통은 그의 좁은 관심사와 부족한 경제자본과 화술로 인해 제약될 수밖에 없다. 그리고 특별한 상황이 아닌 이상 그러한 제약은 좁은 세계관을 만들기 쉽다. 물론 매매는 매매 이상의 의사소통을 이끌어내지 못하며, 이끌어내서도 안 되므로 편의점이나 마트에서 세계관의 확장을 기대하기는 어렵다.

이는 혜택을 받는 사람들에게도 남의 일이 아니다. 도쿄의 화이트칼라 집안에서 태어나 일류 대학을 졸업하고 일류 기업에서 일하는 남성은 화이트칼라 가정 출신의 동창, 화이트칼라 직장 동료들과만 의사소통하게 된다. 해외 출장을 나가면 다양한 가치관과 맞닥뜨리며 세계관이 확장될 수도 있지만, 출장지에서 만나는 업무 상대 역시 대개 비슷한 배경을 가진 동질성 집단의 사람일

확률이 높다. 따라서 이는 경제자본이 부족한 사람만의 문제가 아니다. 경제자본이 풍부하고 전형적인 부르주아적 라이프스타일을 살아온 사람에게도 해당하는 문제다. 청결하고 질서 정연하며 동질성이 강한 신도시와 초고층 아파트에 살고, 시민적 무관심과 같은 통념과 습관이 철저하게 유지되는 거리를 오가는 사람들이 과연 자신과 다른 부류의 사람과 접점을 만들고 시야와 세계관을 넓히는 것이 가능할까?

전쟁 직후, 지역공동체가 건재하고 자본이 많고 적음에 상관없이 다양한 사람들이 섞여 생활하던 시대에는 블루칼라와 화이트칼라, 저학력자와 고학력자가 함께 섞여 의사소통할 기회가 무수히 많았다. 지역공동체에 속박되어 있다는 점에서는 의사소통과 세계관이 현대보다 좁아지기 쉬웠지만, 계급과 계층 혹은 라이프스타일과 가치관에 얽매이지 않은 채 사람과 사람이 다양하게 섞여 접점을 가질 수 있었다는 점에서는 오히려 세계관을 확장할 여지가 높았다.

지역공동체의 의사소통에는 강제력이 따라붙는다는 점을 고려하면 오늘날의 의사소통은 당사자의 자유로운 선택에 의지한다는 점에서 더 자유롭다는 주장도 물론 가능하다. 하지만 이는 의사소통의 '강제성'이라는 한 측면만 보고 내린 판단이다. 후자는 선택 가능한 의사소통과 그 대상이 한정적일 수밖에 없기 때문에 현대인이 가질 수 있는 시야와 세계관 역시 제약된다는 점에서 분명히 주의가 필요하다.

플랫폼에 갇힌 인터넷의 정보 전달

인터넷 이용자가 아직 소수였던 1990~2000년의 일본에서는 인터넷을 통해 모르는 사람의 가치관 및 라이프스타일과 마주할 수 있었다. 나 역시 인터넷과 오프라인 모임[21]을 통해 다양한 연령과 직업, 지역의 사람들과 만나며 의료계에서는 알지 못했던 점이나 경험할 수 없었던 세계를 배워왔다. 이 책은 그렇게 획득한 경험과 지식을 바탕으로 쓰였다고 해도 과언이 아니다. 하지만 돌이켜 보면 그러한 폭넓은 의사소통 또한 '남들보다 빨리 인터넷 유저가 되었다'는 공통점을 가진, 즉 인터넷 그 자체가 관심의 대상이었던 집단 안에서 이루어진 것이었다. 의료인이라는 울타리 밖에서 누군가와 소통할 수 있었던 것은 사실이나, 그 안에도 시야와 세계관의 제약이 존재했음을 인정하지 않을 수 없다.

대부분의 사람들이 진정한 의미에서 인터넷을 사용하기 시작한 시기는 SNS와 스마트폰이 보급된 2000년대 이후였지만, 바로 그 무렵부터 인터넷은 오히려 의사소통과 세계관을 넓히기는커녕 좁힐 가능성을 드러내기 시작했다. 페이스북과 엑스, 인스타그램과 같은 인터넷 플랫폼은 우리를 더욱 콘텐츠 매개형 의사소통으로 몰아넣었다. 동시에 우리는 오프라인 세계 이상으로 누구와 소통할지, 무엇을 이야기할지 선택할 수 있게 되었다.

의사소통에 강제력이 사라지고 자유로운 선택이 가능해졌

다는 점에서 SNS는 분명 자유롭고 개인적인 공간을 제공한다. 그러나 그 대신 SNS에서는 **자신이 선택한 계정과 화제밖에 보이지 않는다.** 예컨대 애니메이션과 게임에만 관심 있는 오타쿠에게는 마치 자신이 좋아하는 애니메이션과 게임이 일본 전체에 유행하고 있는 듯한 세계가 펼쳐지고, 우파적 가치관을 가진 사업가에게는 자신의 사상과 신조가 다수이며 이에 반하는 의견은 비판받아 마땅한 것처럼 보인다.

자신의 선택과 맞지 않는 의견이 간혹 보인다 해도, 그것은 타임라인 선별 과정에서 걸러진 일부일 뿐이다. 일례로 우파적 가치관을 가진 사업가의 타임라인에는 좌파 노동운동가는 부정적인 존재 혹은 사회의 적으로 등장하고, 좌파 노동운동가의 타임라인엔 우파 사업가가 똑같이 부정적인 존재 혹은 사회의 적으로 나타난다. 이 같은 의사소통이 몇 년간 이어지면 생각과 신조가 비슷한 사람들끼리 서로를 팔로우하며 뭉치고, 다른 의견과 입장을 가진 이들은 더욱더 서로를 적대시하게 된다. 내가 10년 넘게 SNS에서 경험해온 소통은 대체로 그러했다.

구글 검색 결과도, 아마존의 추천 상품도, 그 외 인터넷에 뜨는 수많은 광고도 유저 자신의 의사소통과 세계관을 반영한 형태로 개인 맞춤화personalize되어 있다. 애초에 인터넷은 이용자가 클릭한 텍스트와 화면만 보이고, 선택하지 않은 내용은 보이지 않는 구조로 만들어졌지만, 지금의 인터넷은 이용자가 의식적으로 선택하기도 전에 보고 싶어 할 만한 내용과 관심사, 익숙한 가치관과

세계관이 시야를 가득 채우도록 설계되어 있다.[22]

따라서 오늘날 인터넷의 의사소통 자유나 사상의 자유를 논할 때는 사용자의 자유로운 선택이 보장되느냐 아니냐뿐 아니라, 애초에 SNS의 공간이 어떻게 설계되어 있는지, 타임라인과 검색 결과, 그리고 광고가 어떤 방식으로 표시되는지도 함께 고려해야 한다.

나를 포함한 대부분의 인터넷 이용자가, 인터넷을 여전히 자유로운 의사소통 공간이라고 믿고 있던 2000년대에, 법학자 로런스 레식은 인터넷상의 의사소통과 커뮤니티, 나아가 이용자의 자유가 공간 설계에 의해 크게 제약받고 있음을 지적했다.[23] 의사소통 공간으로서의 인터넷은 웹사이트든 SNS든 검색 사이트든 모두 '코드'라는 프로그램으로 만들어져 있기 때문에, 이용자는 코드가 정한 설계대로만 이동하고 의사소통할 수 있다는 것이다.

예를 들면 엑스에서 이용자가 하는 의사소통은 140자•라는 글자 수에 제한을 받으며, 팔로워와 팔로잉에 기반한 타임라인 구조, 리트윗과 '좋아요' 같은 기능적 제약 속에서 이루어진다. 타임라인에 들어오는 내용도 팔로우하고 있는 다른 이용자의 글과 리트윗에 한정되며, 140자 이상의 장문을 올릴 수도, 팔로우하지 않는 다른 사람의 글이나 리트윗을 볼 수도 없다. 이용자는 엑스에서 코딩한 공간 설계대로만 의사소통할 수 있으며, 이는 라인과 인스

• 현재는 280자로 확대되었다.

타그램도 마찬가지다.

레식은 의사소통 공간을 제약하고 나아가 개인의 자유까지 제약하는 4가지 요소로 공간 설계(아키텍처, architecture)와 법과 규범(본서에서 말하는 통념과 습관이 여기에 해당한다), 시장을 들었다. 실제로 오늘날의 인터넷 의사소통은 그의 설명에 정확히 들어맞는다. 인터넷 이용자는 모두 누군가가 코드로 설계한 플랫폼을 기반으로 의사소통한다. 동시에 법제도가 인정하는 범위에서 언론의 자유를 보장받으며, 통념과 습관에 따라 계정이 비난받거나 정지될 수도 있다. 시장의 영향 또한 매우 크다. 요즘 블로그와 유튜브는 광고 수입이라는 협의의 시장 원리를 바탕으로 운영된다. 광고 수입이 주목적이 아니더라도 서로에게 가격표를 매기는 인간 시장의 원리에 따라 움직이며, 효율성을 추구하는 자본주의적 의사소통이 이루어진다. 말하자면 현대의 의사소통은 전부 시장 원리를 엿볼 수 있는 방식으로 작동하는 것이다. 무엇보다 개인 웹사이트와 기업이 제공하는 플랫폼은 경제적 기반이 있어야 유지되므로, 경제성을 잃으면 아무 의미가 없어진다.

철저한 공간 설계로 이루어진 오늘날의 중국

매매와 의사소통이 불가분의 관계가 된 현대 사회에서는 레식이 지적한 4가지 요소(공간 설계 · 법 · 통념과 습관 · 시장)가 서로를 강화하며 작동하고 있다. 다시 말해 자본주의(=시장)와 개인주의, 그리고 이를 중재하는 사회계약의 논리에 따라 법이 제정되고 통념과 습관이 자리 잡으며, 이러한 구조에 최적화된 공간 설계가 시장의 선택을 받아 살아남는 것이다. 또한 페이스북과 인스타그램 같은 플랫폼 역시 시장에 의해 선택된 공간 설계의 산물이며, 이 플랫폼들은 우리를 더욱 매매와 의사소통의 세계로 이끌고, 미래의 법제도나 통념, 습관 형성에도 지속적으로 영향을 미치고 있다.

인터넷의 공간 설계는 6장 서두에서 소개한 '환경 관리형 권력'과 '규율 훈련형 권력' 가운데 전자의 측면이 특히 강조되어 있지만, 서로를 엿보고 값어치를 매기며 효율성을 따지는 콘텐츠 매개형 의사소통을 반복하는 과정에서 우리는 동시에 서로를 감시하고 훈련하며 길들이고 있다. 이러한 의미에서 인터넷은 규율 훈련형 권력의 성격 또한 갖고 있다고 볼 수 있다.

우리가 걷는 거리, 우리가 사는 집 또한 마찬가지다. 잘 설계된 정신과 병원이 환자의 행동과 증상을 개선시키듯, 거리와 집의 공간 설계 역시 우리의 행동을 바꾸고 통념과 습관을 형성하며, 개인주의적이고 사생활에 민감하면서도 자본주의와 사회계약에 적응한 개인을 재생산한다. 특히 도쿄처럼 모든 장소가 인공적으로 구성되어 있고 자본주의와 사회계약의 표식으로 뒤덮인 도시에서는, 거리 자체가 환경 관리형 권력으로 기능할 뿐 아니라, 동시에 규율 훈련형 권력으로서도 기능한다. 모든 것이 코드로 설계된 인터넷 공간과 비교하면 빈틈을 발견할 여지가 있긴 하지만, 과거의 도시나 시골에 비하면 그 틈을 발견할 확률은 매우 낮다.

이러한 거리에서 살아가는 사람들은 점차 더 공리주의적인 개인으로 훈련된다. 직업 선택의 자유, 매매의 자유, 의사소통의 자유가 보장된 사회는 그 전제 조건인 '질서로의 적응'을 우리에게 강요하고, 자본주의와 개인주의, 사회계약의 논리에 걸맞은 개인이어야 함을 요구한다. 우리는 이 대전제 위에서 자유와 평등의 기회를 누릴 수 있지만, 그 자유와 평등의 기본 조건인 통념과 습관 속에 강하게 속박되어 있으며, 매일 이를 보완하는 법제도와 공간 설계가 강화되는 사회 속을 살아가야 한다. 과연 이러한 사회에서 우리는 진정한 의미의 '자유'를 누리고 있다고 말할 수 있을까?

공간 설계가 우리의 행동과 통념, 습관에 어떤 영향을 미치는지 짐작하려면 최근 중국에서 일어나고 있는 변화를 참고할 필요가 있다. 중국은 1980년부터 2015년 사이에 GDP가 3배 이상 증가하는 초유의 경제성장을 이룩했다.[24] 그뿐 아니라 중국 사람들은 청결하고 예의 바르며 현대적인 생활 습관과 통념을 빠르게 익혀서 자유로운 매매와 의사소통이 이루어지는 사회를 실현시켰다. 《행복한 감시국가, 중국》[25]을 읽어보면 이러한 중국 사람들의 행동 변화는 AI와 감시카메라, 위챗과 알리바바를 포함한 대규모 공간 설계에 의해 뒷받침되고 있음을 확인할 수 있다.

중국인은 새로운 공간 설계를 빠르게 받아들이는 방식으로 편리하고 효율적이며 안전하고 안심할 수 있는 생활을 손에 넣었다. 이러한 변화는 기업과 국가의 감시를 더욱 강화시켰으며, 서양에서는 수백 년에 걸쳐, 일본에서도 100년 이상 걸려 형성된 공리주의적 사회 질서를 단숨에 완성시켰다.

청결한 생활 습관도, 모두가 안심할 수 있는 질서도 중국은 분명 서양과 일본에 비해 뒤처져 있었지만, 온라인과 오프라인에서 과감한 공간 설계를 실행함으로써 단숨에 서양과 일본을 능가하는 질서를 수립했다. 이러한 기술은 신종 코로나바이러스 대응에 큰 역할을 했으며, 신장 위구르 자치구에서 시행된 소수민족에 대한 '재교육' 정책에서도 커다란 위력을 발휘했다.

책에서 읽은 바에 따르면 중국의 공리주의적 상황은 개인과 개인이 부딪히며 충돌하는 것을 전제로 하는 서양 사회보다, 이러한 충돌을 최소한으로 억제한 일본 사회에 더 가까워 보인다.[26] 만일 근대 시민사회의 전통이 오래된 서양보다 그 전통이 약한 신흥 사회가 공간 설계에 의한 영향을 더 크게 받는다면, 우리는 중국에서 벌어지는 일련의 현상들을 타산지석으로 삼아야 할 것이다.

포스트모던은 이미 도착했다

우리는 지금 규율 훈련형 권력과 환경 관리형 권력이 그 어느 때보다 강력한 힘을 발휘하여 생활과 의사소통의 구석구석까지 스며든 시대를 살고 있다. 그 결과 매매와 의사소통은 더할 나위 없이 자유로워졌지만, 온라인에서도 오프라인에서도 공간 설계에 의해 행동을 관리받게 되었고 일련의 공리주의적 상황에서 벗어나기는 더욱 어려워졌다. 행동경제학에서 말하는 '넛지Nudge'• 역시 환경관리형 권력에 대한 경제학적 접근으로 이해해야 한다. 그렇게 우리는 감쪽같이 자신도 모르는 사이 쇼핑몰에서 물건을 사고, 온라인 게임 아바타에 돈을 들이고, 인스타그램에 잘 나온 사진을 올리고 페이스북에 그럴듯한 글을 남기고 있는 것이다.

아직 우리에게는 자유의지가 남아 있을 것이다. 하지만 공간 설계에 역행해 행동하는 일은, 가드레일이 잘 정비된 도쿄의 차도를 무턱대고 가로지르는 것만큼이나, 혹은 엑스에서 차단된 계정을 굳이 다른 계정을 만들어가며 찾아보는 것만큼이나[27] 고된 일이다. 대체로 우리는 공간 설계에 의해 행동을 제어받으면서도 이를 일상에서는 거의 자각하지 못한다. 그리고 매일 이 같은 생활을 반복하며 습관과 통념을 끊임없이 내면화하고 있다.

미국과 유럽의 여러 나라가 근대 시민사회를 성립할 당시, 개인의 자유의지는 결코 무시할 수 없는 필수 조건이었다. 근대 시민사회란, 개인의 자유의지를 한데 모아 스스로 사회를 만들고 개인으로서의 삶을 각자의 뜻대로 살아가는 사회였다고 할 수 있다.

• 부드러운 개입으로 선택을 유도하는 방법

하지만 적어도 일본과 중국에서는 근대 시민사회가 제대로 자리 잡을 틈도 없이 강력한 공간 설계에 의해 관리되는 사회가 먼저 들어서버렸다. 중국에서는 매우 강력한 공간 설계가 작동했으며, 일본의 경우는 1980년대에 널리 퍼진 청년 문화를 모방하려는 흐름 속에서 개인이 자유의지를 행사할 수 있는 영역이 매매와 의사소통으로 축소되었다. 그리고 그 매매와 의사소통의 영역조차 관리자의 의도와 AI의 분석에 의해 잠식되기 시작하면서, 이는 서양의 근대 시민사회, 적어도 이념적으로 생각할 때의 근대 시민사회와는 다른 형태가 되어버렸다.

나는 여기서 '포스트모던'이라는 말을 꺼내지 않을 수가 없다. 포스트모던, 즉 '근대(모던)'와 '이후(포스트)'를 합한 이 말은 상황에 따라 조금씩 다른 의미로 쓰여왔다. 냉전 시대가 끝났음을, 즉 이데올로기의 투쟁이 종결되었음을 의미하기도 하고, 개인의 자유의지 개념 자체에 의문을 제기할 때 사용되기도 한다. 내가 여기서 '포스트모던'이라는 말을 떠올린 이유는, 자유로운 의사결정을 전제로 했던 부르주아적 주체성 자체가 이제는 그 전제를 뒷받침하기 위해 발전해온 통념과 습관, 법제도, 공간 설계에 의해 오히려 제한되고 있는 듯 보이기 때문이다.

20세기 후반 '포스트모던'이라는 말이 자주 등장하던 시기, 이는 자본주의와 개인주의, 사회계약 논리에 한발 빨리 적응한 사람들, 즉 서양에서는 화이트칼라, 일본에서는 80년대의 신인류나 오타쿠에게 딱 어울리는 말이었다. 《어쩐지 크리스털》과 같은 포스트모던이 사람들 입에 오르내리며, 포스트모던이라는 사상 자체가 콘텐츠 매개형 의사소통을 위한 콘텐츠였다. 학생 시절 내 눈에는 모든 것이 그렇게 보였다.

이에 반해 내가 여기서 지적하고 싶은 현대의 포스트모던은 자본주의와 개인주의, 그리고 사회계약의 논리가 지방의 작은 마을까지 스며들고, 이를 지탱하는 통념과 습관, 법제도, 공간 설계가 구석구석에 침투한 상태를 뜻한다. 시골 마을의 고령자도 쇼핑몰에서 물건을 사고, SNS로 의사소통을 하며, 인터넷 경매 사이트를 이용하는 포스트모던이라는 뜻이다.

20세기의 포스트모던과 달리 오늘날의 포스트모던에는 도망칠 곳이 없다. 20세기 후반까지만 해도 지방에서는 아직 지역공동체가 건재했고, 전근대적 통념과 습관을 지닌 젊은이도 적지 않았다. 이들은 폭주족 같은 형태로 지역공동체와 관계를 맺으며 독자적 청년 문화를 만들어가기도 했다. 당시 일본에는 포스트모던의 대안으로 프리모던(전근대)이 잔존했다고 말해도 좋을 것이다.

그러나 헤이세이 시대를 지나 지금에 이르는 약 30년 동안 폭주족 또한 프리모던적 집단에서 개인주의적 집단으로 변모했다.[28] 지역공동체에서 사회계약 사회로의 전향은 '근대'라는 중간 단계를 거치지 않고 프리모던에서 포스트모던으로 곧장 뛰어넘어 버린 셈이다.

도쿄에서 지방으로, 고학력층에서 저학력층으로 확산된 포스트모던은 경제자본과 문화자본을 가진 사람들보다 그렇지 못한 이들을 더 옭아맸다. 경제자본과 문화자본이 풍부한 이들은 현대 질서에 쉽게 적응하고 매매와 의사소통의 자유에서 다양한 선택지를 쟁취할 수 있기 때문이다. 반대로 그런 자본이 없는 사람들은 현대 질서에 적응하기 위한 통념과 습관을 익히는 데 애를 먹고, 매매와 의사소통의 자유에서도 훨씬 적은 선택지만을 얻는다. 그렇다고 이들에게 지역공동체라는 대안이 남아 있는 것도 아니어서 자본주의, 개인주의, 사회계약의 바깥 세계를 선택하기도 어려워졌다.

SNS를 비롯한 인터넷 공간 설계에서도 더 많은 기회를 쥐는 쪽은 많이 가진 사람들이며, 더 많이 착취당하고 손쉽게 동원되며 저항조차 하기 어려운 쪽은 적게 가진 사람들이다.

20세기 후반 화제가 된 포스트모던은 어떤 의미에서는 경제자본과 문화자본을 갖춘 사람들이 소비하는 콘텐츠에 지나지 않았다. 그러나 21세기의 땅에 떨어진, 더 이상 콘텐츠로 소비할 가치가 없어 보이는 포스트모던은 경제자본과 문화자본이 없는 사람들을 옭아매고 개인의 자유의지를 궁지에 몰아넣고 있다. 그리고 여기에는 더 이상 대안이 없다.

이러한 상황에서 플랫폼은 점점 더 우리의 행동에 압력을 가하고, 정치인은 보수와 진보를 가리지 않고 사람들을 선동하며, 자기 손으로 만든 타임라인에 떠오른 정의를 의심치 않는 이들의 충돌은 정치 영역에까지 영향을 미치고 있다. 이제 포스트모던은 더 이상 수단이 아니라 '목적'이 되어버렸다. 이렇게 목적이 되어

버린 포스트모던 속에서 우리의 행동과 태도는 어디까지가 자유의 산물인지, 나는 새삼 묻고 싶다. 이 거대한 질서 속에서 당신은 얼마나 자유롭고, 또 얼마나 부자유로운가, 하고 말이다.

7장

현대 사회의 작동을 떠받치는 3가지 논리

•

지금까지 우리는 점점 더 편리해지고 쾌적해지며 안전하고 평안해지는 사회 속에서 우리에게 부여된 여러 조건을 다양한 각도에서 살펴보았다. 사회가 진보함에 따라 우리가 요구받는 행동과 태도는 달라지고, 이와 함께 자유와 부자유의 내용도 끊임없이 바뀌어왔다. 아울러 누가 주류이고 누가 비주류인지를 가르는 기준 또한 마찬가지다. 도쿄의 아름다운 거리와 질서는 바로 이러한 변화 위에 성립된 것이다.

7장에서는 이러한 사회 변화의 근저에 있는 사상과 이데올로기를, 이 책이 가지고 있는 문제의식에 기반하여 검토하고자 한다. 2장부터 6장까지 다뤄온 주제 안에는 언제나 자본주의와 개인주의, 사회계약의 영향이 자리하고 있었다. 정신건강 진단 기준에는 자본주의적 실용주의가 반영되어 있었으며, 건강이라는 개념에는 계급 상승을 위한 부르주아적 수단이자 개인주의적인 자기과시의 의미가 내포되어 있었다. 현재 건강은 보편적 가치 중 하나로 간주되며, 자본주의적 실용주의와 손을 맞잡고 하나의 목적 그 자체로 자리매김하고 있다.

육아가 어려워진 배경도 이와 무관하지 않다는 사실은 4장에서 이미 언급한 바와 같다. 청결과 관련된 습관과 통념, 사생활을 중요시하는 개인주의적 생활과 이를 지원하는 공간 설계 역시 경제자본이 풍부했던 중상류 계급에서 출발했다.

각 장에서 소개했던 진보는 자연과학적 기술과 사회과학적 제도에 의해 뒷받침되었고, 동시에 사상적 정당성 역시 이를 강화해주었다. 적어도 유럽과 미국의 지식 계급과 그들을 따르는 세력은 기술과 제도의 발전에 발맞추어 스스로의 사상을 쇄신함으로써 그것의 정당성을 전 세계에 퍼뜨려나갔다. 서양 문명이 세계를 제패하고 지금도 강한 영향력을 유지하고 있는 것은 기술과 제도의 발전뿐 아니라, 이와 함께 사상적 정당성 또한 꾸준히 쇄신해온 덕분이기도 하다.

하지만 이러한 '2인 3각식 진보'가 중상류 계급에서 서민으로 확대되는 과정에서 예상치 못한 부작용이 나타났다면, 이 문제에 주목하고 이를 극복해나가는 것이야말로 진정한 의미의 진보라고 할 수 있지 않을까? 가령 고도 경제성장기에는 공해가 큰 사회문제였으나, 일본 사회는 이를 극복해왔다. 또한 인류 전체의 발전이 낳은 세계적 부작용 중 하나인 지구온난화 문제에 대해서도 다 함께 극복해나가야 한다는 목소리가 커지고 있다. 이러한 논리는 2장에서 6장까지 다뤘던 여러 진보가 만들어낸 부작용에도 그대로 적용될 수 있을 것이다.

이 책을 마무리하며, 그동안 여러 부분에서 드러났던 사상과 이데올로기 문제를 언급하지 않고 넘어가는 것은 어쩐지 편파적이라는 생각이 들었다. 그래서 이 분야에 깊은 전문성이 있다고는 할 수 없지만, 사회의 진보와 자유를 논함에 있어 이 문제를 지나칠 수는 없다고 판단하여 현시점에서 내가 품고 있는 생각을 차분히 정리해보고자 한다.

자유의 대가로서
우리가 짊어진 것

우리는 매우 자유도가 높은, 다양한 사회에서 살고 있다. 이는 수많은 진보가 가져온 혜택이지만 그 진보가 아무런 대가 없이 우리에게 자유를 제공하는 것은 아니다. 지금까지 서술했듯, 우리는 진보된 사회에 어울리도록 일하고, 자신의 몸을 청결하게 유지하며, 행동과 태도에 항상 신경을 쓰도록 암묵적으로 요구받고 있다. 의료와 복지의 지원, 학교에서 이루어지는 규율 훈련, 법제도와 같은 여러 장치는 사회에서 이탈할 가능성이 있는 사람들을 다시 사회 안으로 되돌려놓는 기능을 한다. 공간 설계의 영향도 이러한 장치의 일부라고 할 수 있다.

그 대신 우리는 자본주의, 개인주의, 사회계약이 삼위일체가 된 이데올로기가 제공하는 편의와 쾌적함을 획득했다. 폭력이나 지역의 권력자에게 억압받지 않고 자유롭게 거래하고 의사소통을 할 수 있는 것은, 사회 구성원 모두가 이 사회에 어울리는 통념과 습관을 공유하고 그에 걸맞게 행동하고 있기 때문이다.

19세기 철학자 존 스튜어트 밀은 서로에게 불편이나 위해를 가하지 않는 한 개개인이 자유롭게 행복을 추구할 수 있다는, 해악의 원칙을 포함한 공리주의 사상을 발전시켰다.[1]

5장과 6장에서 보았듯, 저마다 자신의 의견을 분명히 드러낼 것을 전제로 하고 그 안에서 활발하게 시민운동이 펼쳐진 서양 사회와, 최대한 자신의 주장을 억제하고 시위와 파업은 물론 아이를 데리고 외출한 엄마에게마저 불편한 시선을 던지는 일본 사회는 둘 다 '공리주의의 실현'이라는 말로 표현될 수 있을지라도 그 내용은 전혀 같지 않다.

다만 서로에게 불편이나 위해를 가하지 않고 자유롭게 행복을 추구할 수 있는 통념과 습관의 침투, 그리고 이를 뒷받침하는 세련된 공간 설계라는 측면에서 본다면 일본에서는 밀이 살아 있을 때와 비교할 수 없을 정도로 해악의 원칙이 철저히 구현되고 있다. 하지만 공리주의적 통념과 습관이 사회 전반에 침투하고, 법제도와 공간 설계가 이를 강력하게 뒷받침한 결과, 우리에게 자유를 부여해준 공리주의는 사실 개인의 삶을 자본주의와 개인주의, 사회계약이라는 틀 안, 그리고 그 틀에 최적화된 라이프스타일로 몰아가고 있다. 우리는 그로부터 비롯된 습관과 통념, 행동과 태도를 실질적으로 강제받고 있다고 해도 과언이 아니다.

현대 사회에서 '선'으로 간주되는 라이프스타일 대부분은 이 삼위일체의 이데올로기 속에 있는 선택지 중 하나다. 우리에게는 소비개인주의라는 다소 저속한 취미를 향해 나아갈 자유도, 찻집 점원이 되어 슬로 라이프를 살아갈 자유도 있으며, 또 아이를 낳아도 되고 낳지 않아도 될 자유도 갖고 있다. 하지만 이 삼위일체의 이데올로기 반대편에 있는, 대안이라고 할 만한 사상이나 라이프스타일을 추구할 수는 없다. 냉전이 끝나갈 무렵까지만 해도 대도시권에서는 사회주의가 대안적 사상과 생활양식을 대표했고, 지방에서는 지역공동체를 기반으로 한 전근대적 사상과 라이프스타일이 성립할 여지도 있었다. 그러나 지금은 그렇지 않다.

밀이 《자유론》에서 기술한 공리주의와 해악의 원칙은 현대의 개인주의를 고찰하는 데 빼놓을 수 없는 핵심 개념임은 논쟁의 여지가 없다. 하지만 밀이 예상했던 사회는 다양한 인간과 의견이 공존하며, 주류 사상이나 라이프스타일이 비주류에게까지 강요되지 않는 사회였다. 계급 상승을 지향한 부르주아적 사상과 라이프스타일이 모든 개인을 옭아매는 사회는 분명 아니었다.[2]

매매와 의사소통의 자유, 출신과 성별에 구애받지 않고 진로를 선택할 수 있는 자유, 결혼을 할 수도 하지 않을 수도 있는 자유는 대체로 밀의 지향대로 실현되었다. 하지만 이는 자본주의와 개인주의, 사회계약이라는 삼위일체의 이데올로기 안에서, 즉 부르주아 계급에서 출발한 사상과 라이프스타일의 범위를 벗어나지 않는 수준에서만 실현된 것이다. 지역공동체적 사상과 라이프스타일은 더 이상 선택지로 존재하지 않는다. 물론 사회주의 역시 대안적 사상으로서의 존재감을 잃은 지 오래다.

서양 사회에서는 일부 젊은 층이 이슬람 과격파로 이탈하거나 테러리즘에 빠지는 극단적 사례가 나타나기도 하지만, 그보다 온건하고 현실적인 선택지 중 우리가 손을 뻗어 닿을 만큼 실존적인 대안은 적어도 내게는 보이지 않는다.

우리를 옭아매는 '남에게 폐를 끼치지 않는 행복 추구'

밀이 말한 해악의 원칙은 '개인의 행동을 제한할 수 있는 유일하고 정당한 이유는 그 행동이 타인에게 피해를 줄 때뿐'이라는 내용이었다. 이 원칙에 따르면 타인에게 위해를 가하거나 폐를 끼치지 않는 한, 인간은 저마다 자유롭게 행복을 추구할 수 있으며 자신의 라이프스타일과 사상을 누구에게도 제한당할 이유가 없다는 뜻이 된다. 하지만 여기서 말하는 '타인에게 위해를 가하거나 폐를 끼치지 않는 한'이라는 전제는 참으로 애매하기 그지없다. 대체 현대 사회에서 어떤 행동과 태도가 여기에 해당하고, 어떤 행동과 태도가 이에 해당하지 않는단 말인가.

지금까지 살펴보았듯, 사회가 진보함에 따라 '피해'로 간주되는 행동은 계속 달라져왔다. 가령 오늘날에는 담배 연기가 건강을 위협하는 요소로 인식돼 해악의 원리에 따라 흡연구역이 일상 공간에서 분리 조치되었다. 그러나 1980년 혐연권 소송 판결이 보여주듯(108쪽 참고) 과거 일본에서는 담배 연기를 '타인에게 위해를 가하고 폐를 끼치는 것'으로 보는 시각이 드물었다.

5장에서 다룬 주제도 같은 맥락이다. 대대적인 생활 습관의 변화가 일어나 청결함이 강조되기 이전에는 거리 곳곳이 지저분했고 불쾌한 냄새로 가득했다. 그 시기에는 타인의 체취를 민폐라고 느끼는 정도나, 자신의 체취에 수치심과 죄책감을 느끼는 정도가 매우 낮았다.

밀이 활동하던 무렵의 런던과 비교해봐도 오늘날의 일본 사회, 특히 도쿄는 지극히 쾌적하고 건강하며 마음 놓고 거리를 활보할 수 있는 안전한 곳이다. 그러나 그런 사회가 실현된 대신, 우리는 이전 시대보다 더 타인의 사소한 행동에 민감해지고 타인뿐 아니라 자신에게도 그러한 행동과 태도를 용납하기 어려워졌다. 즉, 똑같이 '타인에게 위해를 가하거나 폐를 끼치지 않는 한'이라는 말이라도 밀이 살았던 시대의 런던과 지금의 도쿄에서, 타인에게 피해를 주지 않고 행복을 추구할 수 있는 자유의 범위는 완전히 다르다.

더 많은 행동과 태도가 위해 요소이자 민폐로 간주되고, 더 많은 행동과 태도가 일탈로 규정되어 의료와 복지의 관리 대상이 되는 사회에서는 이념은 둘째치고 현실적으로 선택 가능한 라이프스타일이 매우 좁아질 수밖에 없다. 결국 우리는 주류의 관습과 통념, 부르주아 계급에서 비롯된 다양한 생활 규범에 맞춰 행동하며, 해악의 원리를 위반하지 않도록 끊임없이 애써야만 한다. 이 약속을 어기고 자유롭게 행복을 추구했다가는 언제 어느 순간 타인에게 피해를 줄지 모른다.

이러한 논리가 개인의 의견 표출과 충돌을 전제로 하는 서구 사회, 즉 현대의 미국이나 프랑스에서 어디까지 적용될지는 여기서 논하지 않겠다. 다만 내가 확인해두고 싶은 것은, 오늘날 도쿄에서 해악의 원리를 충실히 지키려면 밀이 상정했던 수준을 훨씬 넘어서는 까다로운 행동 기준을 고수해야 하며, 공리주의가 개인의 자유를 보장하는 동시에 그 자유를 크게 제약한다는 점이다.《자유론》을 떠올려보면 밀은 분명 이런 사회를 바란 것은 아니었다.

상승 지향 가치를 삶의 기준으로 삼다

사회계약 역시 과거 이를 제기했던 사상가들이 예상했던 범위를 훨씬 넘어선 방식으로 현대 사회에 작동하고 있다. 사회계약을 말하면 루소의《사회계약론》[3]이 가장 널리 알려져 있으며, 이는 프랑스 혁명에 큰 영향을 미쳤다는 평가를 받는다. 혁명 직전의 프랑스는 제3신분이라 불리던 부르주아 계급이 마침내 사회에 대두하며 구체제의 권위와 권력을 뒤엎으려 한 시기였다. 또한 자본주의 논리가 농민층에게까지 퍼져가던 때이기도 했다.[4]

루소가 살았던 시대에는 자본주의보다는 구체제의 논리가 활개를 치며 왕과 귀족, 교회가 권위와 권력을 휘두르던 때였다. 사회계약의 논리도 아직 깊숙이 침투되지 않아 부르주아들의 바람대로 자유로운 거래와 의사소통이 이루어지는 상황과는 거리가 있었다.

개인주의도 마찬가지였다. 6장에서도 언급했지만 현대인의 라이프스타일에 반드시 필요한 사생활을 보호해주는 주거가 널리 보급된 것은 비교적 최근의 일이다. 앞서 인용한 필리프 아리에스에 따르면, 가정과 개인이 사생활이 보장되는 생활을 획득한 시기는 18세기 이후였다.[5] 게다가 이 역시 도시의 중상류 계급에 해당하는 이야기로, 프랑스 농민들은 이러한 변화에 끈질기게 저항하며 옛날부터 내려온 통념과 습관을 꽤 오랫동안 유지했다.[6]

이처럼 구체제의 권위와 폭력이 잔존하고 사생활의 개념이 희박했던 사회에서, 루소는 국민 모두에게 공통된 이해(일반 의지)에 근거한, 법의 지배를 받는 평등한 세상을 제시했다. 이는 구체제의 권위와 권력을 더 이상 참기 어려웠던 부르주아들에게 환영받았을 뿐 아니라 법을 바탕으로 모두가 평등하게 사는 사회, 즉 지금 우리가 살고 있는 현대 사회로 이어지는 중요한 사상적 기반이 되었다. 신분을 등에 업고 권력을 휘두르거나 폭력으로 일을 해결하는 사회에서는 현대와 같은 쾌적하고 안전하며 안심할 수 있는 사회를 상상하기조차 어려웠을 것이다.

그러한 시대 상황 속에서 사회계약이라는 대안을 쏘아 올린 루소는 참으로 걸출한 인물이었다. 현대 사회의 쾌적함을 누리고 있는 우리로서는 루소와 그 전후에 등장한 사상가들에게 감사하지 않을 수 없다. 그러나 그들이 살았던 때는 그들의 논의가 아직 몽상의 단계를 벗어나지 못하던 시기이기도 했다. 따라서 자신들의 사상이 사회에 철저히 뿌리내린 미래에 과연 어떤 일이 일어날지는 알 수 없었다. 예를 들어 남녀 간의 연애나 SNS상의 의사소통까지 자본주의와 개인주의, 사회계약의 논리에 물들어 있는 미래, 혹은 아이가 거리에서 뛰노는 모습에 모두가 위험을 떠올리고 신경질적으로 반응하는 미래를 가정하며 논의했을 리는 만무하다.

최근 수 세기 동안 자본주의와 개인주의, 사회계약의 논리는 전 세계를 휩쓸었다. 특히 전후 일본에는 매우 빠른 속도로 침투하여 부르주아적 통념과 생활양식과 함께 널리 퍼져나갔다. 그 결과 남녀 관계와 육아, 가족과 같은 지역공동체를 근거로 한 생활은 뒤돌아볼 틈도 없이 빠르게 이 같은 논리에 잠식당했다.

경제자본과 문화자본이 풍부해 이러한 변화에 재빨리 적응한 부르주아와 그를 따르는 이들에게는 이 변화가 '시민사회의 신속한 실현'처럼 보였을지 모르겠다. 하지만 달라지는 세상에 모두가 재빠르게 적응할 수 있었던 것은 아니다. 사실 부르주아적 라이프스타일의 성립을 자신도 모르게 떠받친 이들은, 그러한 논리에 뒤늦게 합류한 사람들이었다. 뒤처진 사람들의 노동력과 출산력을 부르주아들이 적은 대가로 획득할 수 있었던 까닭에 그들만의 라이프스타일이 성립할 수 있었던 것이다. 그리고 여기에는 계급의 차이, 종주국과 식민지, 선진국과 개발도상국 사이의 불평등한 관계가 늘 존재했다. 그렇다면 모두가 부르주아적인 라이프스타일을 지향하고 자본주의와 개인주의, 사회계약의 논리를 내면화한 지금, 이제껏 부르주아를 받들어 모시고 노동력을 제공하고 세대 재생산을 이끌어온 사람들의 역할을 누가 맡아야 하는가라는 문제가 새롭게 떠오르지 않을 수 없다.

서양 사회에서는 이 문제가 어느 시기까지는 계급 혹은 종주국과 식민지에 의한 차이에 의해 메워졌고, 한 시기부터는 전업주부라는 계층이 등장하면서 젠더에 따른 차이로 메워지기 시작했다. 이후 서양 사회는 이민자들을 적극적으로 받아들이면서 문제 해결 방식을 확장했지만, 일본은 이와 달랐다.

20세기 후반 일본에서는 '1억 총 중류 사회'라는 말이 유행했는데, 이는 일본인 모두가 진정한 부르주아 계급이 되었다는 의미가 아니라, 건강 · 육아 · 청결과 같은 생활 통념과 습관이 부르주아적으로 변했음을 의미할 뿐이었다. 육아와 가사를 외부에 위탁할 경제적 여유가 없는 이들, 즉 생활 기준만 부르주아적으로 변한 많은 사람들은 육아와 가사를 부르주아적인 상승 지향 가치와 함께 양립시키기 쉽지 않았다.

도쿄의 상황을 돌이켜보면 루소의 논리가 삶 전반에 침투하면 어떤 문제가 발생하는지 이해할 수 있다. 부르주아적 라이프 스타일과 그에 따른 통념과 습관이 철저히 지켜지는 거리에서 성인남녀는 쾌적하고 자유롭게 살아갈 수 있으며, 아이를 낳기 전까지는 자기계발을 하고 경력을 쌓으면서 행복 추구에 몰입할 수 있다. 그러나 부모와 아이들은 그 거리에서 눈치를 봐야 하고, 육아에 드는 비용과 위험을 감당하려면 큰 용기가 필요하게 되었다. 결국 결혼과 출산은 아무나 할 수 없는 선택지가 되었고, 도쿄는 주변 지역으로부터 젊은 인력을 계속 공급받아 도시의 유지와 질서를 확보하고 있다.

도쿄가 주변 지역으로부터 젊은 인력을 수혈받는다는 사실은, 결국 계급 차이와 종주국과 식민지의 관계와 비슷한 형태의 차이가 여전히 필요하다는 뜻이기도 하다. 자본주의와 개인주의, 사회계약이 철저히 적용된 도시에서 서민에게 세대 재생산은 결코 간단한 문제가 아니다. 애초에 이러한 논리는 세대 재생산을 고려하고 출발한 것이 아니기 때문이다.

루소는《에밀》이라는 아동 교육서를 남겼지만, 당시의 루소는 아버지로서 육아에 참여하지 않았다.《에밀》에서 강조되는 부분도 어머니와 가정교사의 역할이었다. 루소보다 앞서 로크가《교육에 관한 고찰》에서 아버지와 가정교사의 역할을 부르주아의 재생산에 걸맞은 형태로 논하긴 했으나[7] 당시 사상가들이 어머니의 입장에서 현실을 논했다고 보기는 어렵다.

자본주의와 개인주의, 사회계약의 논의를 주도한 이들은 대부분 남성이었고, 이후 여성의 권리 신장을 주장한 여성들조차 남성과 동등한 권리를 얻기 위해 투쟁했다. 이를 지금까지의 문맥으로 바꿔 말하면, 여성의 권리 신장 운동 역시 서민의 통념과 습관이 부르주아화되는 커다란 흐름 중 하나였다고 할 수 있다. 여성이 자신의 능력을 계발하고 경제적 주체로 활약할 수 있는 자유를 획득하면 사회는 더욱더 부르주아에게 유리한 방향으로 발전하기 때문이다. 하지만 이러한 부르주아화는 임신과 육아를 모두 여성에게 맡길 수 있었던 부르주아 남성을 모방한 것이었기에, 그에 최적화된 자유를 추구할수록 여성은 자연히 임신과 육아에서 멀어질 수밖에 없었다.

이 문제는 남성과도 무관하지 않다. 예컨대 육아에 열심인 아버지가 승진을 전제로 한 지방 발령을 제안받았다고 하자. 아버지는 분명 육아와 직장 사이에서 큰 딜레마에 빠질 것이다. 하지만 대부분의 경우 주 수입을 포기하기는 어려우므로 회사의 결정을 따르게 되고, 육아에 대한 아쉬움을 남길 수밖에 없다.

이러한 점에서 과거 사상가들의 논의와 운동, 공리주의적 사회로의 진보는 출산 적령기의 남녀가 겪는 생물학적 제약과, 사회계약의 논리 바깥에서 이루어지는 육아의 현실을 제대로 고려하지 않은 것으로 보인다. 애초에 임신과 육아로 분투하던 여성들은 자본주의와 개인주의, 사회계약의 논의에 충분히 참여하지 못했고(혹은 참여할 수 없었고), 이는 너무나도 당연한 일이었다.

아이들 역시 마찬가지다. 자본주의와 개인주의, 사회계약의 논리는 아이들의 참여 없이 진전되었고, 아동 노동과 체벌이 존재하던 시대든, 아이를 소중히 여기지만 예의 바르고 얌전하게 행동하기를 요구하는 현대든, 아이들의 입장은 늘 어른들의 논리에 종속되어왔다.

이러한 논리를 기반으로 사회가 진보할수록 사회는 '남성 부르주아처럼 일하고 싶은 여성'에게 적합한 형태로 변화한다. 실제로 현재 사회는 그렇게 변해가고 있다. 하지만 이는 아이를 낳고 싶거나 기르고 싶은 남녀에게 최적화된 사회는 아니다. 사회가 진보하고 개인의 부르주아화가 심화될수록 아이를 낳고 기르기 어려운 사회가 될 수밖에 없는 것이다.

서구 방식으로는 해결할 수 없는 동아시아의 저출생 문제

최근에는 유럽과 미국에서도 합계특수출생률이 계속 떨어지는 추세라지만[8] 저출생 문제가 특히 심각한 나라는 일본을 포함한 동아시아 국가들이다. 아이가 교육적 투자의 대상으로 간주되고 이러한 의식이 첨예화된 동아시아 국가들은 하나같이 저출생 문제에 허덕이고 있다. 싱가포르 등은 정부의 강력한 주도 아래 저출생 문제에 매우 열심히 대응하고 있지만, 그럼에도 합계특수출생률은

1.2(2016년)에 머물러 있다.[9]

동아시아 국가들은 '아이에게 많은 교육비를 들여야 한다(그리하여 차세대 경제 생산성을 향상시켜야 한다)'는 부르주아적 육아관이 서민들에게까지 퍼져 있고, 충분한 교육적 투자가 어렵다고 판단되면 차라리 아이를 낳지 않으려는 젊은 층이 많다. 특히 도쿄처럼 현대적 가치관이 철저히 내면화되고 교육 투자가 당연시되는 도시에서는 그 경향이 더 두드러진다.

동아시아 서민들이 아이를 낳지 않는 이유는 생물학적으로는 모르지만, 경제적으로는 분명 부르주아적 논리와 닿아 있다. 자본주의적 효율성과 생산성, 합리성의 논리를 내면화할수록, 개인주의를 바탕으로 한 소비 주체로서의 의식이 철저해질수록 육아에 따른 위험과 비용을 염려하지 않을 수 없기 때문이다.

교육비가 많이 들고 큰 리스크를 각오해야만 하는 육아에 투자하느니 비용 대비 효과가 더 좋고 좀 더 위험성이 낮은 선택지가 있지 않을까. 요즘 시대에 이러한 비용 대비 효과와 위험성을 고려하지 않고 무턱대고 아이를 낳는 것은 단순히 비경제적일 뿐 아니라, 비경제적이라는 이유로 사회적 일탈을 의미하기도 한다.

또한 아이는 많은 교육비가 들어가는 동시에 권리를 보호받아야만 하는 존재이기도 하다. 사회계약적 논리가 확산하면서 가정 내 학대를 막을 수 있는 여러 장치가 마련된 것은 다행스러운 일이지만, 이로 인해 부모에게 있어 아이란 예전보다 훨씬 신중히 대해야만 하는 존재가 되었다. '동물'로서 태어나는 아이는 매개적 의사소통을 곧이곧대로 받아들이지 않는 존재다. 그런데 오직 매개물을 통한 의사소통에만 익숙해진 현대인이 아이를 낳게 되면, 말이 통하지 않는 '아이'라는 동물과 맞닥뜨릴 수밖에 없다. 게다가 그 동물을 때리거나 마음대로 놓아둘 수도 없으니 매우 정교하고 치밀한 방법으로 길러야만 한다.

과거에는 지역공동체가 육아를 함께하고 요령을 전승하는 기능을 했지만, 현재는 이를 기대하기 어렵다. 부모가 육아 전부를 온전히 떠안고 그 방법 또한 스스로 습득해야만 한다. 게다가 아이가 있어도 괜찮은 곳은 사회계약과 법제도에 따라 한정되어 있기에 집 근처에서 아이를 자유롭게 뛰놀게 할 수도 없다. 결국 아이의 하루 24시간을 부모가 책임져야만 한다. 여기에 들어가는 시간적, 경제적, 심리적 비용 역시 부모가 오롯이 짊어져야 하므로 젊은 세대가 출산과 육아를 망설이는 것은 매우 자연스러운 일이다.

서양의 사상사를 주도해온 나라들은 이러한 문제에 어느 정도는 대응해왔다. 가령 루소 같은 대사상가들이 활약하고 대규모 혁명을 경험한 프랑스는 동아시아 신흥국보다 훨씬 높은 합계특수출생률을 유지하고 있다. 그 이유 중 하나는, 사상의 발전과 함께 저출생 문제가 우리보다 한발 앞서 진행되었고 관련 논의가 활발해지면서 저출생 문제 대응에는 오랜 시간과 비용이 필요하다는 사회적 합의가 형성되었기 때문이다.[10] 또한 프랑스 외에도 저출생 문제를 오랫동안 고심하고 개인주의를 고도로 발전시켜온 국가에서는 '육아는 가정이나 부부가 해야 할 일'이라는 낡은 가족관이 해체되고, 여성이 개인 단위로 아이를 낳는 것이 제도적으로나 통념적으로나 긍정적으로 받아들여지고 있다.[11]

하지만 일본은 그렇지 않다. 자본주의는 제1차 세계대전 이전부터 유입되었지만 개인주의의 본격적 확산은 전후의 일이다. 지역공동체의 육아가 무너지는 한편 아이를 가정이나 부부의 책임으로 생각하는 관념이 매우 깊게 뿌리내렸다.[12] 영국의 사회학자인 앤서니 기든스는 유럽 여러 나라를 보면서 현대 사회에서는 기존의 가족 시스템을 대신해 개인 간 친밀함을 토대로 한 육아가 이루어지고 있다고 했지만,[13] 이는 오랜 시간 개인주의와 저출생 문제에 대응해온 국가들에 해당하는 이야기다. 세대가 거듭되기도 전에 자본주의와 개인주의, 사회계약의 탁류를 한꺼번에 삼켜버린 일본과 동아시아 국가에는 적용되기 어렵다.

청결하고 안전한 거리, '귀여움은 정의'라는 가치관이 상징하듯 공리주의적 질서 중 일부는 개인주의가 고도로 발전한 유럽보다 오히려 일본에서 더 첨예화되었다. 가게에 들어가 인사를 나누지 않고서는 거래가 시작되지 않고, 손님을 보면 점원이 태도를 바꾸는 것은 프랑스에서는 흔한 일이지만, 현대 일본의 통념에서 보면 이는 사회계약의 논리가 지켜지지 않은 상황이며, SNS에 공개됐다가는 비난 여론에 시달릴 수 있는 일이다. 반면 공리주의적 질서로 인해 개인의 자유와 육아가 구속받는 정도는 프랑스가 일본보다 더 너그러운 편이다. 그렇다고 프랑스에 아무 문제가 없는 것은 아니다. 자본주의와 개인주의, 사회계약의 논리를 유지하기 위해 적극 수용한 이민자들에 얽힌 문제로 프랑스도 몸살을 앓고 있다.

물론 프랑스의 저출생 정책 중 우리가 참고할 만한 지점도 있을 것이다. 하지만 프랑스식 방법론은 프랑스와 유사한 역사적 경로를 거쳐 근대 시민사회에 도달한 국가, 사상적 발전과 저출생 진행이 균형 있게 이루어지고 통념과 습관이 천천히 침투한 국가에 어울린다.

일본의 역사를 마치 빨리 감기한 듯 따라오며 부르주아적 육아관이 첨예화된, 일본보다 더 심각한 저출생 문제를 겪고 있는 동아시아 국가들은 서양 국가와 같은 방식으로 저출생 문제를 해결하기 어렵다. 또한 서양 지식인들의 논의가 암묵적으로 보여주고 있듯, 서양 사회가 우리에게 맞는 처방전을 던져줄 것이라 기대해서는 안 된다.

브레이크 없이 신자유주의와 맞닥뜨린 우리들

물론 서양의 논의 속에는 동아시아인 우리에게도 유효한 문제, 오히려 우리에게 더 타당하게 적용되는 문제도 있다. 예를 들면 미국의 정치학자 웬디 브라운은 저서《민주주의 살해하기》에서 신자유주의가 사회 전반에 침투함에 따라 민주주의가 위기를 맞고 있

다고 지적했다.[14]

브라운에 따르면 신자유주의[15]가 침투한 사회에서는 정부도, 학교도, 개인의 통념과 습관과 가치관까지 모두 기업화·법인화되고 자본주의 논리에 잠식당한다고 한다. 즉 개인도 조직도 정부도 자산 가치와 운용 효율이 높은 선택을 '선'으로 간주하고, 그렇게 행동하도록 압박받는 것이다. 자본주의 논리가 사회의 구석구석까지 스며들고 우리의 통념과 습관에도 영향을 미친다고 보는 그의 견해는[16] 이 책에서 다루어온 여러 내용과 맥락을 같이한다.

다만 유의해야 할 점도 있다. 바로 일본을 비롯한 동아시아 국가에 브라운이 우려하는 '민주주의'라는 토대가 과연 얼마나 깊이 뿌리내려 있는가 하는 문제다. 브라운에 따르면, 소크라테스와 아리스토텔레스 이래 서양 정치의 로고스는 인간을 경제적 존재(호모에코노미쿠스)보다는 정치적 존재(호모폴리티쿠스)로 이해해왔다고 한다. 고대 그리스의 민주주의 전통에서 경제가 정치를 뛰어넘는 상황은 '부자연스럽고 사악한 것'으로 여겨졌다. 그러한 정치의 로고스는 루소와 밀의 시대까지 계승되어 민주주의를 성립시키는 기본 전제를 이루어왔다.[17] 인간과 정부가 자본주의적 실용주의에 완전히 잠식되지 않을 수 있었던 것은 서양 사회 사람들이 경제적 인간(호모에코노미쿠스)인 동시에 정치적 인간(호모폴리티쿠스)이기도 했기 때문이다. 그러나 브라운은 신자유주의란 바로 이 대전제를 뒤엎는 흐름이라고 보았다. 서양, 그중에서도 미국과 프랑스는 실제로 이러한 정치의 로고스가 이어져 내려오면서 경제 발전과 근대 시민사회가 양립할 수 있었다.

하지만 6장에서 설명했듯, 일본은 이러한 국가들과 달리 근대 시민사회가 탄탄하게 뿌리내리기 전에 프리모던 단계에서 단숨에 포스트모던으로 뛰어넘어버린 사정이 있다.

물론 일본에서도 세계대전 이전에는 자유민권운동•이나 다이쇼 데모크라시•• 등이 있었고, 전후에도 대도시권에서는 시민운동이 활발하게 일어났다.[18] 당시 공산당과 사회당의 세력 규모만 보더라도 '근대 시민사회의 시민'이라 부를 수 있을 만큼 컸다. 하지만 이러한 시민의식과 시민운동이 일본 전역으로 퍼져나갔다고 보긴 어렵다. 시민운동의 전성기 때조차 지방에서는 보수 정당이 압도적인 지지를 받았고, 그 지지의 양상은 꽤나 권위주의적이었다.[19] 적어도 내가 철이 들 무렵 호쿠리쿠 지역의 자민당 정치도 매우 권위적인 분위기를 풍겼던 것으로 기억한다.

대도시권의 시민운동 또한 1970년대에는 활기를 잃었고, 시민운동보다는 사생활이, '서로에게 폐를 끼치지 않아야 한다'는 공리주의적 의식이 더 우선시되었다는 점을 보더라도[20] 일본이 근대 시민사회에 가까워졌던 기간, 그 범위와 깊이는 매우 제한적이었다고 보지 않을 수가 없다. 한편 다분히 전근대적인 보수 정당이었던 자민당은 기존 지지층 결집 중심의 정당에서 벗어나 신자유주의적 논리에 기반한 부르주아 정당으로 변모하였고, 이 변화

• 1870~80년대 메이지 정부에 맞서 민주적 제도를 요구한 일본의 사회운동

•• 1911~25년 사이에 정치, 사회, 문화 다방면에서 일어난 자유주의운동

덕분에 젊은 세대로부터 지지를 얻기 시작했다.[21]

근대 시민사회가 뿌리내릴 틈도 없이 일본에서는 자본주의와 개인주의, 사회계약의 논리가 대도시권에서 지방으로 침투되었고, 도시의 시민운동과 지방의 전근대적 권위주의를 동시에 집어삼켰다. 시민운동보다 사생활이 우선시되는 일본 사회는 청결하고 건강하며 질서 정연한, 언뜻 근대 시민사회와 비슷해 보이나 전혀 다른 형태의 다양성을 띠게 되었고, 각각의 개인은 기업화되고 부르주아적 주체가 된 삶을 살게 되었다.

브라운이 말한 '신자유주의의 확산이 곧 민주주의의 위기'라면, 지금 서양보다 일본 쪽이 더 위험한 상황에 처해 있다고 할 수 있다. 좀 더 일반화해서 말하자면 오랜 시간에 걸쳐 근대 시민사회를 이룩해온 역사가 없는 신흥 국가 전체가 매우 심각한 위험에 놓여 있다. 일례로 한국의 저널리스트 김경철에 따르면 현대 한국 사회는 지나치게 자본주의화되어 자살률은 치솟고, 합계특수출생률은 급격히 떨어지고 있으며, 남녀노소 할 것 없이 모두가 숨이 탁탁 막히는 상황에 처해 있다고 한다.[22] 그리고 이러한 한국의 고뇌는 대만, 태국, 싱가포르 그리고 일본에서도 결코 남의 일이 아니다.

서양에서는 자본주의와 개인주의, 사회계약이 발전하는 과정에서 근대 시민사회가 지향하는 정치의 로고스가 각종 부작용을 완화하고, 브라운이 지적한 신자유주의적 상황이 과도하게 격화되지 않도록 브레이크 역할을 해왔다면, 우리는 브레이크가 없는 상태로 이 흐름을 통째로 삼켜버린 셈이다. 그리고 그로 인해 비롯된 부작용을 고스란히 겪고 있다. 이런 점을 고려하면 서양 국가가 걸어온 길을 그대로 따라 하기만 해서는 현재의 사태를 극복하기는 어려울 것으로 보인다.

그럼에도 현대 사회는 옳다고 여겨진다

물론 이러한 논리는 현대 사회에서 '옳다'고 여겨지기 때문에 이제 와서 모든 것이 잘못되었다고 주장하기는 어려울뿐더러, 실제로 이러한 논리가 없었더라면 높은 인구 밀도와 질서 정연함이 공존하는 거대 도시는 성립할 수 없었을 것이다. 청결하고 안전한 거리, 비용만 지불하면 누구든지 최상의 서비스를 제공받으며 어디서든 생활할 수 있는 도시 환경은 법률만 제정한다고 실현되지 않는다. 6장에서 소개한 레식의 말을 빌리자면, 습관과 통념, 시장, 공간 설계가 함께 뒷받침되어야 가능하다.

반면 이러한 논리의 정당성 위에 성립된 사회는 여성을 일과 육아라는 딜레마에 빠뜨리고, 육아를 하는 부모와 아이를 이 질서 밖으로 내치고 있으며, '귀여움'이라는 가치와 대척점에 있는 사람들, 즉 사회 적응에 어려움을 겪는 사람들을 소외시킨다. 아무에게도 선택받지 못해 자신의 시장가치가 바닥임을 깨닫고, 청결을 유지할 의욕마저 잃어버린 고독한 개인은 점점 더 소외될 뿐 아니라 그런 소외조차 '어쩔 수 없다', '네 탓'이라고 간주되기 십상이다.

하지만 자본주의와 개인주의, 사회계약의 논리를 이렇게까지 뾰족하게 밀어붙이면, 이처럼 뒤처지는 사람들은 많아질 수밖에 없다. 고도로 진보한 현대 사회의 질서에 적응하지 못한 사람들 중에는 심각한 정신질환이 없어도 20세기 후반부터 환자로 분류되기 시작한 이들이 포함되며, 이들은 사회의 지원을 받아 '그가 마땅히 있어야 할 곳'으로 재배치되기도 한다. 발달장애와 같이 정신질환의 진단 범위가 확대된 것은 어떤 면에서는 정신의료 발전의 성과라고 볼 수 있지만, 또 다른 측면에서는 사회 질서에 적응하기 위해 넘어야 할 장벽이 높아졌음을 뜻한다. 그리고 그 높은 장벽을 자력으로 넘기 힘든 개인은 지원을 받아야 할 정도로 사회 질서의 수준이 높아졌음을 의미한다.

그럼에도 현대 사회는 여전히 옳다고 여겨지고 있다. 사회가 끊임없이 변화하며 '더 옳다'고 여겨지는 방향으로 나아가면서 존속하고 있기 때문이다. 가령 발달장애 진단의 필요성이 생기면 사회는 정당성이라는 틀에 이 상황을 맞춰가면서 끊임없이 제도를 개편한다.

현대 사회는 새롭게 발달장애 진단을 받게 된 사람들을 배세하지 않는다. 감시가 횡행하고 우생학에 기반한 단종•이 긍정되

• 악성 유전 형질을 없애기 위해 생식 능력을 없애는 일

었던 19~20세기와는 이 점에서 다르다. 현재의 의료와 복지는 명확하게 정의된 정신질환과 발달장애뿐 아니라 정상과의 경계가 모호한 스펙트럼 영역에 속하는 이들까지 지원하고 있다. 2005년 발달장애인지원법이 제정되고 2016년 법 개정이 이루어진 것처럼, 사회는 적응하지 못한 사람들에게 의료적·복지적 지원을 제공하도록 법제도를 손질해왔고, 사람들의 통념과 습관도 지속적으로 관리하고 있다.

과거의 정신의료는 환자를 정신병원이나 별도의 시설에 감금하는 방식이 일반적이었다. 그것은 당시 사회가 필요로 한 방식이었기 때문에 행해진 일이지만 자본주의와 개인주의, 사회계약의 논리가 발전하면서 이런 방식은 옳지 않다고 여겨졌고, 의료와 복지는 재정비를 요구받았다. 그 결과 2장에서 말했듯, 정신의료 대상자 대부분이 통원 치료를 받게 되었으며, 장애인 고용이라는 특수 형태로 일자리를 제공받거나 정신과 돌봄 서비스 등의 지원을 받게 되었다. 오늘날 의료와 복지는 각각의 환자를 그가 감당할 수 있는 수준에 맞는 장소로 재배치하고, 경제적 자립과 생활을 지원하며, 끊임없이 자신의 정당성을 유지하고 있다.

이러한 지원이 우리 사회 곳곳에 영향을 미치면서 의료는 '옳은 일을 하고 있다'는 평가를 받게 되었고, 환자는 개인의 필요에 따라 지원을 받으며 활약할 수 있는 자리를 얻고, 사회는 실업자를 떠안기보다는 GDP에 기여하는 노동력을 얻게 되었다. 오늘날 의료와 복지가 제공하는 기능은 누군가를 곤란케 하지 않을 뿐 아니라, 누가 봐도 정당하다고 생각할 만한 제도이며, 자본주의와 개인주의, 사회계약을(혹은 브라운이 말한 신자유주의) 뒤에서 떠받치고 있다.

다만 이 지원 제도가 너무나도 정당하기 때문에, 고도화된 질서에 따라 새롭게 환자가 되어버린 사람들이 반드시 의료와 복지의 지원을 받아야 하는 상황이 가속화되고 있다는 현상 자체에 의문을 제기하기가 매우 어려워졌다. 이것은 의료와 복지에만 한정된 이야기가 아니다. 오늘날 질서가 '질서'라는 이름에 걸맞게 견고한 힘을 유지하는 이유는 사회가 정당성을 얻고 있기 때문이며, 시대 변화와 기술 발전에 맞춰 이를 쇄신하기를 게을리하지 않는 데다 여러 영역에서 정당성에 부합하는 새로운 역할을 부여받으며 이어져왔기 때문이다.

서양의 기독교와 그 관련 세력은 중세 이후 기술과 세계관의 발전에 맞추어 교의를 고치고 바꾸면서 정당성을 쇄신해왔다.[23] 레콩키스타Reconquèsta• 이후 그리스 철학의 재발견, 르네상스, 신항로 개척, 나아가 코페르니쿠스와 뉴턴의 등장까지 마찬가지였다. 서양은 세계관과 기술만 발명하는 것이 아니라 거기에 맞춰 정당성까지 항상 갱신해왔다. 기독교가 힘을 잃고 난 후에도 기독교적 로고스는 맥맥이 이어져 내려왔고, 자본주의와 개인주의, 사회계약이라는 주요 이데올로기 또한 자신의 정당성을 끊임없이

• 8~15세기에 걸쳐 이슬람교도가 차지한 이베리아반도를 탈환코자 전개된 기독교도의 국토회복운동

되물으며 쇄신을 거듭해왔다. 루소의 사회계약론과 밀의 공리주의도 이러한 계보의 일부이며, 이 역시 오늘날까지 계승되고 있다.

서양 사회가 동양이나 다른 사회보다 발전하고, 그 사상이 세계적 진보의 기준이 된 까닭은 서양인들이 발명과 발견에 능했기 때문만이 아니라, 그 발명과 발견에 수반하는 세계관의 변화에 맞춰 정당성을 부여하고 꾸준히 갱신해온 덕이 아닐까? 중국은 정화 함대 시기까지만 해도 서양을 능가하는 기술력을 갖고 있었지만, 정당성을 갱신해갈 로고스가 부족했다. 어쩌면 오늘날 동양 사회도 마찬가지인지 모른다. 우리 사회는 서양의 발명과 발견을 모방하는 데에는 뛰어났지만, 정당성을 갱신하기 위한 로고스까지 복사해오지는 못한 듯하다.

정당성이 쇄신되고 유지되어야만 사회는 이치에 맞게 질서 속에서 통치될 수 있다. 자본주의와 개인주의, 사회계약이 이처럼 발전할 수 있었고, 지역에 따라 차이가 있더라도 이러한 논리가 세계적 진보의 기준이 될 수 있었던 것도 모두 정당성 덕분이다. 그러나 뒤집어 말하면, 그 정당성만 갖춘다면 무엇이든 '이치에 맞는 일'이 되어버리고, 이를 간단히 부정하거나 수정하기는 매우 어려워진다.

예를 들어 오늘날에는 사회계약에 따라 신체적 폭력 행사는 금지되어 있지만, 합법적인 범위 안에서는 정보 약자를 착취해도 문제가 되지 않으며, 노동력 착취도 버젓이 일어난다. 아니, 합법적인 범위 안에서의 노동력 착취는 오늘날의 정당성 기준으로 볼 때 결코 착취가 아니다. 동시에 정당성의 쇄신이 매우 중요하다는 사실을 잘 알고 있는 서양의 지식인들은 합법적인 범위 안에서 일어나는 착취와 유사한 행위를 발견할 때마다 이를 논의에 부쳐서 수정하기를 게을리하지 않는다.

이러한 논의를 수행하는 자들은 자본주의와 개인주의, 사회계약이라는 삼위일체를 잘 이해하고 내면화하여 정당성을 획득한 전문가들이다. 서양 사회를 대표하는 지혜는, 길게 보면 어떤 문제라도 정당성의 쇄신을 통해 구제할 수 있다는 믿음에 기반한다. 하지만 미국의 트럼프 대통령 당선, 영국의 EU 탈퇴를 둘러싼 혼란, 유럽 국가들에서 높아져만 가는 배외주의를 보면 이들 역시 전지전능한 것은 아니어서 지금은 정당성의 쇄신과 통치 사이에서 딜레마를 겪고 있는 듯 보인다.

자본주의, 개인주의, 사회계약의 논리를 따르는 현대 사회

아무리 정당하다 하더라도 아이들의 숫자가 계속 줄어드는 사회는 활력을 잃기 마련이며, 경제적으로나 정치적으로나 쇠퇴의 길을 걸을 수밖에 없다. 인간과 정부의 기업화와 호모에코노미쿠스화가 진행되고, 서민들의 육아마저 부르주아적 논리로 계산되는 사회에서는 경제적인 희망이 보이지 않는 육아란 소모적이고 부도덕한 행위로 인식되고, 그 결과 인구 감소는 끝 모르게 이어지고 있다.

더구나 출산을 결심할 수 있는 시기는 매우 짧고, 최근 난임 및 불임 여성과 남성이 늘어나고 있는 만큼 결심한 시기에 실제 아이를 낳을 수 있다는 보장도 없다. 소산소사少産少死 시대의 현대 사회에서는 '아이가 죽으면 또 낳으면 된다'거나 '첫째 아이 육아 중에 행한 과오는 다음 아이에게서 바로잡는다'는 사고방식도 통하지 않는다.

또한 육아에는 위험을 분산하기 위한 뾰족한 수도 없다. 충분히 아이 교육에 투자를 하고 안전에 만전을 기한다 해도 아이에게는 언제든 무슨 일이 일어날 수 있고, 만일을 대비해 들어둔 보험이 모든 문제를 해결해주지도 않는다. 물론 많은 교육비를 들인다고 해서 아이가 이에 상당하는 경제 생산성을 갖추리라는 보장도 없다.

자본주의와 개인주의, 사회계약의 관점에서 곧똘히 따져보면 육아라는 선택은 위험이 너무 크고 비용 대비 효과가 보장되지 않는 무의미한 투자다. 자산 가치와 운용 가치가 높은 선택을 해야 하는 사회 논리에 정면으로 반하는 일이 아닐 수 없다. 이렇게 말하면 '육아를 통해 인간은 더 성장할 수 있다', '육아는 해보기 전에는 알 수 없는 가치가 있다'고 반론하고 싶은 사람도 있을 것이다. 하지만 육아를 통해 돈으로는 살 수 없는 변화를 실감하는 부모가 있는 반면, 아이를 낳았음에도 아무것도 달라지지 않고 아무

것도 얻지 못했다고 느끼는 사람들, 아이를 감당 못해 학대와 방임에 이르는 사람들도 있다. 통계 자료를 보면 육아에 가치를 느끼는 사람들이 존재하는 동시에 학대와 방임에까지 이르는 사람들도 분명 존재함을 알 수 있다. 그러나 앞으로 아이를 낳을 개개인이 어느 쪽 삶을 걸을지는 누구도 알 수 없다.

앞에서 언급했듯, 애초에 인생관과 세계관에 일어나는 대대적 변화는 자본주의적인 가치로 환산할 수 없다. 모든 것을 자산 가치나 운용 가치 같은 가격표가 붙는 지표로 계산하려는 요즘 사람들에게, 가격표를 붙일 수 없는 '참으로 귀하고 대체 불가능한 육아의 가치'를 어떻게 설명할 수 있겠는가. 사람들의 행동 원리가 자본주의 혹은 브라운이 말한 신자유주의에 깊이 의지할수록 '육아를 통한 성장', '해보지 않고서는 알 수 없는 가치'와 같은 말은 공허한 울림에 지나지 않는다.

아이만큼은 아닐 수 있지만 연애 역시 위험성이 큰 행위다. 결혼에는 이혼이, 교제에는 파국이, 사모에는 실연이 따라다니기 때문이다. 자기애적 성격을 지닌 현대인이라면 나르시시즘에 상처를 줄지 모를 체험은 되도록 피하고 싶기 마련이다. 남녀는 외모나 피부처럼 시각적으로 판단하기 쉬운 지표와 연봉이나 직업처럼 수치화 가능한 지표에 끌리면서도, 동시에 자신이 인간 시장에서 어느 정도의 가격인지, 또 어느 정도의 값어치를 지닌 상대와 교제할 수 있는지를 계산하며 불필요한 리스크를 되도록 피하려고 한다.

내각부의 저출생 사회 대책 백서에 따르면[24] 결혼을 원하는 많은 사람이 이성과 만나기 위해 특별한 노력을 하고 있지 않다고 한다. 따지고 보면 참으로 합리적인 선택이 아닐 수 없다. 미국처럼 파트너 관계에 대한 사회적 압력이 강한 나라라면 모를까, 그런 문화가 희박하고 사회적 압력도 약한 나라에서 굳이 배우자를 찾기 위해 애쓸 이유는 없기 때문이다. 게다가 이성에게 말을 거는 행위 자체가 요즘에는 매우 위험해졌다. 과거에는 사내 연애를 하는 사람도 많았지만, 요즘에는 직장 내 이성 동료에게 말을 거는 것 자체가 불필요한 의심을 받을 위험을 감수해야 하기 때문이다.

현대 사회의 상호 작용에서는 사회계약의 논리를 따르는 것이 바람직하다. 편의점에서는 구매와 관련된 대화만 나눠야 하고, 직장에서는 업무와 관련된 말만 해야 한다. 남녀의 사적 만남과 같이 사생활 침해 가능성이 있는 대화는 불순물처럼 여겨진다. 그래야 서로의 다양한 삶의 방식을 존중하고, 불필요한 위험을 피하며, 상대에게 상처를 줄지도 모르는 말은 하지 않는 '해악 최소한의 원리'를 준수할 수 있기 때문이다.

따라서 이것은 비단 연애에만 해당되는 문제가 아니다. 사회계약의 논리에 따라 서로에게 폐를 끼치지 않고 고통을 주지 않으려는 현대적인 태도가 몸에 배면, 거리에서 낯선 아이에게 말을 거는 것은 물론이고 어른들끼리의 대화도 마음 편히 나누기 부담스럽다. 매매나 직장에서의 업무는 순조롭게 이루어지고, 취미가 같은 사람들끼리는 콘텐츠를 매개로 한 의사소통에 몰입할 수 있다. 하지만 매매 밖에서, 업무 밖에서, 콘텐츠를 매개로 하지 않은 의사소통 밖에서 타인과 접하기란 지극히 어려워졌다.

비의사소통에
최적화된 개인

현대의 모범적인 의사소통은 쌍방의 합의를 바탕으로 서로가 원하는 매개물을 통해 이루어진다. 말하자면 보여주고 싶은 것만을 보여주고, 보고 싶은 것만을 보는 방식이다. 매개물 없이 타인과 접촉하기는 매우 어려워졌을 뿐 아니라 무례하다고 여겨지며, 그러한 접촉을 바라지 않는 사람도 적지 않다. 엑스나 인스타그램과 같은 온라인 의사소통은 이러한 현대식 의사소통을 아주 충실히 반영하고 있다. 그러나 오프라인 의사소통도 본질적으로 크게 다르지 않다. 인터넷상의 의사소통이 공간 설계에 의해 개인 맞춤화되듯, 오프라인에서의 의사소통도 개개인의 사정과 상황에 맞게 소위 '퍼스널라이즈'되어 있다. 인간관계는 가정, 학교, 가게, 스포츠 클럽, 취미 모임처럼 용도와 상황별로 구분되고, 각각의 상황에서 서로 합의한 범위 안에서만 매개물을 활용한 의사소통이 이루어진다. 그 범위를 벗어나는 의사소통은 예의에 어긋나며, 때로 괴롭힘으로 비춰지기도 한다.

이러한 방식만으로 만남과 대화를 반복하면, 우리가 관계

속에서 내보이는 모습은 인격의 다면성이 온전히 드러난 '인간 그 자체'라고 하기 어렵다. 우리는 용도와 상황, 매개물에 맞게 최적화된 캐릭터나 역할, 말하자면 '아바타'를 내세워 교환하고 있는 것이다. 그 바깥쪽을 상상하거나 접근하는 일은 사실상 불가능해졌다.

최근 의사소통의 '캐릭터화',[25] 더 나아가서는 '분인화分人化'[26]라는 개념이 등장한 데는 이러한 현상이 바탕이 되었다고 볼 수 있다. 이 같은 의사소통 방식은 낭비가 없고 효율적이며, 서로의 스트레스나 마찰을 줄일 수 있다는 점에서 이점이 있다.

시점을 바꾸어보면, 현대인은 쌍방 합의에 근거해 서로의 사정에 맞는 의사소통만을 선택하는 동시에, 그 조건에 맞지 않는 부분에 대해서는 굳이 의사소통을 하지 않는다고도 볼 수 있다. 우리는 사회계약의 논리에 적합한 의사소통에만 집중함으로써 그렇지 않은 의사소통은 일상에서 배제하고 있다. 그 결과 캐릭터와 역할, 아바타로는 파악할 수 없는 서로의 다면성에 대해서는 알지 못한 채 살아가고 있다.

이는 의사소통인 동시에 일종의 비의사소통이 아닐까? 6장에서 언급했듯 오늘날 인터넷에서는 개인의 시야가 자신이 보고 싶은 것과 관심 있는 것, 자신과 가까운 가치관과 세계관으로 채워지기 쉽다. 개인의 취향과 관심사로 채워진 SNS 타임라인 너머의 세계는, 가령 트럼프 대통령을 지지하는 사람에게는 지지가 당연한 세상으로, 그를 혐오하는 사람에게는 혐오가 당연한 세상으로서 비춰진다. 이 때문에 비슷한 사람들끼리의 동조와 공감에는 매우 적합하지만, 서로 다른 가치관과 사상, 신조를 가진 이들이 의견을 교환하기에는 적합하지 않다.

실제로 SNS에서는 서로 다른 사상과 신조를 지닌 사람들이 각각의 당파를 만들어 서로 비난을 일삼는 풍경을 자주 볼 수 있다. 반대로 다른 신념을 가진 사람들끼리 연결고리가 형성되는 사례는 찾아보기 힘들다. 적어도 2020년대 현재의 SNS는 공간 설계 방식 자체부터 내가 말하는 '비의사소통'에 최적화되어 있다.

생각건대 도쿄에서의 의사소통도 이와 대동소이하지 않을까? 도쿄 시민은 누구나 쌍방의 합의를 기반으로 자신이 보이고 싶은 모습만 보여주고, 자신이 원하는 상대와 원하는 주제에 대해서만 의사소통하기를 반복하고 있으며, 취향을 따라 의사소통이 개인화되는 일이 매우 자연스럽게 일어난다. 예를 들어 도쿄의 화이트칼라 가정에서 태어나 사립 중·고등학교를 다니고, 일류 대학을 졸업한 뒤 도쿄증권거래소 상장기업에서 일하는 남성은 그렇지 않은 학력과 직종, 가치관을 지닌 사람과 굳이 소통하지 않아도 된다. 오히려 블루칼라 노동자나 비정규직 종사자들과 의사소통하지 않아도 되는 점을 감사하게 여기는 사람도 있다.

용도나 상황별로 매개물을 통해, 쌍방의 합의를 전제로 소통해야 한다는 현대의 통념과 습관 덕분에 이 사회에서는 '의사소통하지 않고 지내는 일상'이 정당화되어 있다.

2010년대 이후 대중미디어는 '분열'을 사회문제로 자주 다뤄왔다. 비슷한 가치관이나 사상, 신조, 라이프스타일을 가진 사람들끼리 뭉치고, 다른 집단과는 서로 으르렁대기만 해서는 정치, 특히 민주주의가 제 기능을 잃고 말 것이라는 지적은 타당하다. 하지만 개인 단위로 생각해보면 '분열'은 정치적 분석에 의해 이름 붙여진 현상이자 현대의 의사소통, 아니 비의사소통에 최적화된 개인의 한 단면일 뿐이다. 매개물을 통해 상황에 맞게 의사소통하고, 가능한 한 서로를 모르는 채로 지내는 비의사소통 속에서 살아가는 한 분열이 생기지 않는 것이 오히려 이상할 정도다.

대중미디어가 '분열'이라 부르는 현상은, 우리의 생활이 비의사소통 구조 위에 성립하고 있으며, 매개물을 통한 편리하고 효율적인 소통 덕분에 '알고 싶지 않은 것은 모르는 채로 지내도 되는 사회'가 구축되어 있다는 점을 먼저 이해한 뒤 논의해야 할 것이다.

다양한 존재 방식을 지키려면

그렇다면 이러한 세상에서 대체 우리는 무엇을 할 수 있을까?

앞서 언급한 브라운을 비롯해 적지 않은 이들이 자본주의가 지나치게 심화되는 현상을 우려하고 있다. 그들 중에는 나보다 훨씬 냉소적인 시선으로 자본주의를 대하는 사람도 있는데, 예를 들면 비평가 마크 피셔의 의견이나[27] 지금의 질서가 가속화된 만큼 자본주의의 반대편을 바라는 주장[28]도 있다. 하지만 나는 자본주의와 개인주의, 사회계약을 통해 우리가 얻은 혜택과 의료, 복지 덕분에 구제받고 있는 사람들의 존재를 알고 있기에 이 같은 주장에 쉽게 동의하지는 못하겠다. 이 청결하고 건강하며 질서 정연한 사회가 갑자기 무너져버린다면 엄청난 혼돈이 찾아올 것이고, 사회제도에 의지해 간신히 살아가던 이들이 가장 먼저 곤궁에 처할 것이기 때문이다.

그럼에도 우리는 지금의 통념과 습관에 매몰되어서는 안 된다. 현대 사회의 양상을 당연하게 받아들여서도 안 된다. 다양한 공간 설계 속에서 법과 제도의 틀을 준수하며 생활하는 것과, 아무 생각 없이 이를 맹종하며 살아가는 것은 결코 같을 수 없기 때문이다. 또한 피타고라스의 정리나 원자 배열처럼 자연과학의 사실과 달리, 특정 사회나 특정 시대에서 상식으로 여겨지는 사회과학적 사실은 영원불변일 수 없다.

나는 우리가 현대 사회의 통념과 습관을 따르되, 마음속으로는 이에 대한 반의反意를 지니고 있어야 한다고 생각한다. 소설가 아쿠타가와 류노스케는 "가장 현명한 처세술은 사회적 인습을 경멸하면서도, 동시에 사회적 인습과 모순되지 않는 생활을 하는 것이다"라고 말한 바 있다.[29] 이러한 태도는 통념과 습관에 우리가 잠식되지 않기 위해서라도 반드시 필요하다. 나는 이 사회가 현대의 질서에 반감을 품은 사람들이 그 반감을 품은 채 살아가도 되는 사회, 지금의 질서를 비판하더라도 괜찮은 사회이길 바란다. 부디 질서에 대한 맹종을 강요하는 사회는 아니길 바란다.

그렇다면 우리에게 허용된 다양성이란 무엇일까? 또 어떤 의사소통과 논의가 남아 있을까? 그러한 작은 가능성을 발견하고, 우연히라도 의사소통과 논의가 가능한 사람을 만나 주고받은 말들을 기록에 남기는 것. 이런 일들이 지금의 현실에 대한 소소한 저항이 아닐까.

'펜은 칼보다 강하다'는 말이 있지만 의사소통과 논의의 당사자인 우리는 나약하기 그지없고, 비의사소통이 범람하는 미디어 속에서는 한없이 미미한 존재처럼 보일지도 모른다. 그럼에도 미디어에 기록된 각종 의사소통과 논의의 흔적은 어떤 탄압이 있더라도 끝까지 남아 있을 것이다. 중국 왕조 시대에도 책을 불살라 버리는 일이 종종 일어났지만, 그럼에도 과거의 기록과 흔적은 끝까지 살아남아 후대에 전해졌다. 역사라는 큰 흐름에서 보면 펜과 칼의 힘은 결국 역전되는 것이다. 현대 사회를 바라보며 우리가 가져야 할 태도는, 의사소통과 논의를 멈추지 않고 기록하는 일이라고 생각한다.

이 청결하고 건강하며 질서 정연한 사회에 길들여진 우리에게는 통념과 습관의 바깥, 혹은 이데올로기의 대안을 떠올리는 일이 쉽지 않으며, 때로는 부도덕하게까지 느껴질지도 모른다. 왜냐하면 본서에서 다루는 내용은 모두 통념과 습관 혹은 이데올로기로서 이미 우리 내면에 깊이 자리 잡아 초자아의 일부를 이루고 있는 것들뿐이기 때문이다.

모든 사람이 현대 사회와 질서의 양면성을 자각해야 할 필요는 없다. 무턱대고 질서 바깥으로 탈주한다고 좋은 것도 아니다. 그러나 이토록 강고한 초자아를 내면화시키는 사회에서 통념과 습관이 가리키는 대로만, 공간 설계가 의도한 대로만 살아간다면 이는 곧 우리의 시야를 한층 더 좁히고 현대 사회와 현대인을 바라보는 관점을 편향되게 만든다. 제아무리 청결하고 건강하며 질서정연한 사회가 실현되었다고 하더라도 의사소통과 논의가 불가능해진다면 질서는 우리를 더욱더 부자유한 세계로, 더욱더 강한 속박의 세계로 끌고 가버릴 것이다.

진정으로 다양한 존재의 양상과 다양한 사고방식을 지키기 위해서는 의사소통과 논의의 불씨를 꺼트리지 않고 계속 이어가야 한다. 그렇다면 현대의 질서에서 완전히 벗어나지 않으면서도 그 속에서 의사소통과 논의를 지속하려면 무엇이 필요할까?

철학자 아즈마 히로키가 말했듯 투어리즘 속에서 그 가능성을 발견할 수도 있고[30], 건축가 야마모토 리켄이 제안했듯 사생활에만 매몰되지 않는 공간 설계를 모색하는 과정에서 발견할지도 모른다.[31] 혹은 과거 나 자신이 경제적 합리성 따위를 고려하지도 않고 무작정 뛰어들었던 수많은 오프라인 모임, 인터넷상에서의 논의, 혹은 이와 비슷한 체험이 도움이 될지도 모른다.

어찌 됐든 우리에게는 아직 낯선 사람, 낯선 의견, 낯선 라이프스타일을 맞닥뜨리고 놀라움을 느끼며 서로 영향을 주고받을 여지가 남아 있다. 나는 그 여지를 살려 지켜나가는 것이 이 세계에 기여할 수 있는 하나의 방식이라고 믿고 있다.

문제로 느끼지 않는 것 자체가 문제

이 책에서 나는 다양한 영역에서 이루어진 개인의 자유와 사회 질서의 변화 과정을 살펴봤고, 이 같은 진보가 무엇을 자유롭게 만들었고 동시에 무엇을 제약하고 부자유롭게 만들었는지 논했다.

과거의 부자유가 극복된 대신 새로운 부자유가 생겨나면서 그만큼 갖춰야만 하는 조건, 즉 현대인으로 살아가기 위해 요구되는 조건과 문턱은 전에 없을 만큼 높아졌다. 이 장벽을 넘어서 우리가 도착한 곳은 사회계약을 기반으로 한 매매와 의사소통이 자유롭고 효율적으로 이루어지지만, 역설적이게도 '비의사소통'을 바람직하게 여기는, 비의사소통으로 성립된 사회다. 서로의 상황과 조건에 딱 들어맞는 의사소통만을 선호하고 이를 '선'으로 여기는 사회에서, 과연 우리는 민주주의에 걸맞은 합의를 이루고 국가와 사회를 올바른 방향으로 이끌며 그것을 후대에 온전히 물려줄 수 있을까? 아마 후대는 지금의 우리를 이 같은 눈으로 회고할 게 분명하다.

물론 우리가 이루어낸 진보와 자유를 내칠 수 없다는 건 두

말할 필요도 없다. 이를 버린다면, 예컨대 도쿄는 지금과 같은 쾌적하고 안전한 도시를 유지할 수 없을 것이다. 진화생물학자 재레드 다이아몬드는 저서《어제까지의 세계》에서 현대적 제도와 습관이 아직 제대로 정착하지 않았고 지역공동체 힘이 더 강력한 파푸아뉴기니의 사회를 소개한다.[32] 그가 말한 '어제까지의 세계'란 법보다 지역공동체의 논리가 우월하며, 감정의 갈등이 생명을 담보로 한 싸움으로 커져서 위독한 임산부가 아무 치료도 받지 못한 채 그대로 죽기도 하는 사회였다. 다이아몬드는 어느 사회가 더 우월한지를 논하려 한 것은 아니며, 파푸아뉴기니 사회의 장점 또한 소개했다. 하지만 그럼에도 파푸아뉴기니의 사회가 높은 인구 밀도와 안정된 질서가 양립하는 현대적 대도시 운영에는 적합하지 않다는 점은 분명하다.

의료와 복지 역시 오늘날 현대 사회에서 결코 빼놓을 수 없는 부분이다. 2장에서 말했듯, 나는 발달장애가 많은 사회란 어떤 면에서는 지나치게 인간에게 엄격하고 인간을 소외시키기 쉬운 사회라고 생각한다. 하지만 사회가 이토록 진보한 만큼 발달장애가 주목받을 수밖에 없다는 필연성과, 진단과 사회적 지원을 희망하는 사람이 많다는 사실 또한 충분히 이해할 수 있다. 오히려 의료와 복지는 진보된 사회에 적응하기 어려운 개인을 구제하고, 질서가 무너지지 않도록 돕는 역할을 한다.

그럼에도 이러한 진보와 이데올로기가 극단까지 치닫는 사회를 무조건 긍정만 해서는 곤란하다. 우리는 그 정당성이 어디서

비롯되는지, 무엇을 기반으로 작동하는지 끊임없이 뒤를 돌아봐야만 한다. 지금까지 이루어낸 진보 자체를 계승하는 데 나는 이의가 없다. 하지만 서구 사회가 주도해온 정당성을 그대로 모방하는 것만으로는 우리 사회가 앞으로도 순탄하게 굴러갈 것이라고 생각하지 않는다.

육아 문제만 보아도 그렇다. 일본보다 훨씬 강한 개인주의를 바탕으로 아동 지원을 아끼지 않는 나라로부터 배울 부분도 있다. 하지만 프랑스마저 인구 감소가 지속되고 북유럽 국가들이나 미국과 영국, 심지어 이슬람권에서도 출생률은 계속 떨어지고 있다는 사실을 보면, 앞선 나라를 모범 삼는 것만으로 문제 해결을 기대하기 어렵다. 근대화의 후발 주자로서 시민사회가 채 뿌리내리기도 전에 포스트모던, 신자유주의 사회가 정착해버린 우리는 남의 처방전이 아니라 우리의 처방전을 스스로 마련해야만 한다. 서구의 지혜를 참조하되, 한·중·일 및 동아시아의 지역적인 특성과 역사적 경위를 자세히 아는 전문가와 운동가의 활약을 기대해야 하는 것이다.

인간은 자본주의와 개인주의, 사회계약에서 전제하는 '개인'이나 '주체', 혹은 '호모에코노미쿠스'이기 이전에, '호모사피엔스'라는 동물이다. 적절한 환경과 조건만 갖추어지면 인간 역시 다른 동물처럼 자손을 낳고 기르는 데 온 마음을 쏟는 존재다. 물질적 조건만 보면 청결하고 건강하며 질서 정연하고 안전한 현대 사회는 인간이 번식하는 데 최적의 환경을 갖추고 있다. 하지만 현대인은 이미 자본주의와 개인주의의 논리를 내면화한 결과, 육아를 간단히 선택할 수 없게 되었고, 아이를 낳고 키우고 싶다는 감정조차 갖지 못하게 되었다.

우리는 우생학을 부정하면서 '누구나 아이를 낳고 자손을 퍼뜨릴 권리'를 옹호해왔다. 그러나 정작 모범적인 현대인은 어지간히 좋은 조건이 갖춰지지 않으면 출산과 양육을 선택할 수 없게 됐다. 동물로서 인간이 번식을 하지 않는 이 상황은 사회적으로 큰 소외를 불러일으키고 있다.

그런데도 현대인은 소외가 소외로 인식되기도 전에 육아의 위험과 비용 대비 효율을 계산하고, 경제적 손익을 판단한 뒤 단념해버린다. 과거처럼 대책 없이 임신과 출산이 이루어지고 아이가 버려지거나 죽는 비극은 이전에 비해 줄었지만, 이렇게까지 육아가 어렵고 때로는 '그림의 떡'처럼 여겨지는 사회는 어딘가 분명히 잘못되었다. 만일 당신이 이 점을 문제로 느끼지 않는다면, 문제로 느끼지 않는 상태 자체가 나는 문제라고 생각한다.

그게 아니라면 혹시 우리는 개인의 자유가 실현된 이 사회를 대략 100년 안에 다 소모해버리고 후대에는 아무것도 남기지 않을 작정인 걸까? 나에게는 아직 이 질문에 대답할 만한 비전도 배짱도 없다. 하지만 만에 하나 우리가 이 사회를 여전히 사랑하고 후대에도 물려주고 싶다면, 이상한 점은 이상하다고 지적해야 하며, 서구 사회의 선구자들이 그래왔듯 문제를 하나하나 점검하고 쇄신해가야 한다. 밀은 "인간이든, 정치나 철학의 이론이든 인기가 없을 때 드러나지 않았던 오류와 결함이, 세력이 커지면 표면화된다"고 말했다.[33] 현대 사회에서 가장 올바르다고 여겨지는 대표적 이념 역시 예외가 아니다.

사회적 통념과 습관, 공간 설계, 법제도, 시장의 발전은 줄곧 '정답'의 위치에 선 사람들, 질서를 만들고 유지하는 사람들, 지식과 권력, 자본의 중심에 있는 사람들이 주도해왔다. 따라서 나는 그런 위치에 선 사람들에게 묻고 싶다. 현대인이 짊어진 부자유는 무엇이며 어디서 비롯되었는가. 선구자들이 노력의 결과로 쌓아 올린 오늘날의 질서를 존중하면서도, 그 속에서 드러난 부자유를 해결할 길은 진정 없는 것인가, 하고 말이다.

나는 이 책을 통해 내가 이해하는 이 사회의 모습을 솔직하게 이야기하고자 했다. 하지만 일개 정신과 의사인 나의 시각은 당연히 편향이 있을 수밖에 없고, 누군가 의료인이나 저술가로서 나의 부족함을 지적한다면 굳이 반박할 의향도 없다. 또한 내가 참고한 여러 자료에도 분명 편향이 있을 것이다. 가능한 한 편파적이지 않게 문제를 제기하고자 했지만, 이는 어디까지나 나의 주관적 생각을 풀어낸 것이고, 학술 논문과 같은 목적으로 쓴 것이 아님을 양해해주기 바란다.

그럼에도 나는 이 이야기를 꺼내지 않을 수가 없었다. 현대 사회가 가진 부담과 부자유를 대부분의 사람이 거의 자각하지 못하고 있는 지금의 상황이 어딘가 기묘하다고 느껴졌기 때문이다. 게다가 이 문제를 이 책과 같은 방식으로 정면으로 다루는 논의도

거의 보지 못했다.

나는 되도록 많은 사람이 자유롭게 살고, 부자유로 고통받는 사람이 적은 사회가 실현되길, 그리고 이러한 사회가 다음 세대에도 이어지기를 바란다. 이 책은 그런 바람을 담아 쓴 것이며, 공연히 사회를 부정하기 위한 의도로 쓴 것이 아니다. 나는 선구자들이 개척한 진보와 지금까지 우리가 획득한 자유가 계승되면서도, 새롭게 떠오르는 부자유가 무조건 부정되지도 않는 미래를 꿈꾼다. 부디 이 책이 그런 미래를 생각하는 데 작은 단서가 되길 희망한다. 나는 2020년대가, 우리 시대가 안고 있는 자유와 부자유, 삶의 편리함과 고충을 진지하게 논의할 수 있는 시대가 되기를 진심으로 기대한다.

맺음말

이 시대의 위화감 그리고 남겨진 질문들

의대 재학 시절부터 나는 종종 '생물심리사회적 모델'이라는 말과 마주해왔다. 이는 조지 엥겔이라는 정신과의사가 1977년에 제창한 이론으로, 간단히 설명하자면 '의료는 질환이나 장기뿐 아니라 개인의 심리적 · 사회적 상황에도 눈을 돌려야 한다'는 내용이다. 아마 여기에 반대할 사람은 그리 많지 않으리라고 본다. 하지만 대부분 옳은 말이 그렇듯 이 말 역시 여러 갈래로 해석이 가능하여 다소 애매한 특성을 띤다. 그래서인지 정신병리학자 나시르 가에미는《현대 정신의학 원론現代精神医学原論》에서 이 말이 상황에 따라 달리 해석되는 현실을 비판한 바 있다. 각 분야의 전문가들이 자신의 주장을 제기할 때, 이 말을 마치 있어도 그만 없어도 그만인 밑반찬처럼 곁들여 쓰는 경우를 여러 번 봐온 나로서는, 가에미의 비판이 매우 설득력 있게 느껴졌다.

호랑이의 위세를 빌려 행세하는 여우의 심정으로 내 생각을 밝히자면, 현대 정신의료는 '생물심리사회적 모델'이라는 말

중, 사회라는 한 측면에 점점 둔감해지고 있는 것 같다. 물론 오늘날의 정신의료도 가정 배경과 지역의 정신 위생적 환경, 통계적 발병률의 변화와 같은 사회적 측면에는 관심을 기울이고 있다. 하지만 시대 변화에 따라 사회와 문화가 달라지고 있는 가운데 사람들이 정신의료에 기대하는 것이 어떻게 바뀌고 있는지, 정신의료가 사회와 문화에 어떤 영향을 미치고 있는지에 대해서는 그다지 관심을 두고 있지 않다. 의료진이 사용하는 진단 기준, 그리고 의료 바깥에 있는 사람들이 이 진단 기준에 기대하는 것 사이의 온도차에도 관심이 별로 없어 보인다.

정신의학계에서 사회적 측면에 대한 관심이 옅어진 이유 중 하나는 20세기에 일어난 반정신의학운동•의 영향을 들 수 있다. 조현병처럼 생물학적 요소가 크게 작용하는 질환조차 '사회적 구축물'로 규정하며 정신의료 자체를 부정하려 했던 그들의 논조는 충분히 혼란을 불러일으키기 충분했다. 그러나 정신의료를 대체할 만한 현실적 대안이 제시된 것도 아니었기에, 반정신의학 운동에 맞서느라 고생을 감수할 수밖에 없었던 세대의 정신과 의사들이 정신의료와 사회의 관계에 긍정적인 관심을 갖지 않게 된 것도 이해할 만하다.

그럼에도 이 책에서 ADHD를 다루며 언급했듯, 정신질환의 진단과 치료가 사회에서 성행할지 아닐지는 그 사회의 변

• 1960~70년대에 등장한, 정신질환의 표준적 치료법의 잔혹성을 비판한 운동

화와 사회적 요구에 의해 좌우된다. 미국정신의학회의 진단 기준(DSM-5)에서 ADHD는 신경 발달장애에 포함되듯, ADHD에는 분명 생물학적 측면이 존재한다. 그러나 그 생물학적 측면이 실제로 연구되고 ADHD의 증상이 사회적 지원 대상이 된 것은 사회로부터 뚜렷한 요청이 있었기 때문이다. WHO의 국제질병분류(ICD-11)에 새롭게 기재된 게임 중독도 같은 맥락에서 이해할 수 있다. 애초에 컴퓨터 게임 문화가 생겨나고 사회에 깊숙이 자리 잡지 않았다면 게임 중독이라는 질병 분류도, 이에 대한 생물학적 연구도 존재하지 않았을 것이다.

오해를 피하기 위해 한 가지 덧붙이자면, 나는 특정 행동이나 태도가 사회로부터의 요구에 의해 의료의 대상이 된 사실 자체를 부정할 마음은 없다. ADHD와 게임 중독이 적절히 진단되어 곤란한 상황에 놓인 사람들에게 도움이 되기를 진심으로 바란다. 어느 사회든 특정 시대에 적응하기 어려운 이들의 행동과 태도를 연구하고 지원하는 것은 의료의 사명 중 하나이며, 과학의 발전에도 기여하는 일이라고 생각한다.

다만 의료가 진심으로 생물심리사회적 모델에 바싹 다가가고자 한다면, 의료와 사회를 잇는 연결고리를 좀 더 적극적으로 파악해야 하지 않을까? 또한 사회로부터의 요구를 일방적으로 받아들이기만 할 것이 아니라, 때로는 사회에 의견을 제시하고 환자 개인의 문제뿐 아니라 사회 자체의 상태와 문제에 대해서도 불편함을 표명해야 하지 않을까?

한 사람의 정신과 의사로서 나는 청결하고 건강하며 질서정연한 현대 사회에 대해 느끼는 위화감을 이 책에 담았다. 사회병리를 이야기할 때 정신의료만을 주시해서는 결말에 다다를 수 없다는 사실을 일찍이 알고 있었기에, 다양한 분야의 사회적 변화를 살펴보고 비교하면서 현대 사회의 문제를 전체적으로 짚어보고자 했다. 물론 한 사람의 정신과 의사가 제시하는 문제 제기에는 한계가 있을 수밖에 없어, 각 분야의 전문가들이 읽는다면 실소를 금치 못할 부분도 있을 것이다.

그럼에도 나는 내가 느끼는 이 위화감을 정리해 세상에 질문을 던져야 한다고 판단했다. 나보다 넓은 시야와 깊은 지식을 지닌 이들이 이 문제의식을 이어받아 훨씬 완성도 높은 '사회적 진단'을 내리기를 기대하고 있다. 물론 나 역시 앞으로 계속 공부하며 인간과 사회에 대한 지견을 넓혀나가고 싶다.

정신의료라는 영역은 인간과 사회를 이해하고 지견을 넓히는 데 하나의 발판이 될 수는 있지만, 유일한 발판은 아닐 것이다. 따라서 '사회에 대한 진단'을 내리려면 반드시 다양한 영역의 전문가들이 참여해야 하고, 나는 그들이 그렇게 해주기를 진심으로 바란다.

사회는 광대하며 또한 흐르는 물처럼 쉽게 변한다. 2020년대를 지나는 동안 이 사회는 앞으로 어떻게 바뀌어갈까? 나의 궁금증은 끝이 없다. 앞으로도 변화의 흐름을 지켜보면서 사회와 인간에 대해 끊임없이 이야기하고 싶다.

본서를 집필하면서 이스트 프레스 편집자 호벤 료 씨로부터 많은 조언을 받았고, 사회에 의견을 던져볼 기회와 용기도 얻었다. 또한 이 책과 관련해 다양한 의견을 나누어준 편집자와 블로거 여러분께도 감사를 드린다. 신슈대학 정신의학 교실의 여러 선생님들께는 새삼 죄송한 마음과 감사의 마음을 전하고 싶다. 저는 교실에서 많은 것을 배웠다고 생각하지만, 만일 이 책이 유해하게 느껴진다면 그것은 제 배움이 부족했기 때문일 것이다. 정말로 죄송하다. 다만 이 책이 아주 조금이라도 사회적으로 의미가 있다고 느껴진다면 그것은 모두 그분들에게서 배운 덕분이라고 생각한다.

주석

1장 쾌적한 사회에서 우리는 왜 병들어가는가

1 영국 이코노미스트지 조사 기관 이코노미스트 인텔리전스 유닛(EIU)이 평가한 세계 60개 도시 안전성 지수 순위. https://jpn.nec.com/highlights/safecities/index.html

2 다음의 동영상 및 기사 참조. https://www.youtube.com/watch?v=Od6EeCWytZo,
https://www.lonelyplanet.com/japan/tokyo/shibuya-and-around/attractions/shibuya-crossing/a/poi-sig/396831/1323642

3 법무성 〈2017년판 범죄 백서〉.

4 도쿄도 복지보건국 〈도구공동사업에 의한 노숙자 대책 및 현상에 대해서〉 2018년 5월.

5 법무성 〈2018년판 범죄 백서〉.

6 경찰청 생활안전국 소년과 〈2017년에 일어난 소년 계도 및 보호 현황〉.

7 문부과학성 〈학교폭력의 정의의 변천, 학교폭력 문제에 대한 시책〉.
http://www.mext.go.jp/a_menu/shotou/seitoshidou/1302904.htm

8 2004년 아동학대방지법 개정에서는 학대의 정의와 통지 의무 범위 등이 확대되었다. 이러한 내용을 포함해 아동학대에 대한 대처가 어떻게 변해왔는지는 이와시타 미요코 외 '일본의 아동학대의 변천(제1보)', 〈가고시마 준신 여자 단기대학연구 간행물〉 제38호, 31~55쪽, 2008년 참고.

9 후생노동성의 대표적 통계인 '환자 조사'를 보면, 오늘날 발달장애로 분류되는 질환의 환자 수를 직접적으로 파악할 수는 없지만, 〈문부과학성 2017년도 통학 교육에 의한 지도실시 상황조사 결과에 대해서〉를 보면 교육 현장에서 발달장애 진단을 받은 아동 수가 늘고 있음을 확인할 수 있다. 또 국제적인 추세 역시 ADHD

등 발달장애가 선진국에서 증가하고 있고, 이는 정신과 임상 현장에서의 체감과도 일치한다. Guifeng Xu, Lane Strathearn, Buyun Liu et al. "Twenty-Year Trends in Diagnosed Attention-Deficit/Hyperactivity Disorder Among US Children and Adolescents, 1997-2016." JAMA Netw Open, 2018;1(4): e181471. 및 L.-J. Wang et al. "Prevalence rates of youths diagnosed with and medicated for ADHD in a nationwide survey in Taiwan from 2000 to 2011." Epidemiology and Psychiatric Sciences, 2017;26(1): 624-634. 참고. 아울러 학대, 학교폭력에 대해서는 4장에서 더 자세히 다루고 있다.

10 도쿄를 포함한 대기 아동 문제 현상에 대해서는 후생노동성 〈2018년 10월 시점 어린이집 등 대기 아동 수 상황에 대해서〉를 참고.
https://www.mhlw.go.jp/%20content/11922%20000/000500999%20.pdf

11 도쿄에서는 2017년에 발표된 '미나토구 아이 가정 종합 지원센터'에 대해, 오사카에서는 '북부 어린이상담센터'의 개설 계획에 대해, 각각 반대의 목소리가 있었고 후자는 계획 중지에까지 이르렀다.

12 공익재단법인 일본생산성본부 〈노동생산성 국제비교 2017년판〉.

13 경단련 〈2018년도 졸업자 채용에 관한 설문 조사 결과〉.

14 2006년 10월 13일 중의원 본회의 내용. 당시의 모습은 아래에서 열람 가능.
https://www.nicovideo.jp/watch/sm12795249

15 경계선 지적장애의 정의는 문헌 및 자료에 따라 다소 차이가 있지만, 대략 IQ 70~71을 하한으로, 80~84를 상한으로 설정한다. 내각부 〈유스 어드바이저 프로그램(2007년도)〉에 기재된 지적장애에 관한 논술에서는 "말할 필요도 없이 경계선 지능은 장애로 보지 않는다"라고 되어 있으며 "약 IQ 71 이상 85 미만의 경계선 지능의 지적 수준을 지닌 청년은 스트레스에 취약하다고 알려져 있고, 경도 지적장애의 청년과 비슷하게 배려가 필요한 경우가 많다"고 기술되어 있다.

16 성인 표준 지능 검사로서 사용되는 WAIS-3에서는 이론상 IQ 85의 백분위 순위는 16, IQ 70의 백분위 순위는 2다. 따라서 수검자의 약 14%가 IQ 70~85 범위에 속한다고 볼 수 있다. 실제로 샘플을 연구한 결과로는 IQ 70~79가 5.9%, IQ 80~89가 16.8% 정도라고 한다. 이에 대해서는 데이비드 웩슬러가 쓴 《일본판 WAIS-3 이론 매뉴얼(日本版WAIS-III 理論マニュアル)》, 일본문화과학사, 2006년을 참고.

17 후생노동성 〈헤이세이 30년 간이생명표 현황〉.
https://www.mhlw.go.jp/toukei/saikin/hw/life/life18/dl/life18-15.pdf

18 NHK 〈중 · 고등학생 생활과 의식조사(2012)〉.

19 사회관계자본: 친분이나 인맥 등 진학과 취업에 유리하게 작용하는 인간관계를 하나의 자원으로 보는 개념. 현대 미국에서 사회관계자본 문제를 다룬 로버트 퍼트남 《나 홀로 볼링: 사회적 커뮤니티의 붕괴와 소생》, 가시와쇼보, 2016년에 따르면 이 개념은 웨스트 버지니아주의 농촌학교 지도 주사(우리나라의 장학관과 같은 개념. 옮긴이)였던 L.J. 허니펀에 의해 1916년에 처음 사용되었다고 한다. 이후 20세기 중반을 지나 경제학자와 사회학자들이 비슷한 개념을 반복해 제기하면서 사회학 영역에서 널리 알려진 개념이 되었다.

20 행동경제학 용어로 넛지라고 한다. 다음 인용은 오타케 후미오《쉽게 따라하는 행동경제학》, 이와나미쇼텐, 2019년에서 발췌. "넛지는 가볍게 팔꿈치로 찌른다는 의미의 영어다. 노벨 경제학상 수상자 리처드 탈러는 넛지란 '선택을 금지하거나 경제적 인센티브를 크게 바꾸지 않으면서도 사람들의 행동을 예측 가능한 형태로 변화시키는 선택 구조물의 모든 요소'라고 정의했다."(44쪽).

2장 자본주의 사회를 뒷받침하는 정신의료

1 사이토 다마키《심리학화하는 사회: 왜 트라우마와 치유가 필요한가(心理学化する社会—なぜトラウマと癒しが求められるのか)》, PHP 연구소, 2003년.

2 여기서 말하는 현대의 진단 기준이란 미국정신의학회의 DSM-5와 WHO의 국제질병분류 ICD-11을 가리킨다. 정신질환의 진단과 치료를 자료에 근거해 실행하기 위해서는 우선 이러한 분류대로 정신질환을 진단할 수 있어야 하기 때문에 오늘날의 정신의료에서는 이러한 진단 기준을 정확하게 사용할 수 있느냐 없느냐가 매우 중요해졌다.

3 우울성 신경증이라는 병명에 포함된 신경증(neurosis)이라는 용어는 정신분석에서 유래한 것이기 때문에, 이 진단에 근거해 환자를 치료할 때 정신과 의사는 '마음'을 의식하지 않을 수 없었다. 이 우울성 신경증뿐 아니라 과거 일본 정신의료 현장에서는 정신분석, 또는 정신분석학적인 사고방식이 주류의 일부를 차지했다.

4 현재도 적지 않은 정신과 의사가 '마음의 전문가'라는 간판을 내걸고 있으며, 특히 경력이 많은 정신과 의사들은 행동과 태도뿐 아니라 '마음'의 문제에도 주의를 기울이고 있다. 발달장애에 대해서도 정신분석적 기법으로 접근하는 전문가가 존재한다. 또한 일본정신신경학회가 제정한 정신과 전문의를 양성하기 위한 전문 연수 프로그램 기준(2017년)에도 인지행동 치료와 대등하게 역동적 정신 치료(=정신분석적 사고방식에 근거한 상담 치료)를 학습하도록 규정되어 있다.

https://www.jspn.or.jp/uploads/uploads/files/specialist/seibi_kijyun_201712.pdf

그럼에도 내가 전공의였던 시절과 비교하면, 치료법과 진단 기준 모두 정신분석학적인 사고방식에서 크게 벗어났으며, 실제로 정신과 전문의가 되려고 하는 의사들은 현대의 진단 기준에 근거해서 행동과 태도를 진찰하는 커리큘럼에 많은 시간을 투자할 수밖에 없다.

5 후생노동성 '환자 조사'에 의한 후생노동성 장애 보건복지부 작성 자료.
https://www.mhlw.go.jp/file/05-Shingikai-12201000-Shakaiengokyokushougaihokenfukushibu-Kikakuka/0000108755_12.pdf

6 스즈키 마사키 〈소아 미세 뇌손상 증후군 (minimal brain damage or minimal cerebral dysfunction)에 대해서〉, 《치료》 50권 4호, 751~760쪽, 1969년.

7 피터 콘래드, 조지프 슈나이더 《일탈과 의료화(逸脱と医療化)》, 미네르바쇼보, 2003년.

8 다나카 야스오 〈ADHD 개념의 변천과 앞으로의 전망〉, 《정신과 치료학》 25권 6호, 709~717쪽, 2010년.

9 이치하시 히데오 〈주의 결여 장애자의 고충의 원천: 사회 문화적 구조의 고찰〉, 《정신과 치료학》 25권 7호, 845~851쪽, 2010년.

10 와타나베 교타 〈신경발달 증후군, 신경발달 장애군 감별 진단과 병존 장애〉, 정신과 치료학 증간 《발달장애 모범사례: 아이부터 어른까지(発達障害ベストプラクティス—子どもから大人まで—)》 29권, 2014년 10월 호, 14~19쪽.

11 여기서 말하는 1902년 논문이란 조지 스틸의 "The Goulstonian Lectures on some abnormal psychical conditions in children." lecture I. Lancet1, 02:1008-1012. 및 "The Goulstonian Lectures on some abnormal psychial conditions in children." lecture Ⅱ . Lancet1, 02:1077-1082. 및 "The Goulstonian Lectures on some abnormal psychical conditions in children" lecture III. Lancet1, 1902:1163-1168와 같은, 스틸이 Lancet에 투고한 논문을 가리킨다. 국내외의 논문에서는 이 스틸의 연구가 ADHD 연구의 효시 중 하나가 되었다고 기록하고 있다. 영어로는 Klaus W. Lange et al. "The history of attention deficit hyperactivity disorder." Atten Defic Hyperact Disord., 2010 Dec:2(4): 241-255. 등을 일본어로는 오타 도요사쿠의 〈주의 결여 · 다동증(ADHD) 개념의 변천〉, 《임상정신의학》 46권 10호, 1193~1197쪽, 2017년 등을 참고했다.

본문에 넣으면 번잡해지므로 이후 ADHD 개념의 변천에 대해서도 여기에 개설

해두겠다. 스틸 이후 북아메리카 의사들은 1917~1928년에 약 20만 명에게서 발병한 뇌염의 유행과 그 후유증으로서의 산만함, 불면, 이자극성, 주의전도, 정서장애를 보이는 아이의 연구를 통해 뇌염 후 행동 장애(postencephalitic behavior disorder)라는 개념을 만들어냈다. 1959년에는 Pasamanick과 Knobloch가 출산 전후 기간 뇌 손상에 근거한 행동 이상이나 학습장애를 'minimal cerebral damage, 나아가 미세뇌손상(minimal brain damage : MBD)'으로서 개념화했지만, 당시 기술로는 뇌의 기질적 손상을 확인할 수 없음에도 불구하고 뇌 손상이라는 말을 사용하는 것은 부적절하다고 보는 의견이 커졌고, 1962년 국제소아신경학회의부터는 'minimal brain dysfunction : MBD'라는 용어로 대체되었다.

1960년대에 들어서자 후천적인 뇌 손상 결과로서 다동성이 발생하는 것은 아니라는 연구 보고가 이어지면서 미국정신의학회 진단 기준 2판(DSM-2)에서는 '소아기의 다동성 반응(hyperkinetic reaction of childhood)'이라는 진단명을 채택, 기질적인 뇌 손상 부분을 제외했다. 다만 '도덕적 통제 결여'라는 문제의식의 흔적은 다동성 반응에도 여전히 남아 있어서 다동성 반응은 '아동 및 청소년기의 행동장애'라고 일괄된 항목 안에, 비행이나 반사회적 행동과 같이 정리되었다. 이후 DSM은 의학적 원인에 초점을 맞추기보다는 행동의 평가에 초점을 맞춰 ADHD 개념을 확장시켜 나갔고, DSM-3-R에서는 마침내 ADHD의 진단 항목이 신경발달증, 신경발달 장애로 바뀌면서 선천적인 질환으로서 자리 잡았다.

위 개설은 DSM-2에 관해서는 쓰보우치 고스케의 〈DSM-2에서의 아동, 청소년기의 행동장애 분류〉, 《청소년문제 연구》 17권, 56~58쪽, 1970년을 참고했으며 이 이외의 경위에 대해서는 주석 8의 다나카 및 주석 11의 오타, Klaus를 참고했다.

12 사이토 가즈히코의 《주의 결여 · 다동증(ADHD)의 진단과 치료 가이드라인 4판》 시보, 2016년 수록, 하라다 겐 〈병존증 1. 행동장애군(반항도발증, 품행 장애)〉, 149~157쪽.

13 여기서 말하는 최중증 ASD란 예를 들면 캐너형 자폐증을, 경증의 ASD란 예를 들면 ICD-10에서 말하는 아스퍼거 장애를 가리킨다.

14 카산드라증후군 : '카산드라 정동박탈장애(Cassandra Affective Deprivation Disorder)'라고도 한다. ASD인 배우자와 정서적 상호 작용이 없는 탓에 발생한 정신적 증상 혹은 신체적 증상 등의 2차 장애다. 카산드라증후군은 어디까지나 상태를 가리키는 용어라는 점에 주의해야 한다.

상기 내용은 마쓰모토 미야오, 다키구치 노조미의 《남편이 아스퍼거라고 생각될 때 아내가 읽는 책(夫がアスペルガーと思ったとき妻が読む本)》, 가와데쇼보신사, 2016년을 참고했다.

15 프로이트가 성장하면서 정신분석을 고안하게 된 문화적 배경에 관한 본서의 기술은, 뒤에서 소개할 하인즈 코헛이 창시한 자기 심리학 관련 서적에 의존하고 있다. 어니스트 S 울프의《자기 심리학 입문: 코헛 이론의 실천(自己心理学入門―コフート理論の実践)》, 곤고출판, 2001년 및 나카니시 노부오의《코헛의 심리치료: 자기 심리학적 정신분석 이론과 기법(コフートの心理療法―自己心理学的精神分析の理論と技法)》, 나카니시야 출판, 1991년을 참고했다.

16 데이비드 리스먼의《고독한 군중》, 미스즈쇼보, 1964년.

17 미우라 아쓰시《가족과 교외의 사회학: 제4 야마노테 형 라이프스타일 연구(「家族と郊外」の社会学―「第四山の手」型ライフスタイルの研究)》, PHP연구소, 1995년.

18 마루타 도시히코《코헛 이론과 그 주변: 자기심리학과 관련하여(コフート理論とその周辺―自己心理学をめぐって)》, 이와사키학술출판, 1992년.

19 코헛이 저서에서 소개한 사례에서는 치료 초기에는 모친이 어머니로서의 역할을 잘하지 못한 데에서 기인했다고 본 마음의 문제(거울 자기 대상 전이)가, 사실은 부친이 아버지로서의 역할을 잘하지 못해서 일어난 마음의 문제(이상화 자기 대상 전이)였음이 밝혀진 환자, 또한 나쁜 어머니가 가정에서 활개를 치는 동안 부친의 대응이 부족했던 것이 문제였다고 판명되는 환자 등이 종종 등장한다.

만년의 미완성작《자기의 치유(自己の治癒)》에서는 조부모 등의 역할에 대한 기술도 있어서 어머니 혼자서 아이의 정신적 성장을 떠맡아서는 안 되며, 아버지를 비롯한 어머니 이외의 어른이 중요함을 언급한 부분을 찾아볼 수 있다.

코헛의 저서 중에서는 프로이트의 신경증과 자기애성 성격장애의 차이에 대해 기술한《자기의 분석》, 미스즈쇼보, 1994년이 특히 많은 참고가 되었다. 어머니 이외의 어른이 부재함으로써 자기 대상 기능이 과소해지기 쉬운 점에 대한 부분은《자기의 회복》, 미스즈쇼보, 1995년 및《자기의 치유》, 미스즈쇼보, 1995년을 참고했다.

20 아마도 일본에 코헛의 모델을 처음 소개한 이는《코헛 이론과 그 주변: 자기 심리학과 관련하여(コフート理論とその周辺―自己心理学をめぐって)》를 쓴 마루타 도시히코로 보이지만, 이보다 코헛을 대중적으로 널리 알린 이는 와다 히데키라고 생각된다. 두 권으로 구성된 와다 히데키의 저서《자기애와 의존의 정신분석: 코헛 심리학 입문(「自己愛」と「依存」の精神分析―コフート心理学入門)》,《무너진 마음을 어떻게 치료할 것인가: 코헛 심리학 입문 2(壊れた心をどう治すか―コフート心理学入門Ⅱ)》, PHP 신서, 2002년은 그의 연구를 집대성한 책으로 이해하기 쉬운 입문서이기도 하다.

21 정신분석 분야에서는 '정신질환의 증상은 문제가 생긴 시기가 빠르면 빠를수록 심

해진다'는 정설이 있는데 이를 따르자면 프로이트의 신경증에 비해서 코헛의 자기애성 성격장애가 문제가 발생하는 시기도 빠르고 중증도도 높다고 볼 수 있다.

구체적으로 살펴보자면 프로이트의 신경증은 오이디푸스기(약 3세 ~ 취학 전)에 부모와 그 외 어른들을 통한 초자아의 주입에 따른 문제인데 반해, 자기애성 성격 장애는 이보다 빠른 시기에 일어난 모자 관계의 문제이기에 신경증보다 한 단계 더 심각한 증상에 해당한다. 여담이지만 가장 심각한 증상은 정신병으로 여겨지기도 했으며 이는 자기애성 성격장애보다 훨씬 빠른 시기에 일어난 문제라고 간주되었다.

또한 코헛은 자기애성 성격장애를 제창한《자기의 분석》의 단계에서는 대략 이러한 사고방식에 근거하여 지론을 전개했지만 말년에는 프로이트의 신경증을 모델로 하여 지론을 통합하려고 했으며《자기의 회복》,《자기의 치유》에서는 사고방식에 변화가 있었음에 유의해야 한다.

22 2017년 5월에 발표된 내각부 〈저연령층 아이의 인터넷 이용 환경 실태조사〉에 따르면 7세 아이의 49.7%, 12세 아이의 72.6%가 어떤 형태로든 인터넷을 이용하고 있다고 한다.

https://www8.cao.go.jp/youth/youth-harm/chousa/h28/net-jittai_child/pdf/gaiyo.pdf

23 독친: 미국인 세러피스트 수잔 포워드의《독이 되는 부모》를 기점으로 생겨나 퍼진 말. 아이에게 부정적인 행동을 집요하게 지속하고 그것이 아이의 인생을 지배하여 아이에게 트라우마를 심어주고 아이의 심신을 갉아먹는 부모를 가리킨다. 2010년대에는 이 말이 꽤 유행하면서 다양한 '독친서'가 출판되었다. 한편 정신과 의사 사이토 사토루는 '독친'이라는 말의 숙명론적인 성격과 그 한계를 지적하기도 했다.

독친에 관해서는 수잔 포워드의《독이 되는 부모》, 고단샤+α문고, 2001년 및 사이토 사토루의《독친의 아이들에게(「毒親」の子どもたちへ)》, 메타모르출판, 2015년을 참고했다.

24 여기서 말하는 부르주아적인 사고방식이란 정치학자 웬디 브라운이 미셸 푸코를 인용하며 해설한 신자유주의 하에서의 인간의 양상, 〈교환에 의해 욕구를 충족시키는 호모 에코노미쿠스에서, 기업으로서 생각하고 행동하는 호모 에코노미쿠스로 변한 인간〉과 대개 일치한다. 6장과 7장에서 자세히 소개하겠지만 현대인은 이러한 부르주아적인 사고방식을 지극히 당연하게 여기고 내면화하여 이는 협의의 경제 활동만이 아니라 의사소통 영역에까지도 짙게 반영되어 있다. 웬디 브라운의《민주주의 살해하기》, 미스즈쇼보, 2017년 참고.

25 도하타 가이토《들판의 의사는 웃는다(野の医者は笑う)》, 세이신쇼보, 2015년 참고. "마인드 블록버스터에 이르러서는 사업을 시작해 돈을 버는 것이야말로 치료라고

생각한다. 그래서 수업을 듣고 나면 다음과 같은 생각에 이르게 된다. '돈에 대해 이야기하는 것은 부끄러운 일이 아니다. 아무리 심도 있는 이야기를 한다 한들 밥을 먹지 못한다면 무슨 소용인가. 경박해 보여도 상관없다. 마케팅에 성공하는 것이 무엇보다 중요하다.' 마인드 블록버스터에는 이러한 철학이 깊이 배어 있다. (중략) 자본주의가 입힌 상처는 자본주의적 방식으로 치료될 수 있다. 이것이 흥미롭다. 상처를 주는 것은 또한 치료를 제공하는 존재라고 그리스 신이 말하지 않았던가. 빠르고, 저렴하며, 효과가 있다. 이러한 시대에 상처받은 사람은 이런 치료법으로 치유받는다. 이러한 치료법은 그러한 가치관을 지닌 인간을 만들며, 그런 시대를 살아가는 것을 뒷받침한다."(244~245쪽).

26 자기계발서와 비즈니스서, 효율적인 생활을 위한 정리술 등이 갖는 치유적 기능에 대해서는 마키노 도모카즈《일상에 침입하는 자기계발: 사는 법, 정리술, 정리(日常に侵入する自己啓発—生き方 · 手帳術 · 片づけ)》, 게이소쇼보, 2015년을 참고했다.

27 정통한 정신의학이 자본주의, 개인주의, 사회 계약의 질서로부터의 소외를 그것들과 동일한 문법으로 특히 자본주의의 문법에 근거하여 치료하고 있다는 점에 대해서는 3장 DSM과 자본주의와의 관계에 대한 부분(121쪽)도 참고할 것.

28 라이샤워 사건: 1964년 미국 주일대사 라이샤워가 정신과 치료력이 있는 청년에게 흉기에 찔려 중상을 입은 사건. 이 사건을 계기로 이듬해 정신위생법이 개정되었으며, 일본 정신의료사에 있어 중요한 전환점이 되었다.

29 국립정신 · 신경의료연구 센터 정신보건연구소 정신보건계획연구부 보건소장회 〈정신의료의 동향〉 2016년. https://slidesplayer.net/slide/12514494/

30 그림 3에서 언급한 교도소에도 도입된 인지행동치료 등에 대한 내용은 히라이 히데유키의《교도소의 사회학: 인지행동치료, 신자유주의적 규율, 통치성(刑務所処遇の社会学—認知行動療法 · 新自由主義的規律 · 統治性)》, 세오리쇼보, 2015년을 참고했다. 이 책에 나오는 교도소에서의 처우 변화와, 통치와 신자유주의와의 대조를 통한 문제의식은 자극적이며 본서에도 영향을 미쳤다.

31 《일탈과 의료화》 중 2장 '악에서 병으로: 일탈 인정의 변화와 사회통제'에 정리된 내용이 나온다.

32 현대 정신과 병원은 더 이상 환자를 '수감'하지 않는다. 중증 환자나 난치병 환자, 혹은 쇼와 시대의 장기 수감 생활의 영향으로 퇴원이 불가능해진 일부 환자만 장기 입원을 하고 있지만, 이는 어디까지나 예외적인 경우다. 현장의 의료진들은 가능한 한 빨리 환자를 퇴원시켜 사회로 되돌려 놓고자 노력하고 있으며, 후생노동성도 진료 보수제도를 통해 이러한 방향을 지지하고 있다. 현재 일본의 진료 보수제도에서는 평균 재원 일수를 3개월 이내로 유지하며, 기존보다 빠른 입 · 퇴원을 진행하는

정신과 병동(정신과 구급 입원 병동, 정신과 급성기 치료 병동)에 높은 진료 보수가 지급된다. 병원 경영자의 입장에서도 이러한 보수를 무시하기 어렵기 때문에 최근에는 많은 정신과 병원이 이처럼 입·퇴원이 빠른 병동을 운영하고 있다.

3장 건강은 언제부터 모두의 의무가 되었나

1 "Health is a state of complete physical, mental and social well-being and not merely the absence of disease or infirmity." 공익사단법인 일본WHO협회는 이를 '건강이란 질병이 없거나 몸이 아프지 않음만을 뜻하는 것이 아니라 육체적, 정신적, 그리고 사회적으로 모두 만족할 수 있는 상태를 가리킨다'라고 번역했다.

2 보드리야르《소비의 사회》, 기노쿠니야서점, 1995년에서. 보드리야르는 자본주의 사회에는 구조적으로 불평등이 심어져 있다. 즉, 부자와 빈자의 차이가 필연적으로 발생한다고 지적했다. 이는 시대가 흘러도 변하지 않으며, 누구나 쉽게 알 수 있을 만한 졸부의 취미와 같은 보여주기식 행위에만 한정된 것도 아니라고 한다. 현대로 말하자면 예를 들어 슬로 라이프나 시골살이 등도 '가난한 저들과는 다른 나'를 과시하기 위한 선택에 지나지 않는 것이다. 뒤에서 알랭 코르뱅의 말을 인용해 상술하겠지만, 건강은 19세기경부터 중상류 계급이 '가난한 이들과 다른 나'를 과시하기 위한 하나의 수단으로 개척된 측면이 있었으며, 그들의 후예라 할 수 있는 현대 사회의 부르주아적 개인 역시 건강을 통해 풍요로움을 과시하고 가난한 이들과의 차별화를 도모하고 있다. 아울러 건강은 GDP를 끌어올리는 수단으로써 자본주의 사회에 기여하고 있다.

3 후생노동성 조사에 따르면 남자 중학생 흡연 경험률은 1996년 34.6%였던 것이 2014년에는 6.6%까지 떨어졌으며, 남자 고등학생 흡연 경험률도 51.9%에서 11.9%로 떨어졌다. 여성 흡연 경험률도 여기에 준해서 떨어지고 있다. 후생노동성 〈최신 담배 정보〉를 토대로.
http://www.health-net.or.jp/tobacco/product/pd110000.html

4 일반 사단 법인 담배문제정보센터 〈일본의 금연 문제 30년사〉.
http://www.tbcopic.org/tbc_info/jpn_problem.htm

5 "W.H.O. Urges Tax on Sugary Drinks to Fight Obesity", The New York Times, Oct 11, 2016.
https://www.nytimes.com/2016/10/12/health/sugar-drink-tax-world-

health-organization.html

6 기타자와 가즈토시《건강의 일본사(「健康」の日本史)》, 헤이본사신서, 2000년, 주로 14쪽~.

7 알랭 코르뱅 외《몸의 역사3》, 후지와라서점, 2010년, 214쪽~.

8 조르주 캉길렘《정상적인 것과 병리적인 것》, 호세이대학출판국, 신장판은 2017년.

9 미마 다쓰야《위험해진 신체: 현대의학과 통치의 기술(リスク化される身体—現代医学と統治のテクノロジー)》, 세이도사, 2012년, 주로 44쪽~.

10 후생노동성 〈인구동태통계 연보 사망 제7표〉에서.

11 이에 관한 논술은 세 권으로 구성된《몸의 역사》시리즈 곳곳에서 참고했으나, 주로《몸의 역사 2》7장 '단련된 신체'와《몸의 역사 3》5장 '훈련하다'에서 많은 부분 의존했다.

12 이 단락은《몸의 역사》의 해설서인 알랭 코르뱅 외《몸은 어떻게 달라져왔는가: 16세기부터 현대까지(身体はどう変わってきたか—16 世紀から現代まで)》, 후지와라서점, 2014년에 수록된 미네무라 스구루 〈제3권 뒤섞인 시선: 20세기의 신체〉에서 많은 부분 인용했다.

"이리하여 20세기의 피부는 더러움을 없애야 건강해지고, 건강해야 노화를 방지하고, 노화가 드러나지 않아야 아름다워진다. 아름다움과 젊음, 건강과 청결이 밀접하게 연동되어 피부를, 나체를, 육체를 정돈한다."(125쪽).

"이제 귀걸이는 더 이상 여성만의 것이 아니며, 타투도 뱃사람과 같은 특수 계층만의 것이 아니게 되었다는 점을 보면, 피부는 민주주의적 평등을 반영하는 장이 되었다고도 할 수 있다. 하지만 다른 한편으로 검게 볕에 그을린 피부는 유급 휴가를 충분히 쓰면서 햇볕을 즐길 수 있는 경제적 강자만이 누릴 수 있는 것이다. 실내나 공장 안에 갇혀서 인공 조명 아래서만 일해야 하는 노동자들은 창백한 낯빛을 띨 수밖에 없다. 그런 의미에서 피부는 자본주의 산업사회에서 불평등과 격차를 드러내는 지표이기도 하다."(127쪽).

13 《소비의 사회》에서.

"지금까지 분석한 심리적 의미에서의 기능성은 이 단계에서 마침내 경제적으로도 또 이데올로기적으로도 깊은 의미를 갖는다. 육체, 아름다움, 에로티시즘에는 매출을 끌어올리는 힘이 있다."(195쪽).

"우리는 '해방된' 육체라는 것의 물질적 명증에 속아서는 안 된다(이미 본 바와 같이 해방되었다고 해도 물건이자 기호로서 해방되었을 뿐이며, 에로티시즘이나 스포츠 그리고 건강법 등이 욕망의 파괴적 본질을 검열해버렸다). 육체의 이러한 물질적 명증은 시대에 뒤

떨어진 영혼의 이데올로기(발달한 생산 시장주의 시스템에 적합하지 않고 사회 통합 기능도 보증하지 못하는 이데올로기)가 더욱 기능적인 이데올로기(본질적으로는 개인주의적 가치 체계와 그와 연관된 사회구조를 지키는 이데올로기)로 대체되었음을 보여줄 뿐이다. 이는 개인주의의 가치 체계와 사회구조를 강화하고 이것들의 흔들림 없는 기반이 된다. (중략) 옛날에는 영혼이 그 역할을 담당했다면, 이제 육체는 자기 대상화(모든 것을 사물로 삼는 작용)를 담당하는 특권적 주체, 즉 소비 윤리를 이끄는 신화가 되었다. 육체가 (경제적) 담당자로서, 개인의 사회에의 관리된 (심리적) 통합의 원칙으로서, 사회 통제를 수행하는 (정치적) 전략으로서 생산의 목적과 밀접하게 연결되어 있음은 분명하다.(199~200쪽).

14 《몸의 역사》에는 19세기 이후 의료가 본격적으로 실력을 갖추면서 사회적 영향력이 커지고, 문화와 관습에도 영향을 미치게 된 동시에, 의료진 자신도 적극적으로 사회 변혁을 꾀하는 모습이 그려져 있다. 21세기 의료는 위험 관리나 통계적 수법에 근거한 자료를 통해 그 정당성을 확보하고 있지만, 19세기의 의료는 당시 사상의 주요 흐름이었던 실증주의에 의해 정당성이 뒷받침되었다는 점에서 차이가 있다.

나는 21세기의 의료진이 19세기의 의료진처럼 '의료'라는 울타리 밖의 사회 전반을 변화시키려 한다고 보지는 않는다. 하지만 의료가 정당성을 강화하며 점점 더 실력을 높여나가는 과정에서 통념과 습관, 더 나아가 문화와 제도에 영향을 미친다는 점에서는 19세기와 21세기 사이에 공통점이 존재한다고 생각한다.

15 《일탈과 의료화》에서.

"의료 업무는 새로운 의료 규범의 창출로 이어지며, 그 규범에 대한 위반은 일탈로, 혹은 이 책에서 다루는 사례처럼 새로운 분류의 질환으로 규정된다. 이렇게 하여 의료 혹은 특정 관할권이 확대되어 '질환'으로 규정된 일탈의 의료적 처치는 정당성을 획득한다. 19세기의 광기를 정의할 때 의료적 개입을 사회학적으로 분석한 연구(Schull, 1975), 그리고 최근의 다동증(Conrad, 1975)과 아동학대(Pfohl, 1977)에 대한 의료적 정의의 사례는 특정 일탈을 규정하는 데 의료인이 선도적 역할을 했던 중요한 예라 할 수 있다. (중략) 어떤 행동, 활동 혹은 상태를 일탈로 규정할지에 관한 결정은 일탈이라는 카테고리를 부여하고 그 규정 행위를 이후 정통화하는 정치적 과정 속에서 출연한다. 그리고 많은 경우 이러한 의료적 승인 역시, 특히 인간 행동에 관한 한, 본질적으로 정치적이다."(45쪽).

16 미세뇌손상에 관해서는 2장 주석 11 참고.

17 제프리 리버만《슈링크: 아무도 말하지 않았던 정신의학의 진실(シュリンクス―誰も語らなかった精神医学の真実)》, 곤고출판, 2018년.

18 위 책 130쪽에서.

"새로운 진단 기준에 영향을 준, 명백하게 비과학적인 요인이 한 가지 있었다. 보험회사에 확실하게 치료비를 지불하게 하는 것이다. 반정신의학운동의 결과, 보험회사가 이미 정신의료의 급부금을 삭감하고 있는 것을 스피처는 알고 있었다."

19 앨런 프랜시스《정신병을 만드는 사람들》, 고단사, 2013년.

20 상기한《건강의 일본사》에서. 150쪽.

21 금융청 금융심의회 시장 '워킹 그룹' 보고서 '고령화 사회에서 자산 형성 및 관리' 2019년.
https://www.fsa.go.jp/singi/singi_kinyu/tosin/20190603/01.pdf

22 '노후 2000만 엔 문제 100년 안심이라는 커다란 거짓말 국민 분노! 연금제도의 단말마' 〈선데이 마이니치〉 2019년 6월 30일호, 16~19쪽.

23 후생노동성 〈의료시설 동태조사 2018년〉. https://www.mhlw.go.jp/toukei/saikin/hw/iryosd/m18/dl/is1802_01.pdf

24 내각부 〈2018년판 고령사회 백서〉.
https://www8.cao.go.jp/kourei/whitepaper/w-2018/html/zenbun/index.html

25 필리프 아리에스《죽음 앞에 선 인간》, 미스즈쇼보, 1990년.

26 후생노동성 의정국 지도과 재택의료 추진실 〈재택의료의 최근 동향〉
https://www.mhlw.go.jp/seisakunitsuite/bunya/kenkou_iryou/iryou/zaitaku/dl/h24_0711_01.pdf
더 자세하고 새로운 자료는 아래를 참고했다. 후생노동성 〈인구동태조사 2018년〉.
https://www.mhlw.go.jp/toukei/list/81-1a.html

27 전일본 장제업 협동조합연합회 〈장의업계의 현상〉 2017년.
https://www.cao.go.jp/consumer/history/04/kabusoshiki/other/meeting5/doc/170428_shiryou5_1.pdf

28 《세기말 하모니》 작중에서는 정부라는 조직을 대신해 '생부(生府)'에 의한 '생명주의' 사회가 그려졌다.

4장 리스크가 된 육아, 저출생이라는 귀결

1 후생노동성 〈2013년판 후생노동 백서: 제3절 출산·육아에 관한 의식〉.
https://www.mhlw.go.jp/wp/hakusyo/kousei/13/dl/1-02-3.pdf

2 후생노동성 〈2011년판 인구동태 총계월보연계(어림수)의 개황 : 결과의 개요〉.

https://www.mhlw.go.jp/toukei/saikin/hw/jinkou/geppo/nengai11/kekka02.html

3 베네세 교육 종합 연구소 〈제5회 유아 생활 설문조사〉, 2016년.
https://berd.benesse.jp/jisedai/research/detail1.php?id=4949

4 이러한 '현대에 태어난 아기가 맞닥뜨리는 현대 사회란 무엇인가'에 대한 관점은 주로 세라 블래퍼 허디의 《어머니의 탄생》 상하권, 하야카와쇼보, 2005년에 의존하고 있다.

5 법무성 〈범죄백서〉, 2017년.

6 Tracie O. Afifi, Janique Fortier, Jitender Sareen et al. "Associations of Harsh Physical Punishment and Child Maltreatment in Childhood With Antisocial Behaviors in Adulthood." JAMA Netw Open, 019;2(1): e187374.

7 문부과학성 〈학교폭력의 정의의 변천: 아동 학생의 문제행동 등 학생 지도상의 여러 과제에 관한 조사에서의 정의〉, 2019년.
https://www.mext.go.jp/component/a_menu/education/detail/__icsFiles/afieldfile/2019/06/26/1400030_003.pdf

8 문부과학성 〈2017년도 아동 학생의 문제 행동·등교 거부 등 학생 지도상의 여러 과제에 대한 조사결과에 대해서〉, 2018년. 아울러 학교폭력 인지 건수가 아닌 인지율, 1000명당 인지 건수에 대해서는 같은 자료 25쪽, 〈참고 2〉의 그래프와 표 참고.
https://www.mext.go.jp/a_menu/shotou/seitoshidou/1302902.htm

9 네가야마 고이치 외 《인간의 육아의 진화와 문화: 알로마더링의 역할을 생각하다(ヒトの子育ての進化と文化—アロマザリングの役割を考える)》, 유히카쿠, 2010년. 특히 45쪽부터가 참고하기 좋다.

10 이지마 요시하루 《일본의 민속 〈8〉 성장과 인생(日本の民俗〈8〉成長と人生)》, 요시카와히로후미칸, 2009년.
"아이, 특히 장애를 가진 아이에 대한 과거의 대응은 현대 기준에서는 잔혹해 보이지만, 아이를 버리거나 영아 살해 등의 방법으로 처리하거나, 한편으로는 서커스단이나 무당 등에게 제자로 보내는 행위에는 아이의 자립과 자활이 가능한 수단을 강구하려고 한 부분도 있었다. 영아 살해의 형태로 식구의 수를 줄이려는 행위는 '되돌리다', '돌려놓다'와 같은 표현으로 불렸는데, 이는 원래 있던 세계로 돌려보낸다는 의미를 담고 있었으며, 아이를 태어나고 죽는 것이 쉬운 존재, 혹은 죽음과 재생을 반복하는 존재로 이해했기 때문이다."(64~65쪽).
"엄마가 자기 아이에게 애정을 듬뿍 쏟으며 키우는 형태가 일반화된 것은 부부와 소수의 자녀로 구성되는 근대 가족이 출현한 다음부터로, 이전까지는 '부모가 없어도 아이는 자란다'라는 말이 있을 정도로 부모 외에도 마을의 또래 집단이나 형제자매 등 육아를 함께해줄 다양한 존재가 있었다. 가족 동반 자살과 같은 사건이 빈번하게 발생한 것은 오히려 쇼와 시대 이후의 일로, …… 직접 피로 이어진 부모 자식만을 진짜 가족으로 보는 관점과 태도가 확산된 결과였으며, 이에 반비례하여 버려지는 아이의 숫자는 급감했다(이와모토 1988)."(65쪽).

11 국세조사, 총무성 통계국, 2010년.

12 번개 할아버지:《도라에몽》에 등장하는 중년 남성. 노진구와 퉁퉁이가 동네 야구를 하는 공터 근처에 살고 있다. 아이들이 야구를 하다가 공을 멀리 쳐 그의 집 유리창이나 화분을 깨는 일이 종종 있었고, 그는 그런 상황에서 아이들을 혼내기는 해도 부모나 학교에 알리거나 법적으로 대응하지는 않았다. 이러한 번개 할아버지의 태도는 쇼와 시대의 지역공동체를 떠오르게 하는, 그 당시 아이들이 본 어른의 모습과 일치한다.

13 문부과학성 〈지역 교육력에 관한 실태조사〉, 2005년.

14 문부과학성 〈중앙교육심의회 배부자료 5-2 아이의 체력향상을 위한 종합적인 방책에 대해서 (답신안) 1 아이의 체력의 현상과 장래의 영향〉, 2002년.

15 후생노동성 〈복지행정보고례〉, 2017년.

16 필리프 아리에스《아동의 탄생》, 미스즈쇼보, 1980년.
"우리가 출발점으로 다루고 있는 중세 사회에는 아동기라는 관념이 존재하지 않았다. 이는 아이가 무시당하고 방치되며 경멸되었음을 의미하진 않는다. 아동기라는 관념을 아이에 대한 애정과 혼동해서는 안 된다. 아동기란 아이에게 고유한 성격, 즉 본질적으로 어른은 물론이고 소년과도 구별되는 특수성이 있음을 의식하는 것을 뜻한다. 중세 사회에는 이러한 '아동기'에 대한 의식이 존재하지 않았다."(122쪽).

17 가령 휴 커닝엄《개설 아동관의 사회사: 유럽과 미국이 보는 교육, 복지, 국가(概説 子ども観の社会史―ヨーロッパとアメリカにみる教育・福祉・国家)》, 신요사, 2013년 수록된 논의 등.

18 시바타 준《일본 유아사: 아이에게 보내는 시선(日本幼児史―子どもへのまなざし)》, 요시카와히로후미칸, 2012년.

19 상기한《개설 아동관의 사회사: 유럽과 미국이 보는 교육, 복지, 국가》, 127쪽.

20 《일탈과 의료화》, 미네르바쇼보, 2003년.
"…… 아이가 중시되고 귀여운 존재로 인식된 것은 최근 수 세기의 일이다. 아동 유기 및 학대의 정도는 사회마다 달랐지만 거의 대부분의 사회에서 오늘날 우리가

'아동학대'라고 부를 만한 행위가 존재했다는 증거를 확인할 수 있다. 아이에 대한 신체적 학대는 크게 두 가지 유형으로 구분된다. 영아 살해와 유기 그리고 훈육과 징벌이다."(300쪽).

"…… 따라서 19세기에 영아 살해와 유기가 횡행했으며 엄격한 징벌은 아이를 훈육할 때 필요한 규범으로 여겨졌다. 하지만 이러한 행위는 대체로 아이의 삶의 일부로 이해되었다. '아동 보호'라는 개념이 등장했을 때조차 관심의 대부분은 유기된 아이들에게 향해 있었으며, 신체적 학대를 받는 아이들을 고려한 것은 아니었다."(301쪽).

또한 앞서 언급한《개설 아동관의 사회사: 유럽과 미국이 보는 교육, 복지, 국가》를 보면, 18~19세기에도 어른의 아동학대가 공동체에 의한 제재나 소송의 대상이 될 수는 있었지만(198쪽~), 초기 아동 보호가 주목한 대상은 부랑아나 버려진 아이였다는 논지는 콘래드의 의견과 비슷하다.(191쪽~).

21 게마인샤프트와 게젤샤프트: 독일 사회학자 퇴니스가 제시한 공동체와 사회의 양상. 게마인샤프트는 혈연 및 지연을 바탕으로 근대 이전부터 존재한 공동체 또는 사회를 가리킨다. 시간, 의사, 작업, 재산 등이 구성원에 의해 공유되며 자본주의, 개인주의, 사회계약의 논리가 명확하게 성립하지 않는다. 본서에서 기술한 쇼와 이전의 지역공동체는 이러한 게마인샤프트적 성격이 강한 공동체, 혹은 사회라 할 수 있다.

반면 게젤샤프트는 시간, 의사, 작업, 재산 등을 개인이 각자 독자적으로 가지고 있고 자본주의, 개인주의, 사회계약의 논리가 확실히 적용되는 공동체 혹은 사회를 의미한다. 본서에서 설명하고 있는 현대의 일본, 나아가 도쿄는 쇼와 이전의 지역공동체와 비교하여 게젤샤프트적 성격이 강한 사회라고 할 수 있다.

페르디난트 퇴니스《게마인샤프트와 게젤샤프트: 순수사회학의 기본 개념(ゲマインシャフトとゲゼルシャフト—純粋社会学の基本概念)》 상하권, 이와나미문고, 1957년 참고.

22 가정 내 분업을 바탕으로 한 핵가족이라는 단위가 부르주아적 육아 기능을 유지하는 모습은, 미국에서는 제2차 세계대전 직후인 1950~60년대 '마이 홈'시대에, 일본에서는 이보다 늦은 단카이 세대가 육아를 시작한 1970~80년대에 특히 두드러졌다. 이처럼 서양 사회에 비해 일본의 가정 내 분업은 늦은 편이었다. 이러한 가족 형태의 변화에 대해서는 오치아이 에미코의《21세기 가족에게: 일본의 가족과 사회 3판》, 유히카쿠, 2004년 참고.

23 내각부 〈2018년판 저출생 사회 대책 백서 전체판(PDF판)〉.

24 후생노동성이 미디어용으로 정기 발표하는 〈대기 아동수 상황에 대해서〉를 보면

쇼와 시대부터 어린이집이나 유치원에서 돌봐온 3세 이상의 아이가 대기 아동이 된 것이 아니라, 2세 이하의 저연령 아이가 대기 아동의 대부분을 차지하고 있음을 알 수 있다.

25 도도부현별 교육비 비교에 대해서는 웹사이트 '도도부현별 통계와 순위로 보는 현민성'(https://todo-ran.com/) 내 페이지 '교육비* 2016년 제1위 사이타마현'(https://todo-ran.com/t/kiji/11609) 을 참고, 비교했다.

26 Augustine Kong et al. "Rate of de novo mutations and the importance of father's age to disease risk." Nature, 2012 Aug 23;488(7412): 471 – 475.

27 20세기 미국인의 라이프 코스와 정체성을 논한 심리학자 에릭 에릭슨의 주장에 따르면, 유동성이 높고 정체성이 고정되기 어려운 사회에서는 사춘기 모라토리엄에 가까운 멘탈리티가 장기화되기 쉽고, 그다음 단계에 자리한 배우자와의 친밀한 관계 형성에 적응하는 멘탈리티, 나아가 아이를 돌보는 데 적응하는 멘탈리티로의 이행이 늦어지기 쉽다고(혹은 이행하기 어렵다고) 보았다. 에릭 에릭슨이 저서《유년기와 사회》에서 기술한 라이프 코스 모델에 따르면, 쉽게 결혼하지 않고, 육아를 하지 않는 현대 일본, 나아가 선진국화된 나라들의 저출생 경향은 유동성이 높고 정체성이 고정되기 어려운 사회 상황과 연결되어 있다고 이해할 수 있다.

5장 다양성을 지우는 표백의 논리

1 하마이 고이치 외《범죄 불안 사회: 누가 수상한 사람인가?(犯罪不安社会—誰もが「不審者」?)》, 고분사신서, 2006년, 주로 172쪽~.

2 상기한《범죄 불안 사회: 누가 수상한 사람인가?》에서.
"2006년 8월 내각부가 '아이 방범에 관한 특별 여론조사' 결과를 발표했다. 이는 아이 안전을 주제로 한 첫 의식조사였다. (중략) 하지만 이 조사에서 흥미로웠던 점은 '불안해지는 이유'에 관한 부분이었다. '주변에서 아이와 관련된 사건이 발생했기 때문'이라는 응답은 12.2%에 그쳤던 반면, 'TV나 신문에서 관련 사건이 자주 다뤄지고 있기 때문'이라는 응답이 85.9%, '지역 주민들 간의 연결고리가 약하고 주변 사람들의 얼굴을 거의 모르기 때문에'이라는 응답이 33.2%였다.
여기서 확실히 알 수 있는 사실은, 결국 아이의 안전에 관한 위기감을 조성하고 있는 것은 실제 사건 자체보다는 미디어의 보도, 그리고 지역 커뮤니티의 공동화에서 비롯된 불안이라는 사실을 알 수 있다."(177~178쪽).

3 호리구치 마스미《에도는 대단해: 세계에서 제일 행복한 사람들의 속세 생활(江戸

はスゴイ—世界一幸せな人びとの浮世ぐらし)》, PHP 신서, 2016년.

4 오노 요시로《청결의 근대: '위생 창가'부터 '항균 상품'까지(《清潔》の近代—「衛生唱歌」から「抗菌グッズ」へ)》, 고단사선서메티에, 1997년.

5 환경성 〈광화학 대기오염의 개요〉, 2018년.

6 《별책 다카라지마 80년대의 정체!》, 다카라지마사, 1990년.

"이와 밀접한 관계가 있는 현상이 화장품, 약품 업계를 중심으로 돌았던 말 '데오드란트 분화 현상'과 '청결 상품 붐'이다. 일상생활 속에서 냄새를 없애는 생활 습관이 확대되고 정착된 흐름이 1980년대 중반부터 두드러졌다. 물론 그전에도 입 냄새나 액취를 신경 쓰는 사람이 있었고, 이를 방지하는 화장품이나 약품은 팔렸었다. 하지만 이는 어디까지나 은밀한 고민에 해당했고, 팔리는 방식도 예능 잡지에 통신판매 광고를 내는 형식이었다. 대부분의 화장품 회사, 제약회사가 대대적으로 선전해서 판매하는 상품은 아니었다."(27쪽).

7 시민적 무관심: 사회학자 어빙 고프먼이 지적한 개념으로, 미국의 중류 계급에서 자주 관찰되는, 모르는 사람 사이의 일반적인 예의범절. 상대를 슬쩍 보되, 표정은 '존재를 인식했다'는 정도에 그치고, 다음 순간 곧바로 시선을 거두어 특별한 호기심이나 관심이 없음을 내비친다. 이러한 시민적 무관심은 현대 도시화된 국내 많은 지역, 특히 도쿄에서 일반적으로 볼 수 있다. 어빙 고프먼《모임의 구조: 새로운 일상 행동론을 찾아서(集まりの構造—新しい日常行動論を求めて)》, 세이신쇼보, 1980년.

8 도쿄도 복지보건국 〈도구 공동사업에 의한 노숙자 대책 현상에 대해서〉, 2018년. http://www.fukushihoken.metro.tokyo.jp/seikatsu/rojo/homelesstaisaku.files/homeless201803.pdf

9 특히 전쟁 이전에는 빈민가에서 살고 있는 상태와 그렇지 않은 상태의 경계가 불분명했으며, '거지'가 하나의 직업으로 성립되기도 했다. 메이지 시대부터 쇼와 시대 전쟁 이전까지 일본의 주택 수준과 관련된 정책은 매우 빈약하여, 슬럼이라 불러도 좋을 지역이 도쿄 곳곳에 존재했다. 기타 준이치로《도쿄의 하층사회: 메이지부터 종전까지(東京の下層社会: 明治から終戦まで)》, 신초사, 1990년에서.

10 가사이 가즈아키 〈노숙자를 만나며 걷기〉(《세계》 1998년 12월호, 230~238쪽)에는 노숙자들의 비애와 고충과 함께 씩씩함과 지혜, 긍지가 기록되어 있으며 정착해 사는 사람과 거주 불명자 사이에 서 있는 사람으로서 노숙자들의 모습이 묘사되어 있다. 일부분을 인용하겠다.

"다마가와에서 알게 된 할아버지의 이야기는 인상적이었다. 칠십을 넘긴 이 할아버지는 옛날에는 외투를 만드는 장인으로 어찌나 자신감 넘치게 일을 했었는지 얼굴에 조금도 빈틈이 없다. 낚시를 좋아한다는 할아버지는 어느 날 지바에 있는 아파트에 돌아갔더니 좀도둑이 들었는지 값비싼 것은 죄다 도둑맞았다고 했다. 어쩔 수 없다고 생각한 할아버지는 무슨 생각이었는지 자전거에 일용품만을 싣고 이전에 낚시를 갔던 다마가와로 도망쳐 이후 3년 가까이 사람들 눈에 띄지 않는 다마가와의 대나무 숲속 판잣집에서 생활하기 시작했다고 한다. 생계는 고물을 줍거나 철 등을 모아 업자에게 팔며 이어간다. 이 작은 집은 마치 시골 깊은 산속에 있을 법한 모습인데, 모두 손수 만들었다고 한다. 입구에는 바람을 막기 위한 울타리까지 있다. 밥은 장작을 태워 지어 먹는다고 한다. '어떤 바람 같은 것은 없냐'고 물었더니 발전기가 갖고 싶지만 관청에서 허락해주지 않는다는 답이 돌아왔다. 노인복지시설에 대해 이러쿵저러쿵 말하고 싶지도 않았지만, 이 할아버지에게만큼은 복지제도를 추천할 마음이 아무래도 들지 않았다. 실로 훌륭하게 자립한 노인이었다."(232쪽).

이 르포르타주는 노숙인을 둘러싼 상황이 점차 심각해지는 현상을 우려하는 결말로 끝맺는다.

11 이나바 쓰요시 〈신주쿠 골판지 마을의 역사〉,《신주쿠 골판지 마을: 사코카와 나오코 사진집 1996~1998》 수록, 2013년.

12 불결하고 일상적인 폭력이 횡행했던 시대의 남성의 태도에 관해서는 이하를 참고. 로버트 무헴블레드《근대인의 탄생: 프랑스 민중사회와 습속의 문명화(近代人の誕生—フランス民衆社会と習俗の文明化)》, 치쿠마쇼보, 1992년.

13 오늘날에는 '기분 나쁘다' 혹은 '냄새난다'라는 말이 인간의 존엄성에 상처를 주는 말로 여겨지지만, 모두가 더럽고 냄새가 났던 사회에서는 그러한 말이 칼날 같은 위력을 발휘하지 않았다. 속어 '기분 나쁘다(기모이, きもい)'는 말이 사용되기 시작한 때에 대해서는 웹사이트 '일본어 속어 사전'에 따르면 90년대 후반이라고 한다.
http://zokugo-dict.com/07ki/kimoi.htm
이 기술은 나의 기억과도 일치한다. 데오드란트 혁명이 일어나고 청결한 몸단장이 일반화된 후 '기분 나쁘다'는 속어가 힘을 가지기 시작했다는 점에 주목할 필요가 있다.

14 아비투스: 일상에서 의식조차 하지 못할 만큼 몸에 밴 다양한 습관 및 행동을 가리키는 말. 사회학에서는 피에르 부르디외 이후 널리 사용하게 된 개념이다. 예를 들면 언어 습관이나 사용하는 어휘의 종류, 태도나 몸단장, 취미 생활이나 라이프스타일, 윤리 비판이나 취미 비판 등은 '아비투스'라고 볼 수 있다. 본서의 내용으로 말하자면 매일 몸을 씻는 습관, 건강을 위한 취미나 습관, 효율성과 합리성에 바탕을 둔 생활 태도를 어릴 때부터 당연하게 몸에 익혀왔고 의식조차 하지 않는다면,

이는 전형적인 아비투스라고 할 수 있다.

15 문화자본: 프랑스 사회학자 피에르 부르디외에 의해 체계화되어 발전한 개념. 부르디외의 해설서인 이시이 요지로의《차이와 욕망: 부르디외의 '구별짓기'를 읽다(差異と欲望—ブルデュー『ディスタンクシオン』を読む)》, 후지와라서점, 1993년에는 이하의 내용이 담겨 있다.

"'문화자본'은 한마디로 말하자면 경제자본과 같이 수치로 정량화할 수는 없지만, 돈과 재력처럼 사회생활을 할 때 자본과 같은 역할을 하는 다양한 문화적 요소를 가리킨다. 예를 들어 학교 등의 교육기관에서 습득한 지식, 혹은 좀 더 넓게 책이나 TV 등 다양한 매체를 통해 획득한 전반적인 교양, 또 자라난 가정환경과 주위 인간관계 속에서 형성된 취미, 예술과의 접촉이나 다양한 삶의 경험을 통해 길러진 감성 등도 문화자본의 일종으로 생각할 수 있다."(25쪽).

문화자본은 직접적으로 경제자본을 증대시키지는 않지만 사람과 조직에 접근할 수 있는 기회를 제공하거나 사회적 지위나 신용을 획득하는 데 일조하기에 간접적으로 경제자본 증대에 공헌한다. 또한 비슷한 문화자본을 가진 사람들끼리 인간관계를 맺는다는 의미에서는 사회관계자본(1장 주석 19 참고)과도 관련되어 있다.

부르디외는 문화자본을 ① 신체화된 상태, ② 객체화된 상태, ③ 제도화된 상태로 구분하였으며, 이 중 ①은 이른바 아비투스화된 문화자본이라고 말했다.

16 서양 사회와 일본의 문화 차이, 사람들의 태도의 차이에 대해서는 양쪽 사회를 깊이 경험한 이들의 증언을 통해 확인할 수 있다. 가령 빈에서 유학한 철학자 나카지마 요시미치가 쓴《대화가 없는 사회(〈対話〉のない社会)》, PHP 신서, 1997년에는 사람과 사람의 직접적인 충돌과 마주침을 전제로 한 유럽 사회와, 그렇지 않은 일본 사회의 차이가 알기 쉽게 쓰여 있다.

17 미야다이 신지 외《하위문화의 신화 해체(増補 サブカルチャー神話解体)》, 치쿠마문고, 2007년에는 '귀여움'이 일본 청년 문화에 등장하여 점차 전방위적 의미를 획득해간 과정이 상술되어 있다.(98~111쪽, 391~392쪽).

미야다이 등에 따르면 '귀여움'이라는 말이 미디어에 반복 사용되게 된 것은 1963년 5월에 '엄마와 딸의 교양 잡지'로서 〈주간 마가렛(週刊マーガレット)〉이 창간되었을 즈음이라고 한다. 전쟁 전에도 여자아이가 칭찬받는 일은 있었지만, 이는 어디까지나 '맑고 바르고 아름다운, 성적으로 성숙하기 전의 여자아이'로서의 칭찬으로, 어른과 아이의 경계가 확실했던 전쟁 전 사회 질서에 맞는 소녀상이었다. 한편 '귀여움'은 전후 민주주의적 이상과 부합하여 '모두에게 사랑받는 아이'라는 이미지와 연결되었다. 즉 '사물에 대한 이해도가 높은 부모에 의해 길러진 누구에게나 사랑받는 아이'라는 콘셉트가 형성된 것이다.

귀엽다고 칭찬받으며 자란 소녀들이 10대 후반이 된 1960년대 후반부터 '귀여움'은 '어린아이 모습 그대로의 성적 성숙함'을, 나아가 '어른이지만 어른이 아닌 젊은이'를 상징하게 되었고, 이른바 어른과 젊은이의 대립 코드로서 기능했다. 하지만 1970년대에 이르자 이러한 대립 코드는 진부화되었고, 이후 귀여움은 성적으로 성숙한 신체에도 적용 가능한, 전방위적이고 자유로운, 만인이 좋아하는 콘셉트로 진화했다.

정리하면, 전후 민주주의에 기반한 엄마와 딸의 이상향으로서 출발한 '귀여움'이라는 콘셉트는 해당 세대의 성장과 함께 어른 문화(주류 문화)에 대항하는 젊은이들의 문화(청년 문화)로서 자리 잡았고, 이후 성적 성숙 여부와 관계없이 다양한 문맥에서 적용 가능한, 모두에게 사랑받는 콘셉트로 변천했다는 것이다. 본서에서 언급하는 '귀여움'은 바로 이 '성적 성숙 여부와 관계없이 다양한 문맥에서 사용 가능한, 모두에게 사랑받는 콘셉트'를 염두에 둔 것으로, 1990년대 이후 등장한 '꽃미남'이나 '느긋한 캐릭터'의 대두도 이러한 전후 관계의 연장선상에 있다고 나는 이해했다.

18 일본 지방자치단체가 '귀엽고 느긋한 분위기'를 내는 캐릭터를 활용하는 현상에 관해서는 느긋한 캐릭터 그랑프리 웹사이트를 참고했다. 모든 캐릭터가 전부 수록되어 있지는 않지만 지방자치단체들이 이와 같은 분위기의 캐릭터를 많이 사용하고 있는 현상의 단면을 살펴볼 수 있다. https://www.yurugp.jp/jp/

19 도쿄도하수도국 '9장 도쿄하수도의 역사'.
https://www.gesui.metro.tokyo.lg.jp/about/pdf/chapter09.pdf

20 일본 비누 세제 공업회 '비누 세제 지식, 비누 세제의 역사'.
https://jsda.org/w/03_shiki/2kurashi_22.htm

21 상기한《근대인의 탄생: 프랑스 민중사회와 습속의 문명화》에서.

22 노르베르트 엘리아스《매너의 역사》, 호세이대학출판국, 1977년.

23 데시데리우스 에라스무스《에라스무스 교육 방법론》, 니헤이사, 1994년.
"궁정 사회나 무사 계급 혹은 성직자 계층에서 비롯된 예의범절은 당초 시민에게는 이질적인 것이었다. 하지만 시민들이 경제적 성공을 이루며 상류층으로 편입되자 사정이 달라졌다. 상류층으로 이동한 시민들은 자신을 단순히 우연히 출세한 사람이 아니라 상류 사회의 진짜 일원으로 인식하고자 했다. 즉, 스스로를 '상류 시민'으로 자각하고자 하는 욕망이 형성된 것이다. 상류 시민의 자의식을 갖기 위해 그들은 궁정 사회와 무사 계급 혹은 성직자 계층의 예의범절을 몸에 익혀서 먼저 외양과 태도부터 '상류층'과 비슷해지려 노력했다. 이렇게 상류층으로 이동한 시민과 그 아이들이 가정과 학교에서 몇 세대에 걸쳐 예의범절 교육을 받는 과정에서, 이들 궁정 사회와 무사 계급 및 성직자 계층의 예법이라는 형식은 점차 상식화되고 일상화되어 상류 시민 가정에 위화감 없이 스며들었다. 그 결과, 이러한 예의범절은 상류 시민 가정이 지니게 된 하나의 '문화자본'이 된 것이다."(242~243쪽, 역자 해설).

24 파스퇴르에 의한 세균의 발견이 위생을 크게 진보시키기 전부터 위생 개념, 전염병 예방의 사고방식 자체는 알려져 있었다. 예를 들면 좋지 않은 환경이 좋지 않은 공기를 만들어내고 그것이 질환을 유발한다는 사고방식처럼 말이다. 알랭 코르뱅 등이 쓴《몸의 역사 1》, 후지와라서점, 2010년, '신체, 건강, 질환'을 참고.

25 알랭 코르뱅 외《몸의 역사 2》, 후지와라서점, 2010년에서, '신체의 위생과 겉모습을 가꾸는 것'을 참고.

26 프랑스 대중목욕탕의 정비, 학교에서의 청결 교육, 군대를 청결하게 하기 위한 노력에 대해서는 주로 줄리아 세르고의《자유, 평등, 청결: 목욕의 사회사》, 가와데쇼보신사, 1992년을 따르고 있다.

27 상기한《자유, 평등, 청결: 목욕의 사회사(自由 · 平等 · 清潔—入浴の社会史)》에서.
"나태, 무지, 악의, 절도와 같은 악덕이 가장 쉽게 자리 잡는 곳은 불결한 시골 마을이나 농가다. 청결함의 결여는 육체의 순결에 해가 될 뿐 아니라, 마음의 순결에도 유해하다. 이러한 사고에 따른다면, 불결함은 빈곤 계급의 행동에 직접적으로 악영향을 미치게 된다. 이처럼 19세기에는 모든 위생학자들이, 더러움을 불러오는 무질서는 육체의 순결함을 유지하는 데 해를 끼칠 뿐 아니라 사회 질서에도 유해한 것으로 단정하였다."(33쪽).

28 상기한《자유, 평등, 청결: 목욕의 사회사》에서.
"신체 위생의 공간이 점차 분리되고 특수화되면서 조신한 여성이 하는 몸단장은 도덕관 연관된 행위로 변했다. 이때부터 몸단장을 위한 가구와 부속품은 침실에서부터 떨어져 나와 화장실로 이동되었다. 화장실은 침실과 벽으로 구분된 별실이 되었으며, 침실에서는 목욕이나 신체 손질 같은 사적인 행위를 떠올리게 하는 요소가 제거되었다. 이러한 행위를 남들 앞에서 하는 것은 무례한 행동으로 인식되기에 이르렀다. 이는 자신만 보는 상황에서도 마찬가지였다. 바로 이것이 신체 위생의 기본 요소다. 오수, 체취, 더러워진 속옷, 세정 도구나 배변 도구처럼 악취와 보기 불편한 불결한 광경을 다른 사람 앞에서는 감추고 추방하는 것, 바꿔 말하면 냄새나고 더러운, 육체의 볼품없는 모습을 상기시키는 모든 것을 시야 밖으로 밀어내는 것이 신체 위생을 구성하는 기본 원리다."(238쪽).

29 상기한《에도는 대단해: 세계에서 제일 행복한 사람들의 속세 생활》에 따르면 이에 더해 에도에서는 화재 위험 때문에 가정 내 목욕탕 설치가 금지되었다고 한다. 물

론 당시에 물과 연료를 확보하기가 어려웠던 점은 두말할 필요도 없다.

30 아침에 머리를 감는 행위에 관해서는 〈NHK 스페셜 전후 70년 일본의 초상〉 연동 콘텐츠 〈일본의 포〉에 쉬운 개설이 있다. http://www.nhk.or.jp/po/zokugo/1504.html

31 이 설문 조사 결과는 익스피디아 PR 사무국에서 작성한 weloveexpedia 기사에서 인용했다.

https://welove.expedia.co.jp/press/584/

32 상기한《매너의 역사》에서.

"중세에도 '이렇게 하라' 혹은 '이렇게 하지 말라'는 금기와 규범은 있었다. 하지만 많은 부분이 있는 그대로 인정되었으며, 몇 세기에 걸쳐 기본적이고도 비슷한 예의범절이 반복되었지만, 그것이 명확하고 견고한 습관으로 자리 잡지는 못했다. 그런데 상황은 점차 달라졌다. 인간이 서로에 대해 부과하는 억제가 한층 더 강해지고 '세련된 태도'는 한층 더 엄격하게 요구되기 시작했다. 인간의 태도 전반이 중요한 문제로 부상한 것이다."(184~185쪽).

"새로운 형태의 사회적 규범 속에서 함께 생활해야 했던 사람들은 타인의 규제에 대해 더 민감해졌다. 인간의 태도에 관한 통칙은 급격하지는 않아도 한층 더 엄격해졌고, 사회는 타인에게 보여야 할 배려의 기준치를 이전보다 높게 잡기 시작했다. 타인의 감정을 다치지 않게 하기 위해 지켜야 하는 예절은 점차 세분화되었고, 타인에게 불쾌감을 주지 않기 위한 사회적 규범은 새로운 사회 질서와 결합하면서 이전 시대의 계급 규범보다 훨씬 강한 구속력을 지니게 되었다."(185~186쪽).

33 노르베르트 엘리아스《매너의 역사》, 호세이대학출판국, 1978년에서.

"서구의 역사에서는 극히 초기부터 현대에 이르기까지 사회적 기능이 커다란 경쟁 압력을 바탕으로 점점 세분화되어왔다. 기능의 세분화가 진행될수록 기능의 수는 증대되고, 이와 동시에 개인이 일상적인 단순한 일에서부터 훨씬 복잡하고 전문적인 활동에 이르기까지 의존해야 하는 타인의 수도 끝없이 늘어났다. 각각의 행위가 사회적 행동의 망 속에서 그 기능을 수행하려면 점점 더 많은 사람들의 행동이 서로 규제를 받게 되고, 사회적 행동의 망은 점점 더 촘촘하고 치밀하게 조직화되었다. 이 과정에서 각 개인은 자신의 행동을 한층 더 세심하고, 균질하며, 안정적으로 통제해야 할 필요에 놓이게 되었다. 그리고 이 규제는 결코 의식적인 수준에만 머무르지 않는다. 바로 이 지점이 문명화 과정의 핵심적인 심리적 장치의 특징이다. 더욱 섬세한 행동, 더욱 안정된 자기 규제가 어릴 때부터 자동적인 행동 양식으로 주입되며, 의식적으로 생각하더라도 이를 거스르기 어려운 자기 억제 형태로 개인에게 자리 잡게 된다."(337~338쪽).

6장 공간 설계는 어떻게 사람을 길들이는가

1 미셸 푸코《감시와 처벌: 감옥의 탄생》, 신초사, 1977년.

2 동병원의 병동 기능에 대해서는 곤도 렌지《정신과 의사의 시선(精神科医のまなざし)》, 추오코론사업출판, 2010년이 참고할 만하다. 주로 110쪽~.

3 그렇다고 해도 정신과 병원의 판옵티콘은 감시를 통해 규율을 내면화시키는 것 이상으로 환자의 상태를 파악하고 긴급한 상황에 빠르게 대처하기 위한 측면이 강하기 때문에 교도소의 판옵티콘과 완전히 일치하지는 않음을 미리 말해둔다.

4 환경 관리형 권력에 대해서는 아즈마 히로키 〈정보 자유론 제3회 규율훈련에서 환경관리로〉,《추오코론(中央公論)》2002년 9월호, 추오코론신사 참고.

철학자 아즈마 히로키는 미셸 푸코가《감시와 처벌》에서 논한 규율 훈련형 권력과는 다르게 질 들뢰즈가 지적한 신시대의 권력, 즉 환경 관리를 통해 인간을 직접 컨트롤하는 권력이 대두하고 있음을 논했다. 아즈마는 본장 후반에서 소개하는 레식의 공간 설계(아키텍처) 역시 환경 관리형 권력의 예로 들고 있다. '환경 관리형 권력'이라는 용어는 이 문제를 논할 때 국내에서 자주 쓰여왔지만, 이 과정에서 아즈마는 푸코가《성의 역사: 지식의 의지》에서 논한 생권력의 개념을 끌어오지는 않았다. 따라서 규율 훈련형 권력과 환경 관리형 권력의 대비는《감시와 처벌》과《성의 역사》의 대비와 완벽하게 일치하지 않는다는 점에 유의해야 한다.

5 도쿄도 교통안전대처회의 〈제10차 도쿄도 교통안전 계획〉에서.

http://www.metro.tokyo.jp/INET/KEIKAKU/2016/04/DATA/70q47101.pdf

"(2) 방호책 정비

횡단보도 외 구간에서 보행자가 차도를 건너지 않도록 억제하고, 차량이 밖으로 이탈하는 것을 방지함으로써 보행자의 안전을 확보함과 동시에 차량 탑승자의 상해와 차량 파손을 최소화하고자 한다."

6 후루이에 신페이 외《일본의 민속 5 가정의 민속문화지(日本の民俗 5 家の民俗文化誌)》, 요시카와히로후미칸, 2008년.

7 현대의 개인 단위의 사생활을 전제로 한 주택과 과거의 사생활을 전제하지 않은 주택의 차이에 대해서는 스즈키 시게부미《집과 마을: 주거 집합의 이론(「いえ」と「まち」—住居集合の論理)》, 가지마출판회, 1984년이 비교하기 쉽다.

8 가족에 대한 역사 연구를 개설한 책은 로버트 M 앤더슨《가족의 구조, 기능, 감정: 가족사 연구의 신전개(家族の構造・機能・感情—家族史研究の新展開)》, 가이메이사, 1988년을 추천한다. 아울러 상기한《아동의 탄생》에서도 중세부터 현대 가족으로

의 변천의 장에서 주요 내용이 정리되어 있다(341쪽~).

9 오쓰카 에이지 《오타쿠의 정신사: 1980년대론(「おたく」の精神史──九八〇年代論)》, 고단사현대신서, 2004년에 의하면 '오타쿠'라는 말이 상업 미디어에서 사용되기 시작한 것은 《만화 부릿코》 1983년 6월호 중 나카모리 아키오의 〈오타쿠의 연구〉라는 글에서였다. 당시 신인류의 기수로 여겨졌던 나카모리는 이 기고 기사에서 오타쿠의 겉모습과 행동, 태도를 비웃으며 '오타쿠'라는 말이 멸칭으로 자리 잡는 데 선구자적 역할을 했다.

10 도시 민속학 연구 모임에서 발간한 《연쇄 유아 납치 살인사건을 읽다: 전 자료, 미야자키 쓰토무는 어떻게 보도되었는가?(幼女連続殺人事件を読む─全資料·宮崎勤はどう語られたか?)》, JICC출판국, 1989년. 민속학자 오쓰키 다카히로는 1988~89년에 걸쳐 도쿄, 사이타마 연쇄 유아 납치 살인 사건의 범인 보도에 대해 다음과 같이 기록하고 있다.

"우선 그의 방에 관한 보도부터 보자. 언론에 실린 사진에는 조작이 있다. 신문, 잡지 등에 게재된 방의 모습은 전혀 동일하지 않다. 예를 들면 바닥에 널브러져 있는 잡지의 배열이 각각 다르다(자료 편 참고). 오른쪽 앞, 방석 그림자 속에 흩어진 잡지는 특히 가공이 심하다. 수많은 컷 중에서 골라낸 것인지, 그 외에 어떤 부분을 손봤는지는 알 수 없지만 틀림없이 카메라 감독이 특정 종류의 잡지를 강조하기 위해 다시 배열했을 가능성이 높다. 증거 보전이라는 경찰의 논리는 차치하더라도 이것은 명백한 정보 조작이다."(61쪽).

11 상기한 《하위문화의 신화 해체》에서.

12 여기서는 보드리야르의 《소비의 사회》 등이 다룬 기호적 소비를 통해 타인과의 차별화를 이루려는 습관이나 통념을 염두에 두었다. 당시 신인류적 라이프스타일과 그들의 자의식에 대해 알고자 한다면 다나카 야스오 《어쩐지 크리스털》, 가와데문고, 2013년을 추천한다.

13 동시대에 신인류가 맡았던 역할과 그 당사자가 느꼈던 감각에 대해서는 미야자와 아키오의 《도쿄대학 80년대 하위문화론 강의 결정판(東京大学「80年代地下文化論」講義 決定版)》, 가와데쇼보신사, 2015년 참고.

14 상기한 《하위문화의 신화 해체》, 《오타쿠의 정신사》 혹은 아즈마 히로키의 《동물화하는 포스트모던》, 고단사현대신서, 2001년 등을 참고.

15 미야다이는 만화 장르에서 신인류적 표현과 오타쿠적 표현이 분화한 시점을 1970년대 후반으로 보았으며, 그 뿌리로(지방과 편차치에 의한 차이는 자각하면서도) 도쿄 주변의 진학 고등학교 SF 동호회를 지목한다. 당초 코믹마켓 참가자의 대부분이 도시에, 특히 도쿄 근교 출신 청소년들에 의해 채워졌던 것, 신인류와 그 문화

가 경제자본과 문화자본이 풍요로웠던 이들에 의해 견인되었던 점, SF 애호가가 도시 진학 학교에 모이기 쉬웠고 지방에서는 고립되기 쉬웠던 점 등을 미루어보면, 미야다이의 논의에는 충분히 설득력이 있다. 주석 9에서 소개한 1983년의 〈오타쿠의 연구〉도 분화 후의 오타쿠와 신인류의 문화 헤게모니 싸움의 하나라고 위치 지을 수 있다. 자세한 내용은 상기한《하위문화의 신화 해체》326~353쪽 참고.

16 아이 방은 가족과 개인의 사생활을 지켜주는 집과 함께 부르주아 계급을 중심으로 보급되어갔다. 디자인학자 진노 유키는 여기에 더해, 아이에게 방을 주는 것에는 근대적인 소비문화의 영향, 즉 아이 용품 시장의 성립과 장난감, 게임기 등을 사주는 소비 관행의 정착이 있었다고 지적한다. 진노의 지적은 소비문화의 지표로서, 아이에게 방을 주는 관행에 비교적 일찍 적응한 전후 세대에서, 개인 소비를 바탕으로 한 오타쿠와 신인류라는 새로운 청년 문화 템플릿이 등장한 흐름과 정확히 부합한다. 진노 유키《아이를 둘러싼 디자인과 근대(子どもをめぐるデザインと近代)》, 세카이시소사, 2011년.

17 요시카와히로후미칸《일본의 민속》시리즈에서. 여기서는 특히 이지마 요시하루 외《일본의 민속 8 성장과 인생》2009년 참고.

18 제7회 〈일본인의 불안에 관한 의식조사〉, 주식회사 세콤, 2018년.

19 상기한 〈지역 교육력에 관한 실태조사〉, 2005년. 제4장 *13의 본문(148~149쪽)도 참고.

20 광고 노출 수: 블로그나 SNS의 글을 통해 광고가 표시된 수치를 나타낸다. 광고 노출 수의 수치는 광고 수입에 반영된다.

21 오프라인 모임: 인터넷 커뮤니티에서 알게 된 사람들이 오프라인에서(즉 현실에서) 모여 친목을 다지는 자리. 나는 90년대 후반부터 오프라인 모임에 참가하면서 지금까지 총 300회 정도, 다양한 커뮤니티에 참가해왔다. 일본에서 가장 많이 오프라인 모임에 참석한 정신과 의사는 아마도 나일 것이다.

22 인터넷 의사소통에 대해서는 엘리 프레이저의《생각 조종자들》, 하야카와쇼보, 2012년 등 참고.

23 로런스 레식《코드: 사이버 공간의 법이론(CODE: インターネットの合法・違法・プライバシー)》, 쇼에이사, 2001년. 저서에서 레식은 개인의 자유는 온라인이든 오프라인이든 법·규범(본서에서 말하는 통념과 습관)·시장·공간 설계(아키텍처)에 의해 규제된다고 설명하며, 특히 온라인에서는 공간 설계(아키텍처)가 중요하고 그러한 중요성을 염두에 둔 법적 논의가 필요하다고 썼다.

24 간 시유 〈중국의 대두로 격변하는 세계 경제의 세력도: GDP 규모의 국제비교를 중심으로〉, 독립행정법인 경제 산업 연구소, 2016년.

https://www.rieti.go.jp/users/china-tr/jp/ssqs/160707ssqs.html

25 가지타니 가이 외《행복한 감시국가, 중국》, NHK출판신서, 2019년.

26 《행복한 감시국가, 중국》에서는 중국의 공리주의적 사회 운영이 공간 설계와 AI에 의해 성립되어 있고, 유럽과 미국 같은 서구 선진국에는 병설되어 있는(공간 설계나 AI가 등장하기 이전까지 작동했던) 근대적 통치 시스템과 시민사회, 이른바 '시민적 공공성'에 의한 제어가 취약하다는 점을 지적했다. 저자는 다음과 같은 의문을 제기한다.

"하지만 여기에서 몇 가지 의문이 생긴다. 이러한 메타 합리성에 기반한 시민적 공공성과 알고리즘적 공공성의 조화라는 이상(理想)이 AI 기술의 비약적 발전, 도덕의 과학적 분석이 '공리주의에 날개를 달아주는' 오늘날의 상황 속에서 과연 얼마나 설득력을 지닐 수 있을까.

또한 애초에 서구 사회에서 발전한 '시민사회'와 '시민적 공공성'의 전통이 없는 신흥국, 단적으로 말하면 중국과 같은 사회에서는 이 같은 메타 합리성을 통해 도구적 합리성(그것을 지지하는 새로운 통치 시스템)을 제어하려는 시도가 근본적으로 모호한 것 아닐까."(187쪽).

개인과 개인이 직접 충돌하며 합의된 공리주의적 상황을 만들어내는 '시민적 공공성'의 전통은 중국뿐 아니라 일본에서도 강하지 않으며, 5장에서 말했듯 일본의 공리주의적 상황 역시 서구와 성격이 다르다.

27 X에서는 계속 보고 싶은 계정의 글을 자신의 타임라인에 가져오는 '팔로우' 기능과 함께, 보이고 싶지 않은 상대에게 자신의 글을 읽지 못하게 하는 '차단' 기능도 있다. 가령 유명인의 계정을 자주 비난하는 계정이 있다면 유명인은 그 계정을 차단함으로써 읽거나 언급하지 못하도록 막을 수 있다. 다만 차단된 사용자가 신규 계정을 개설하여 다시 글을 읽거나 언급할 수 있기 때문에, 이는 완벽한 차단이라고 할 수는 없다.

28 폭주족이 지역공동체에 포섭된 상황과 그 변모에 대해서는《양키 문화론 서설(ヤンキー文化論序説)》에 수록된 오야마 마사히코의 〈폭주족 문화의 계승 축제, 개조차, 로큰롤〉 참고. 198쪽~.

"지금까지 봐 왔듯이 폭주족 진영을 중심으로 한 중학생, 현역 구성원, OB로 구성된 A시의 불량 청소년 세계에서 존재하는 상하관계의 사회구조는 모순된 기능을 갖고 있다. 이 사회구조를 통해 하찮은 일탈적 하위문화의 전승과 실천이 일어나고 있는 한편, 그 안에서 구성원들이 자연스럽게 이탈할 수 있는 통로 역시 제공하고 있기 때문이다. 현역 구성원들에게는, 마을에서 정규직으로 일을 하며 가족을 꾸리고 어른으로서 나름대로 잘 살고 있는 OB의 모습이, 일정 연령에 접어들었을 때

자연스러운 은퇴를 유도하고, 은퇴 후 근 미래의 자신의 모습을 그려볼 수 있게 해준다. 더 나아가 이들 진영을 중심으로 형성된 사회구조는 축제라는 문맥 속에서, 일탈한 젊은이로 간주되는 폭주족 구성원을 다시 지역사회로 흡수하는 가능도 하고 있다.

그러나 이들은 2000년을 기점으로 소멸되었다. 이유는 후계자가 없었기 때문이다. 실제로 조사 도중 팀에서 이탈하는 소년 구성원들을 많이 보았으며 신규 가입자도 감소했다. 그 배경으로 OB인 I씨는 '도도바이(미국 스타일의 오토바이)' 팀이 늘어난 점을 들었다. 엄격한 상하관계와 경찰 단속의 위험을 감수해야 하는 대규모 폭주족보다, 단지 오토바이를 좋아하는 동료들끼리 모인 그룹이 훨씬 즐겁기 때문이라는 설명이다. 즉, 젊은이들의 오토바이 하위문화가 다양해지고 선택지가 넓어지면서 굳이 위험 부담이 큰 폭주족에 들어갈 이유가 없어졌다는 것이다.

또 다른 배경으로는 폭주족 가입을 권유하던 중학교 불량 그룹의 규모가 작아진 점을 들 수 있다. 중학교에서 반학교적인 문화가 양성되기 위해서는 OB의 S가 말했듯이 '답답한 저들'과 '건방진 우리들'이라는 대립 구도가 필요하다. 불량 그룹의 규모가 축소되고 있다는 것은 중학교 내에서 그러한 대립 구도가 형성되지 않고 있음을 의미한다고 볼 수 있다."

7장 현대 사회의 작동을 떠받치는 3가지 논리

1 존 스튜어트 밀《자유론》, 고분사고전신역문고, 2012년.

2 상기한《자유론》에서.

"사회는 사회 자신이 내린 명령을 스스로 집행할 수 있으며 실제로 그렇게 하고 있다. 그런데 만일 그 명령이 정당하지 않거나 애당초 사회가 간섭해서는 안 될 영역에 속하는 것이라면, 사회에 의한 억압은 정치적 압박보다 훨씬 두려운 것이 된다. 이유는 명확하다. 사회적 압박은 정치적 압박처럼 극단적인 형벌을 내세우지는 않지만, 일상생활의 세부에까지 깊이 침투하여 개인의 영혼 자체를 구속하고, 사실상 도망갈 길을 거의 다 없애버리기 때문이다.

따라서 전제 군주로부터 몸을 보호하는 것만으로는 충분하지 않다. 다수파의 사상과 감정에 의한 억압에 대해서도 방어가 필요하다. 즉 다수파가 법률이라는 형벌의 수단을 쓰지 않더라도 사고방식과 생활 방식이 다른 사람에게 자신의 방식만을 행동 규범으로 밀어붙이는 사회적 경향으로부터 스스로를 지킬 필요가 있는 것이다. 사회적 관습과 어울리지 않는 개성의 발전을 저해하거나, 나아가 그러한 개성의 형성 자체를 막으려는 경향, 온갖 사람들의 성격을 무리하게 사회의 규범적 틀에 맞추려는 경향, 이에 대한 방어가 필요하다."(19~20쪽).

3 장 자크 루소《사회계약론》, 하쿠스이유북스, 2010년.

4 알베르 소불《대혁명전야의 프랑스 신장판(大革命前夜のフランス 新装版)》, 호세이대학출판국, 2015년.

5 상기한《아동의 탄생》, 특히 374쪽~.

6 상기한《근대인의 탄생》에서.

7 로크《교육에 관한 고찰(教育に関する考察)》, 이와나미문고, 1967년.

8 내각부〈세계 각국의 출생률〉.
https://www8.cao.go.jp/shoushi/shoushika/data/sekai-shusshou.html

9 싱가포르의 합계특수출생률에 대해서는 주석 8을 참고. 싱가포르 정부가 저출생 문제에 어떻게 대응하고 있는지에 관해서는, 내각부에서 낸 아시아 지역(한국, 싱가포르, 일본) 저출생 사회 대책 비교 조사 연구 보고서(2008년)에 자료가 있다.
https://www8.cao.go.jp/shoushi/shoushika/research/cyousa20/hikaku/mokuji_pdf.html

10 나와타 야스미쓰〈저출생을 극복한 프랑스: 프랑스의 인구동태와 가족 정책〉,《입법과 조사》297호, 참의원조사실, 2009년.

11 오치아이 에미코 외《친밀권과 공공권의 재편성: 아시아의 근대로부터의 질문(親密圏と公共圏の再編成アジア—近代からの問い)》, 교토대학 학술출판회, 2013년. 개인주의가 고도로 발전된 나라들의 가족관의 변화에 대해서는 서장 '아시아의 근대에 있어서 친밀권과 공공권의 재편성: 압축된 근대와 가족주의'(오치아이 에미코) 참고.

12 상기한《친밀권과 공공권의 재편성》에서. 탈가족화가 진행된 유럽의 여러 나라와 가족주의가 강한 동아시아 나라들의 대비에 대해서는 2장 '동아시아의 낮은 출생률과 가족주의: 반압축적 근대로서의 일본(오치아이 에미코)'에 자세히 나와 있다.
"현재 동아시아에서 진행 중인 인구학적 변화는 유럽과 북아메리카에서 '제2의 인구전환' 시기에 나타난 현상과 표면적으로는 유사하다. 하지만 유럽에서는 혼인이라는 제도가 불안정해지면서 개인주의가 부상한 반면, 비슷해 보이는 양상이 나타나는 동아시아에서는 혼인 제도와 가족주의가 유지되고 있다는 점에서 대조적이다."(86쪽).

13 앤서니 기든스《현대성과 자아정체성》, 하베스트사, 2005년. 주로 97쪽~.

14 웬디 브라운《민주주의 살해하기》, 미스즈쇼보, 2017년.

15 신자유주의(Neoliberalism)라는 말은 그 자체가 다양한 의미로 사용되는 까닭에 본서에서는 어디까지나 브라운이 말하는 신자유주의를 전제로 하고 있음을 덧붙인다.

16 상기한《민주주의 살해하기》에서.
"신자유주의란 이성 및 주체 생산의 독특한 양식인 동시에 '행동의 지도'이며 평가의 구조다. (중략)
본서가 제안하는 부분은 신자유주의적 이성이 그 상동성을 철저하게 회귀시켰다는 점이다. 오늘날 개인도 국가도 현대 기업의 모델로 해석되며, 현재의 자본 가치를 극대화하고 미래의 가치를 증대시키도록 행동한다. 이를 위해 개인도 국가도 기업 정신, 자기 투자 및 투자 유치와 같은 실천을 수행한다. (중략) 이 논리를 벗어나 다른 체제를 추구하려고 한다면 재정 위기에 직면하고 신용 평가나 통화, 국책의 평가가 떨어져 정통성을 잃고, 극단적인 경우에는 파산하거나 소멸해버린다. 개인도 마찬가지다. 다른 삶을 선택하고 기업적 자기 증식의 논리를 벗어나면 빈곤해지고 평판과 신용을 잃을 수 있으며, 심한 경우 존재 자체가 위협받는다."(14~16쪽).

17 상기한《민주주의 살해하기》96~110쪽에서.

18 하라 다케시《단지의 공간정치학(団地の空間政治学)》, NHK 북스, 2012년에서.

19 요네다 유키히로 '자민당 지지층의 추세적 변화: 그 보수적 성격의 변질', 〈2015년 SSM 조사보고서 8 의식 1〉, 2015년 SSM 조사연구회, 2018년. 이 연구는 오랜 기간에 걸쳐 자민당이 보수적인, 권위주의적인 가치관을 가진 사람들을 지지기반으로 삼아왔다는 선행 연구를 토대로 그것이 20세기 말에서 21세기에 걸쳐 변화해온 양상을 자세하게 설명하고 있다.

20 상기한《단지의 공간정치학》에서 저자 하라 다케시는 1970년대 이후 단지가 신도시화되고 자동차 의존이 심화된 흐름을 변곡점으로 꼽는다. 하라는 시민운동이 활발하게 일어났던 다카시마다이라 단지(일본 정부가 도쿄 외곽에 베드타운으로서 조성한 신도시. 옮긴이)에서 정치운동이 쇠퇴하고 사생활을 우선시하는 공리주의적 상황이 첨예화하는 양상을 다음과 같이 기술하고 있다.
"단지의 황금시대는 오래가지 않았다. 다카시마다이라 단지에서는 '윗집에서 나는 소음을 둘러싼 불만'이 관리사무소에 빈번하게 접수되었고, '단지의 매너'라는 이름으로 '단지 거주자로서 서로의 행복을 위해 한 사람 한 사람 공동생활에 대한 자각과 바라건대 이해를 가질 필요가 있지 않을까'(단지신문 · 다카시마다이라)라고 호소해야 할 정도의 상황에 이르렀다. 이처럼 다카시마다이라 단지에서는 공동체 의식이 희박해지고, 탈정치화와 개인화가 진행되었다."(231쪽).

21 마쓰타니 미쓰루 〈젊은이들은 왜 자민당을 지지하는가: 변해가는 자민당 지지의 심정과 논리〉, 깃카와 도오루 외《분단 사회와 젊은이들의 지금(分断社会と若者の今)》, 오사카대학 출판회, 2016년, 92~120쪽. 마쓰타니는 젊은이들이 자민당을 지지하게 된 배경을 물질만능주의, 신자유주의, 숙명주의라는 3가지 요인으로 지

목한다. 나아가 마쓰타니는 젊은이들의 정당 지지구조의 재편에 대해서 다음과 같이 정리했다.

"재편된 지지구조란 간단하게 말하면 '가진 자'와 '못 가진 자' 간의 분열이다. 가진 자는 변함없이 일본 정치를 책임지고 있는 자민당을 지지하고, 못 가진 자는 정치에 대한 기대를 버리고 탈정치화했다. 이는 생각하기에 따라서는 근대적 자본주의 사회의 기본으로 돌아갔다고 볼 수도 있을 것이다. 자민당은 이전 일본 사회를 상징하던 보수 정당이 아니라, 보기 좋은 근대적 부르주아 정당이 된 것이다."(117쪽).

22 김경철《한국의 지나친 자본주의: 무한 경쟁사회의 고뇌(韓国 行き過ぎた資本主義—「無限競争社会」の苦悩)》, 고단샤현대신서, 2019년.

23 이러한 생각을 나는 리처드 E 루벤스타인의《중세의 각성: 아리스토텔레스의 재발견부터 지식의 혁명으로(中世の覚醒—アリストテレス再発見から知の革命へ)》, 기노쿠니야서점, 2008년에 기대고 있다.

24 내각부〈저출생 사회 대책 백서〉, 2019년.

25 도이 다카요시《캐릭터화하는/되는 아이들: 배제형 사회의 새로운 인간상(キャラ化する / される子どもたち—排除型社会における新たな人間像)》, 이와나미부클릿, 2009년.

26 히라노 게이치로《나란 무엇인가》, 고단샤현대신서, 2012년.

27 마크 피셔《자본주의 리얼리즘》, 호리노우치출판, 2018년.

28 《현대사상 2019년 6월호 특집-가속주의: 자본주의의 질주, 미래로의 탈출》, 세이도샤, 2019년.

29 아쿠타가와 류노스케《난쟁이 어릿광대의 말》, 이와나미문고, 2003년.

30 아즈마 히로키《관광객의 철학》, 겐론, 2017년.

31 야마모토 리켄《권력의 공간 / 공간의 권력: 개인과 국가의 사이를 건설하라(権力の空間 / 空間の権力—個人と国家の〈あいだ〉を設計せよ)》, 고단샤선서메티에, 2015년.

32 재레드 다이아몬드《어제까지의 세계》, 닛케이비즈니스인문고, 2017년.

33 상기한《자유론》에서.

"인간의 경우도 그렇지만 정치나 경제의 이론도 인기가 없을 때는 눈에 띄지 않았던 오류나 결함이 세력이 커지면 표면화된다."(17쪽).

쾌적한 사회의 불쾌함

1판 1쇄 발행 2026년 2월 12일
1판 3쇄 발행 2026년 3월 31일

지은이 구마시로 도루
옮긴이 이정미
기획편집 하선정 김은영
마케팅 이운섭
디자인 맨드라미

펴낸곳 생각지도
출판등록 제2015-000165호
전화 02-547-7425
팩스 0505-333-7425
이메일 thmap@naver.com
블로그 blog.naver.com/thmap
인스타그램 @thmap_books

ISBN 979-11-87875-55-0 03300